FreeHand MX

gewusst wie

rororo

rororo computer
Herausgegeben von
Ludwig Moos

FreeHand: gewusst wie bietet Insiderwissen für die effektive Arbeit mit dem beliebtesten Illustrationsprogramm. Anhand anregender Gestaltungsbeispiele wird der sinnvolle Einsatz bekannter und weniger bekannter Programmfunktionen und deren rationelle Kombination gezeigt. Alle Arbeitsabläufe sind Schritt für Schritt beschrieben und farbig illustriert. Sie können am Computer direkt nachvollzogen werden. Anwender mit Programm-Vorkenntnissen bis Version MX lernen neue Möglichkeiten kennen, ihre Arbeitstechnik zu optimieren und Projekte ohne Umwege und Zeitverluste zu realisieren.

Die Website www.rowohlt.de stellt über die Eingabe *FreeHand: gewusst wie* in die Schnellsuche Dateien zur Arbeit mit dem Buch bereit.

Überarbeitete Neuausgabe Februar 2004 • Originalausgabe • Veröffentlicht im Rowohlt Taschenbuch Verlag, Reinbek bei Hamburg, Juni 2000 • Copyright © 2000, 2004 by Rowohlt Verlag GmbH, Reinbek bei Hamburg • Umschlaggestaltung und Layoutkonzept Hans-Christian Kuhnow • Herstellung Birgit Meyer • Gesetzt aus der ITC Officina Sans PostScript, QuarkXPress 4.1 • Gesamtherstellung Clausen & Bosse, Leck • Printed in Germany • ISBN 3 499 61240 2

Harald Donner
Hans-Christian Kuhnow
Andreas Pankalla

FreeHand: gewusst wie

Effektives Gestalten für Print und Web
Für Mac und PC

Rowohlt Taschenbuch Verlag

Wir danken
Pierre Bézier, Jan Borchert, M. C. Escher, Nico Krause,
Macromedia und Vektoria Principal

Die Autoren arbeiten als
Grafikdesigner, Lehrer und Dozenten für computergrafische
Anwendungen, Gestaltung und Bildbearbeitung

Inhalt

Vorwort

FreeHand: *gewusst wie*

Für viele grafische Anwender und Gestaltungsprofis ist FreeHand ein inzwischen vertrautes und unverzichtbares Werkzeug bei der täglichen Arbeit. Der intuitive Einstieg und das umfangreiche Leistungsspektrum sind Gründe für den Erfolg des Programms, das Maßstäbe im Bereich der Vektorgrafik gesetzt hat: Der Anfänger kann sich über schnelle, sichtbare Erfolge freuen, weil viele Basisfunktionen mit geringem Aufwand erschlossen werden können. Dem fortgeschrittenen Nutzer steht eine Fülle praxisrelevanter, komfortabler und bei Bedarf präziser Gestaltungsmöglichkeiten zur Verfügung.

Der Austausch der Arbeitsergebnisse mit anderen Programmen und Plattformen zur Weiterverarbeitung oder Präsentation sowie die weitgehend sicheren Ausgabemöglichkeiten im Print- und Webbereich machen FreeHand zu einem professionellen Design-Werkzeug.

Die Frage *«gewusst wie»* stellt sich in den unterschiedlichsten Arbeitssituationen immer wieder – sei es bei der Abwicklung komplexer Projekte, bei denen vielfältige gestalterische und technische Anforderungen zu berücksichtigen sind, wie auch *nur* bei der sinnvollen Anwendung der *Zeichenwerkzeuge*.

Dieses Buch stellt Ihnen anhand ausgewählter Problemfälle und Projektbeispiele den rationellen und wirkungsvollen Einsatz von Programmfunktionen und deren effektive Verknüpfung vor. Die Verdeutlichung von Vorgehensweisen ist dabei wichtiger als die systematische Durchdringung des gesamten Programms.

Wir haben darauf geachtet, dass die dargestellten Probleme und Lösungswege exemplarischen Charakter haben und auf andere Fälle übertragbar sind. Die vorgestellen Wege und Anwendungsweisen haben sich für uns in einer langjährigen Praxis entwickelt und bewährt. Aber auch wir lernen weiter.

Die Frage, die bei jedem Projekt zu stellen ist, lautet: Wie kann das Programm optimal genutzt werden, um mit möglichst wenig Arbeits- und Datenaufwand auf möglichst direktem Weg zu einem wirkungsvollen und technisch umsetzbaren Ergebnis zu kommen?

FreeHand: gewusst wie wendet sich an Anwender, die mit ihrem Computer vertraut sind und FreeHand bereits kennen. Ob Sie den Mac lieben oder Windows vertrauen oder ob Ihnen Computerplattformen eher gleichgültig sind, ist dabei egal: Die Arbeit im Programm ist davon kaum berührt.

Der fortgeschrittene FreeHand-Anfänger wird auf den nächsten knapp 190 Seiten eine Vielzahl neuer Informationen erhalten, die ihm umfangreiche Gestaltungsmöglichkeiten eröffnen werden. Für den geübten Anwender ergeben sich wertvolle Ergänzungen, die seine Arbeit vereinfachen, optimieren und erweitern können. Der Profi kann seine Erfahrungen mit unseren vergleichen und entscheiden, welchen Weg er für den sinnvolleren hält.

Die Inhalte werden zum Teil detailliert und Schritt für Schritt, teils im Überblick, teils in lockerer Beschreibung dargestellt.
Basisinformationen werden vor allem im ersten Kapitel gegeben, sonst werden sie häufig vorausgesetzt.
Auf die Erwähnung von Selbstverständlichkeiten wird in der Regel verzichtet (zum Beispiel dass *Objekte markiert* sein müssen, um bearbeitet werden zu können).

Wir wünschen uns, dass dieses Buch die Lust am Ausprobieren, Nachforschen und Weiterentwickeln erhöht.
Unter *www.rowohlt.de* (Eingabe *FreeHand: gewusst wie* in die Schnellsuche) bieten wir zur weiteren Unterstützung einen Teil der dargestellten Aufgaben und Projekte als FreeHand-Dateien an.

Die Autoren

FreeHand: gewusst wie

Tastensymbole

	Mac	Windows
⇧	Umschalt/Shift	Umschalt/Shift
⌥	Wahl/Option	Alt
⌘	Befehl/Command	–
Strg	–	Steuerung
⌘	Befehl/Command	Steuerung
ctrl	Control	–
↵	Umbruch/ Return	Umbruch/ Return
⇥	Tabulator	Tabulator
⌫	Löschen/ Backspace	Löschen/ Backspace
␣	Leer/Blank	Leer/Blank
⌤	Eingabe/Enter	Eingabe/Enter
← ↑ → ↓	Pfeiltasten	Pfeiltasten

Menübefehle, Fachbegriffe und *Eigennamen* sind in diesem Buch *kursiv* gesetzt. *Menübefehle* sind zusätzlich mit Pfeilen versehen *(Modifizieren > Zusammenfassen > ...)*. *Tastenbefehle* werden durch Tastensymbole angegeben (⇧ – ⌘ – *B*).

Da in vielen Fällen die ⌘-Taste am Mac und die Strg-Taste unter Windows dieselbe Funktion haben, der Rest des jeweiligen Tastenbefehls aber identisch ist, gibt es hier ein Symbol, das beide Tasten meint: ⌘. Auf diese Weise kann ein Tastenbefehl für beide Plattformen angegeben werden (zum Beispiel: ⌘ – *X*).

Die verwendeten Begriffe, Befehls- und Menübezeichnungen beziehen sich weitgehend auf die Programmversion MX.
Leider wird nach wie vor mit jeder Programmerneuerung auch die vertraute Begrifflichkeit «erneuert» – zum Teil mit großer sprachlicher Fantasie. (Zum Beispiel gibt es jetzt ein *Variabler Strich-Stiftwerkzeug* und die *Ziehpunkte*, die früher *Anfasser* hießen, werden nun *Griffe* genannt ...)

Wir plädieren weiterhin für eine durchgängige Beibehaltung sinnvoller Bezeichnungen, weil das die Arbeit und die Verständigung erleichtert.

Linien sind Vektorpfade

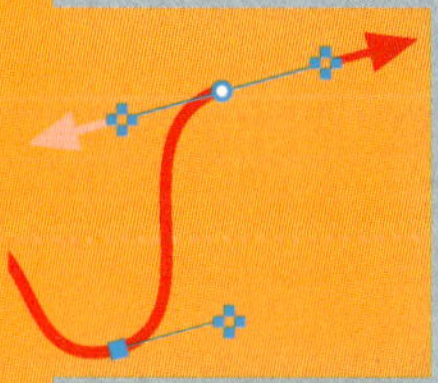

Punkte und Griffe

Die Grundelemente der Vektorpfade

Für jeden Pfad das richtige Werkzeug

Der sinnvolle Einsatz der Pfad-Tools:
Stift-, Bézier- und Freihand-Werkzeug

Die Pfad-Optimierung

Nachbearbeitung, Vereinfachung
und Zusammenfassung von Pfaden

Punkte und Griffe

Die Herstellung von *Pfaden* – offenen und geschlossenen Linien – ist die elementare Tätigkeit zur Erzeugung von Vektorgrafiken. Eine Stärke von FreeHand besteht in der Möglichkeit, Pfade auf einfache Art und Weise formen, verändern und mit großer Genauigkeit optimieren zu können. Die Basisinformationen hierzu und die grundlegenden Werkzeughandhabungen sind an anderer Stelle eingehend dokumentiert (Herstellerhandbuch, rororo-Band FreeHand 19892). Sie werden im Folgenden zusammengefasst und durch Profitipps ergänzt.
Obwohl FreeHand zur Pfaderzeugung *Zeichenwerkzeuge* anbietet, hat die Pfaderzeugung wenig mit herkömmlichem Zeichnen zu tun. Vielmehr werden auf unterschiedliche Art und Weise – dem gewünschten Pfadverlauf entsprechend – *Eck-* (■), *Kurven-* (●) und *Anschlusspunkte* (▲) platziert und in einem fortlaufenden Arbeitsgang automatisch linear miteinander verbunden. Zur Einstellung der Richtungen und Krümmungen der jeweils benachbarten Pfadsegmente verfügt jeder Punkt über zwei *Griffe* (✥), die nach Bedarf einzeln oder paarweise aus dem Punkt herausgezogen werden können. Dabei sind Richtung und Entfernung der Griffe zu dem jeweiligen Punkt und zu den Nachbarpunkten für die Formgebung entscheidend.
Die Unterschiedlichkeit der drei Punktarten besteht im unterschiedlichen Verhalten ihrer Griffe:

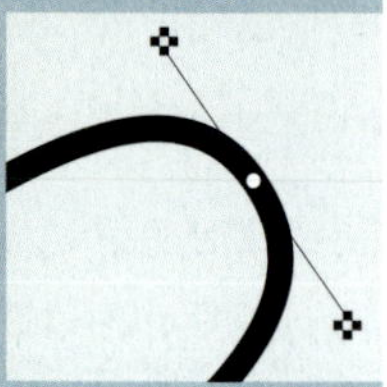

- *Kurvenpunkt-Griffe* sind tangential miteinander verbunden, d. h., der Kurvenpunkt und seine Griffe liegen immer auf einer gemeinsamen Geraden: Wird ein Griff um den Kurvenpunkt herum bewegt, so ändert sich die Position des gegenüberliegenden Griffes um denselben Winkel. Auf diese Weise kann in einem Kurvenpunkt keine Ecke entstehen. (Ausnahme: Mindestens ein Griff ist im Kurvenpunkt versenkt.)

- *Eckpunkt-Griffe* können einzeln und unabhängig voneinander bewegt werden. Auf diese Weise lassen sich beliebige Ecken formen. Zur geradlinigen Verbindung von Eckpunkten können beide Griffe im Punkt versenkt bleiben.

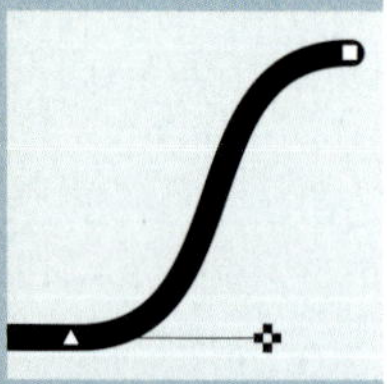

- *Anschlusspunkt-Griffe* lassen sich nicht beliebig um den Anschlusspunkt herum bewegen, sondern sind immer auf den gegenüberliegenden Nachbarpunkt ausgerichtet: Der Griff, der Anschlusspunkt und der gegenüberliegende Nachbarpunkt liegen auf einer Geraden. Auf diese Weise kann ein harmonischer Übergang zwischen einem geradlinigen und einem gekrümmten Pfadsegment erzeugt werden. Dieser Effekt lässt sich aber auch mit Eck- und Kurvenpunkten herbeiführen, wobei allerdings der richtige Griffwinkel manuell eingestellt werden muss.

Für jeden Pfad das richtige Werkzeug

Das Stiftwerkzeug

Das Werkzeug zur Herstellung exakter Pfade ist das *Stiftwerkzeug*. Es bietet die größtmögliche Präzision und Gestaltungsvielfalt:

- Durch einfaches Klicken setzen Sie *Eckpunkte*, die FreeHand geradlinig miteinander verbindet (**1**).
- *Kurvenpunkte* platzieren Sie durch Klicken und Ziehen (**2**). Dabei werden beide Griffe gleichzeitig aus dem Punkt herausgezogen und so Krümmung und Richtung der benachbarten Pfadsegmente beeinflusst.
  Gezogen wird automatisch an dem Griff, der den Pfadverlauf nach dem Punkt bestimmt.
- *Anschlusspunkte* erhalten Sie durch Klicken bei gleichzeitigem Drücken der ctrl-Taste. Durch zusätzliches Ziehen erhalten Sie einen Griff, der auf den gegenüberliegenden Nachbarpunkt ausgerichtet ist (**3**).

1

2
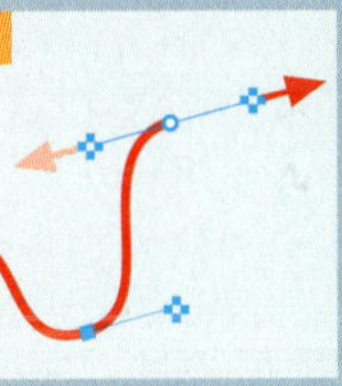

3
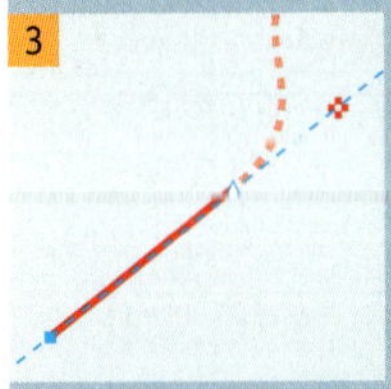

Um einen Punkt im Winkel von 0, 45, 90, 135, 180, 225, 270 oder 315 Grad zu dem vorher gesetzten Punkt zu platzieren, muss beim Klicken die Shift-Taste gedrückt werden. Das Gleiche gilt beim Ziehen, wenn Griffe in einem dieser Winkel zu dem dazugehörigen Punkt angeordnet werden sollen.

Achten Sie darauf, dass Sie den Pfad in einem Stück anlegen und so wenig Punkte wie möglich setzen, indem Sie die Gestaltungsmöglichkeiten der Griffe nutzen!

Nicht so …
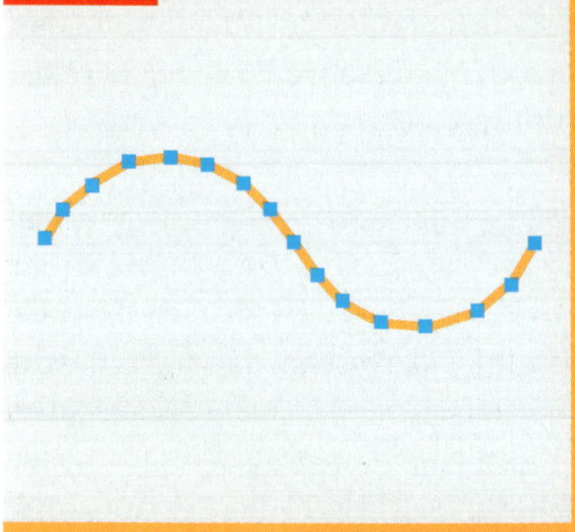

… sondern so!
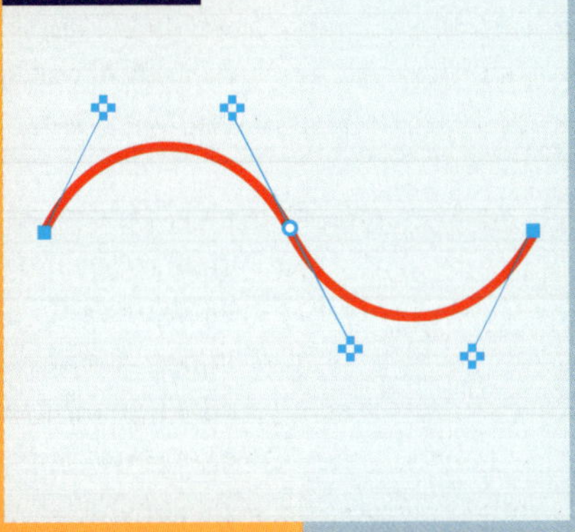

Veränderung der Punktposition während der Platzierung

Mit dem *Stiftwerkzeug* neu platzierte Punkte können ohne Werkzeugwechsel verschoben werden, wenn Sie – bei noch gedrückter Maustaste – die [⌘]-Taste drücken und den Cursor in die gewünschte Richtung ziehen.

Die nachträgliche Veränderung der Pfadkrümmung

Nachträgliche Veränderungen (der Pfadposition, der Punktposition, der Griffposition usw.) können mit dem *Pfeilcursor/Zeiger* durchgeführt werden.
Die Krümmung der Pfadsegmente wird durch Verschieben der zugehörigen *Griffe* verändert. Sind die *Griffe* noch in den jeweiligen Punkten versenkt, können sie auf zwei Arten mit Hilfe der [⌥]-Taste herausgezogen werden:

Es empfiehlt sich, vorher unter ***FreeHand MX > Einstellungen … > Objekt*** *die Option* ***Pfade durch Ziehen mit Wahltaste kopieren*** *zu deaktivieren, da es sonst zu ungewollten Kopiervorgängen kommen kann.*

1
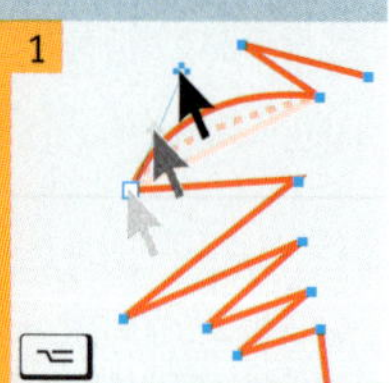

1a Markieren Sie den Punkt.
1b Klicken Sie den Punkt bei gedrückter [⌥]-Taste erneut an und ziehen Sie den Griff mit gedrückter Maustaste heraus. Auf diese Weise können Sie versenkte *Griffe* einzeln aus den Punkten herausziehen.

2
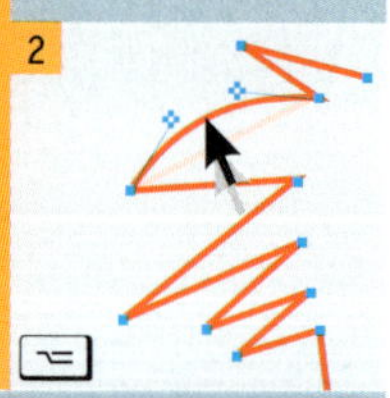

2a Markieren Sie den Pfad.
2b Klicken Sie bei gedrückter [⌥]-Taste auf das zu krümmende Pfadsegment und ziehen Sie den Cursor in Richtung der gewünschten Wölbung. Die *Griffe* werden dabei automatisch herausgezogen und platziert.

Die beschriebenen Verfahren können mit Hilfe des *Teilauswahlwerkzeuges* auch ohne Tastenbedienung durchgeführt werden.

3
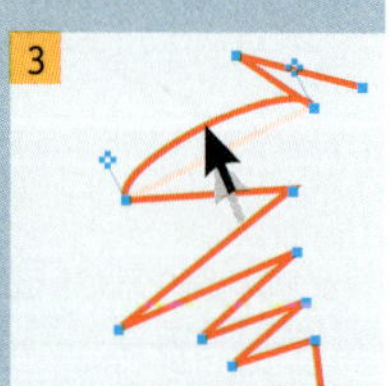

Eine weitere Variante, *Griffe* durch Ziehen am Pfadsegment ohne Tastaturbedienung zu erzeugen, bietet das *Freiformwerkzeug*. Im Unterschied zu dem oben beschriebenen Verfahren **(2a/b)** werden hier die *Griffe* parallel zur Zugrichtung aus den Punkten gezogen **(3)**, die Krümmung wird entsprechend breiter angelegt.
Da das Werkzeug eine Reihe unterschiedlicher Funktionalitäten zur Veränderung der Pfadform anbietet, muss es

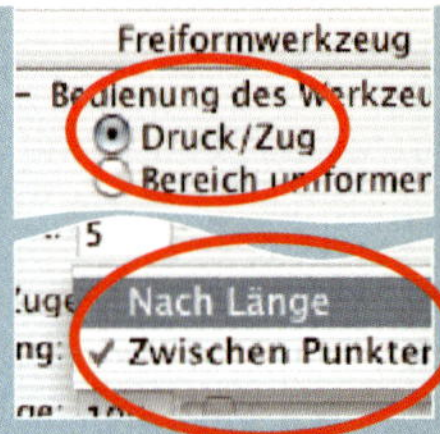

im entsprechenden Dialogfeld voreingestellt werden (Doppelklick auf den *Freiformwerkzeug*-Schalter).
Für das beschriebene Verfahren müssen die Optionen *Druck/Zug* und *Krümmung: Zwischen Punkten* aktiviert sein.
Bei aktivierter Option *Krümmung: Nach Länge* wird ein der eingestellten Länge entsprechendes Pfadsegment verformt. Dabei werden automatisch zusätzliche Punkte eingefügt. (Andere Einstellungen bieten weitere Möglichkeiten der Pfadformung durch das Einfügen von Punkten.)
Sind die *Griffe* angelegt, kann zur weiteren Pfadbearbeitung sowohl mit dem *Pfeilcursor/Zeiger* (+ [⌥]) als auch mit dem Freiformwerkzeug an den Segmenten gearbeitet werden. Die Wirkung ist allerdings unterschiedlich:
Beim Ziehen mit dem *Pfeilcursor/Zeiger* behalten die *Griffe* ihre Richtung, während sich der Abstand zu dem jeweiligen Punkt verändert.
Beim Ziehen mit dem *Freiformwerkzeug* werden sowohl Winkel als auch Abstand der *Griffe* verändert, sodass die zu erreichende Formvielfalt auf Anhieb größer ist.

Eckpunkt-Griffe mit dem Stiftwerkzeug erzeugen

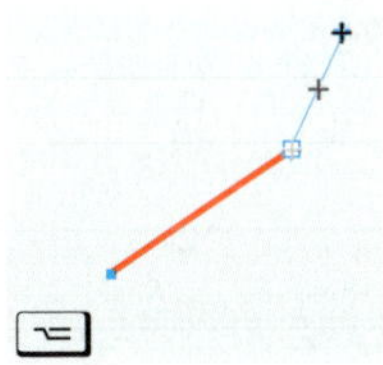

Durch folgende Vorgehensweisen können bereits bei der Platzierung von *Eckpunkten* die *Griffe* mit erzeugt werden:

- Um einen *Eckpunkt* mit einem *Griff* zu platzieren, klicken und ziehen Sie bei gedrückter [⌥]-Taste mit dem *Stiftwerkzeug*. (Die Maustechnik entspricht also der Handhabung zur Erzeugung eines Kurvenpunktes. Durch die gedrückte [⌥]-Taste entsteht aber ein Eckpunkt.)
  Der herausgezogene Griff beeinflusst den Pfadverlauf nach dem Punkt.

- Die Technik zur Platzierung von *Eckpunkten* mit zwei *Griffen* erfordert etwas Übung, kann dann aber zu einiger Zeitersparnis führen, weil alle Punktbestandteile ohne Werkzeugwechsel in einem Arbeitsgang angelegt werden.

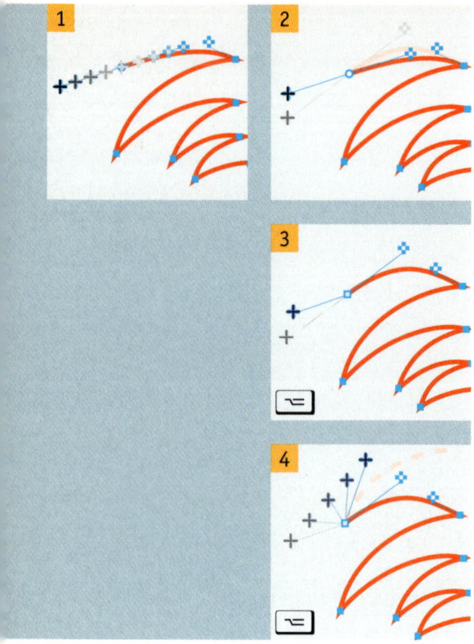

Während des gesamten Ablaufs ist die (linke) Maustaste gedrückt zu halten:

1 Sie klicken mit dem *Stiftwerkzeug* auf die gewünschte Punktposition und ziehen sofort die *Griffe* in die gewünschte Richtung. (Der Punkt, den Sie erzeugen, ist zunächst ein *Kurvenpunkt*.)

2 Regulieren Sie gegebenenfalls den Pfadverlauf vor dem Punkt durch Veränderung der Griffpositionen.

3 Entspricht die Pfadform so weit Ihren Vorstellungen, drücken Sie die [⌥]-Taste.

Der Punkt wird dadurch in einen Eckpunkt umgewandelt, was an der quadratischen Form des Punktsymbols zu erkennen ist.

Der tangentiale Bezug der *Griffe* wird dadurch aufgehoben: Der Griff am Cursor folgt weiterhin Ihrer Mausbewegung, der andere bleibt an seiner Position.

4 Platzieren Sie den Griff in Richtung des gewünschten weiteren Pfadverlaufs.

Lassen Sie dann zuerst die Maustaste und danach die [⌥]-Taste los.

Das *Bézier-Werkzeug*

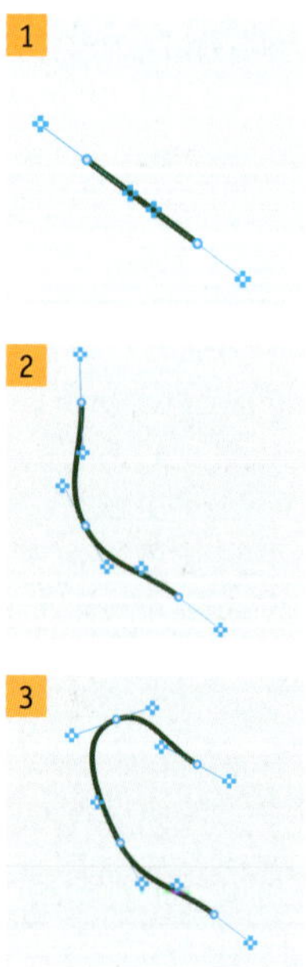

Mit dem *Bézier-Werkzeug* können die gleichen Punktarten erzeugt werden wie mit dem *Stiftwerkzeug*. Der Unterschied besteht darin, dass die Formung der Pfadsegmente im Moment der Punktplatzierung nur durch die Wahl der Punktart beeinflusst werden kann.

- Eckpunkte setzen Sie durch einfaches Klicken.
- Kurvenpunkte platzieren Sie durch Klicken mit gedrückter [⌥]-Taste.
- Anschlusspunkte erhalten Sie durch Klicken mit gedrückter [ctrl]-Taste.

Durch *Ziehen* des Cursors wird der gesetzte Punkt verschoben.

Die Ausrichtung der *Griffe* wird nach den Regeln der Bézier-Geometrie automatisch errechnet und angelegt und im fortschreitenden Arbeitsprozess modifiziert (**1** bis **6**, *Beispiel mit Kurvenpunkten*).

Dieser Automatismus bleibt erhalten:
Auch bei der nachträglichen Änderung einer Punktposition mit dem Pfeilcursor werden die *Griffe* des verschobenen Punktes und seiner Nachbarpunkte neu ausgerichtet (**7** bis **9**, *Verschiebung eines Punktes mit und ohne automatische Anpassung der Griffe*).
Die automatische Anpassung kann über das *Objekt-Bedienfeld* ein- und ausgeschaltet werden. Die nachträgliche Aktivierung der Option – zum Beispiel bei Pfaden, die mit dem Stiftwerkzeug angefertigt worden sind – verändert deren Form in dem beschriebenen Sinne.
Durch die *manuelle* Veränderung einer Griffposition wird die automatische Anpassung deaktiviert.
Für den Einsatz des *Bézier-Werkzeugs* gibt es im Wesentlichen zwei Anwendungsbereiche:

- die Erzeugung von Formen mit harmonisch gerundeten Pfadverläufen,
- das nachträgliche Einsetzen von Punkten in vorhandene Pfade, da die Punkte – anders als beim Stiftwerkzeug – ohne Tastaturbedienung im Moment der Platzierung verschoben werden können und sich die *Griffe* automatisch dem Pfadverlauf anpassen.

4
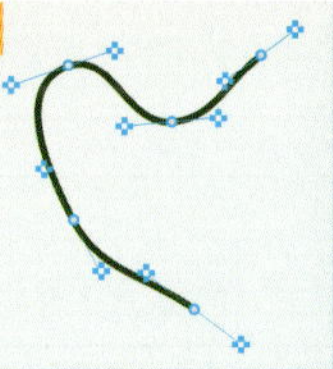

5
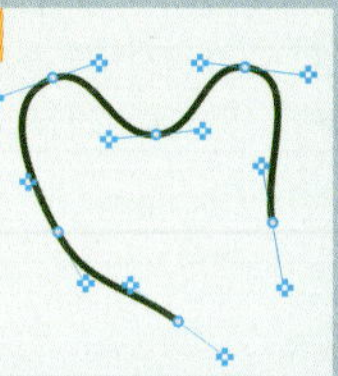

6
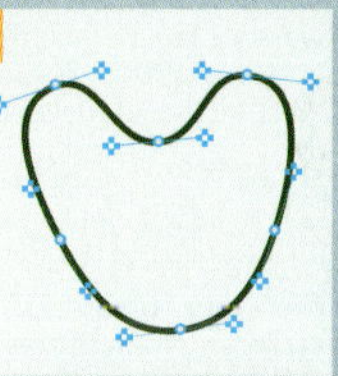

7

8
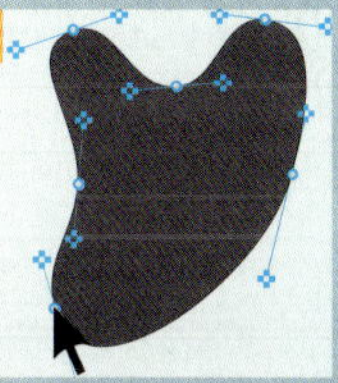

9

Pierre Bézier *entwickelte zwischen 1960 und 1970 eine computergestützte Modellierungshilfe für Karosserieteile bei Renault.*

Bézierkurven
(Splines: Kurven, die sich aus Teilstücken zusammensetzen) werden durch Stützpunkte definiert.
Deren Positionen haben globalen Einfluss auf die Kurvenform: Die Positionsveränderung eines Punktes verändert nicht nur das Aussehen der benachbarten Teilstücke, sondern die Gesamtform.

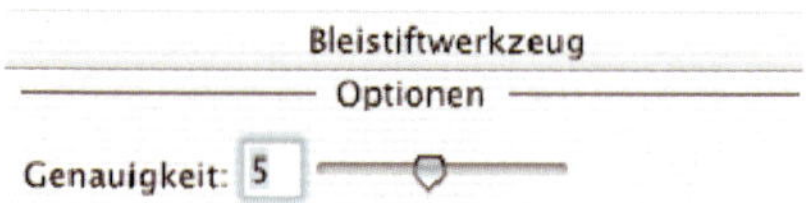

Die *Freihandwerkzeuge*

Die *Freihandwerkzeuge* erfordern eine stiftähnliche Handhabung des Eingabegeräts, nämlich das Ziehen der Linie mit der Maus oder – besser – mit einem druckempfindlichen Stift auf einem Grafiktablett. Die Punkte und *Griffe* werden dabei von FreeHand automatisch platziert.
Da die Ziehbewegung verglichen mit den vorher beschriebenen Pfadtechniken immer ungenau ist, die *Freihandwerkzeuge* zudem entweder eine Vielzahl von Punkten erzeugen oder die Form vereinfachen – je nach voreingestellter *Genauigkeit* –, sind sie für die Erzeugung exakter Pfade kaum geeignet: Der Zeitaufwand, der für die Optimierung eingesetzt werden müsste, ist wesentlich höher als der für die exakte Punktplatzierung mit dem *Stift-* oder *Bézier-Werkzeug* – einschließlich einer Nachbearbeitung mit dem *Pfeilcursor*.
Die Freihandwerkzeuge bieten aber Möglichkeiten, wenn betont kritzelige, handschriftliche oder kalligraphische Linien erzeugt werden sollen. Drei unterschiedliche Funktionen können in der Werkzeugleiste ausgewählt und im entsprechenden Dialogfenster eingestellt werden (Doppelklick auf den ausgewählten Schalter):

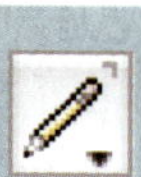

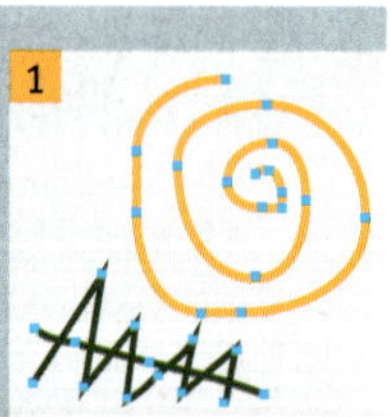

- Das *Bleistiftwerkzeug*
  Mit dieser Funktion ist kaum etwas anderes möglich als archaisch anmutendes Gekrakel – was natürlich seinen Reiz haben kann (**1**). Die bei Neulingen beliebte Methode, mit dem Bleistiftwerkzeug die Grobzeichnung anzufertigen, um sie dann nachzubearbeiten, ist aus den oben genannten Gründen nicht zu empfehlen.

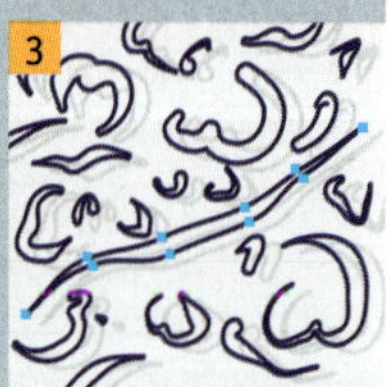

- Das *Variabler-Strich-Stiftwerkzeug*
  Diese Funktion ermöglicht die Herstellung von Linien mit wechselnder Strichstärke – scheinbar (**2**). Da Vektorpfade tatsächlich nur eine Linienstärke annehmen können, werden hier geschlossene Pfade erzeugt, die der Form von Pinselstrichen ähneln (**3**).

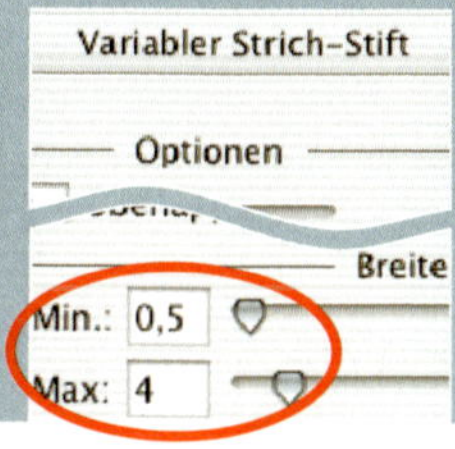

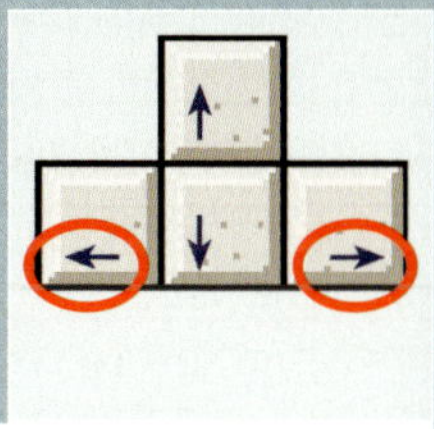

Die Breite variiert (**4**) entsprechend den Voreinstellungen im Dialogfenster und hängt außerdem von der Werkzeugbedienung ab:

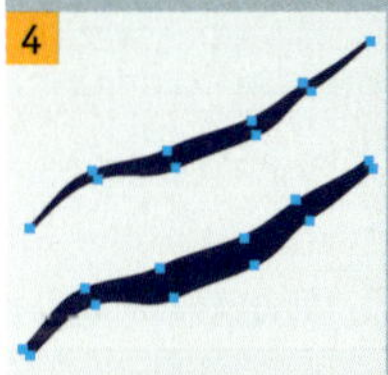

Bei Anwendung mit der Maus wird die Breite durch Bedienung der [→]-Taste größer, durch Bedienung der [←]-Taste geringer.

Drucken Sie die jeweilige Taste beim Ziehen des Cursors so lange, bis die gewünschte Breite erreicht ist (**5**).
Beim erneuten Beginn einer Linie wird immer die zuletzt erreichte Breite der zuvor erzeugten Linie zugrunde gelegt.

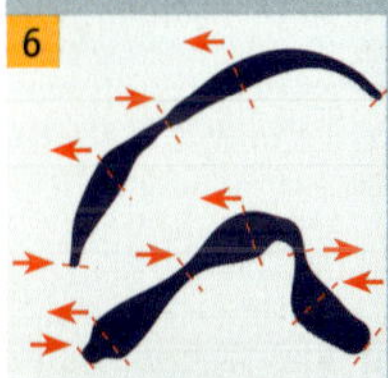

Um einen Wechsel von Breitenzunahme und -abnahme innerhalb einer Linie zu erreichen, müssen die beiden Tasten nacheinander oder im mehrfachen Wechsel gedrückt werden (**6**). Achten Sie darauf, dass – auch beim Tastenwechsel – jeweils nur eine Taste gedrückt ist, da sonst die zuletzt erreichte Breite beibehalten wird.

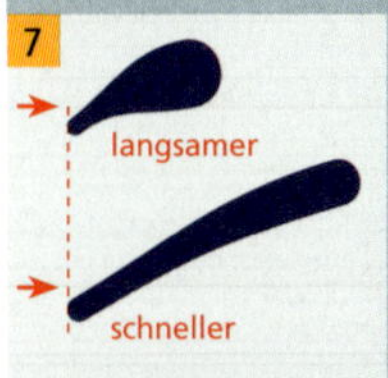

Einen Einfluss auf die entstehende Form hat auch die Geschwindigkeit, mit der die Maus bewegt wird, da für die Breitenveränderung mit den Cursortasten Zeit benötigt wird (**7**).

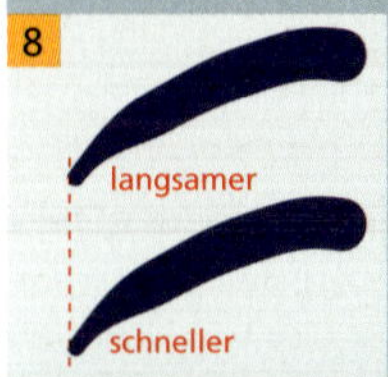

Bei der Anwendung mit einem druckempfindlichen Stift wird die Breite über den wechselnden Druck variiert, mit dem der Stift über das Grafiktablett geführt wird. Die Geschwindigkeit der Stiftbewegung spielt dabei kaum eine Rolle, da die Breite der Linie dem Stiftdruck entsprechend in Echtzeit ausgeführt wird (**8**).

9

Zur Erprobung der Handhabung empfehlen sich zunächst spielerische Versuche, zum Beispiel mit unterschiedlichen Breitentoleranzen (Werkzeugeinstellung), verschiedenen «Zeichen»-Geschwindigkeiten, gezielten und weniger kontrollierten Maus-/Stiftbewegungen. Auf diese Weise können Sie ein Gefühl für das Werkzeug und individuelle Gestaltungsmöglichkeiten entwickeln (**9**).

1

- Das *Kalligrafie-Stiftwerkzeug*

Die *Kalligrafie*-Funktion eignet sich für die Anfertigung handschriftlicher Linien und Schriftzüge (**1**), bei denen es sich – wie bei den variablen Linien – um geschlossene Pfade handelt (**2**). Sie wirken wie Linien, die mit einer Wechselzugfeder erzeugt worden sind. Durch die Eingabe von Breiten- und Winkelwerten in den Werkzeugeinstellungen beeinflussen Sie das Erscheinungsbild: Der Winkel bestimmt den Ansatz der Linie – im übertragenen Sinne: die Haltung der Feder (**3**) –, der feste Breitenwert deren maximale Stärke. Die tatsächliche Breite hängt dann zusätzlich von der jeweiligen Richtung der Linie ab (**3/4**). Wollen Sie, wie bei der Erzeugung variabler Linien, die Breite außerdem mit Hilfe der Cursortasten oder durch den Stiftdruck beeinflussen, stellen Sie eine variable Breitentoleranz ein.

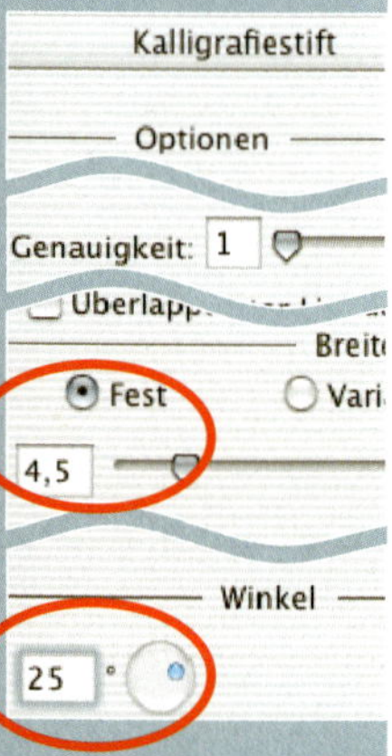

2

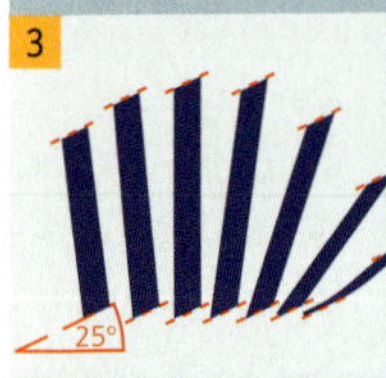

3

4

Vereinfachung von Pfaden

Unter dem Gesichtspunkt, so wenig Punkte wie möglich zu setzen, arbeitet FreeHand selbst nicht optimal: Die Anzahl der mit den *Freiformwerkzeugen* automatisch erzeugten Punkte ist oft zu groß (**5** und **6**), die Möglichkeiten der *Griffe* sind nicht ausreichend genutzt. Deshalb empfiehlt es sich in der Regel, die Werkzeugoption *Genauigkeit* so niedrig wie möglich einzustellen (Wert: 1). Eine nachträgliche Überprüfung und Optimierung der Pfade ist sinnvoll.

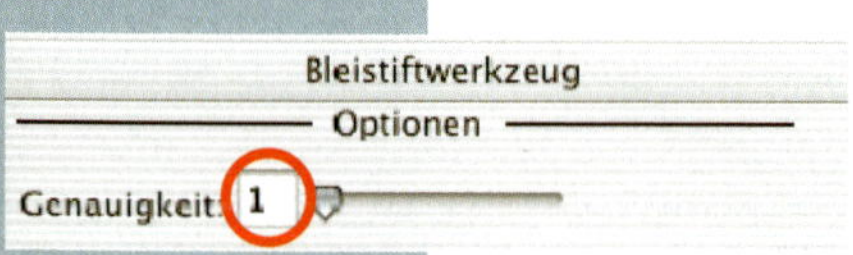

5

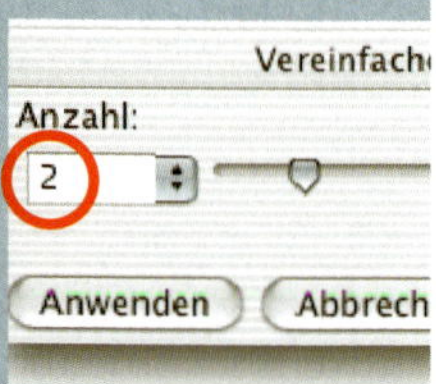

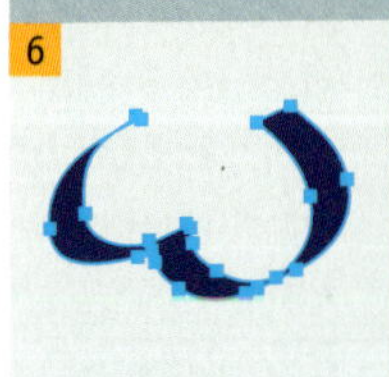
6

Dies kann auf zwei Arten geschehen:
erstens durch gezieltes Löschen von Punkten mit Hilfe des Pfeilcursors und der ⌫-Taste und gegebenenfalls durch Veränderung von Griffpositionen und Punktarten und zweitens durch die Vereinfachung des Pfades

(Löschen von Punkten und Anpassung von Griffpositionen) *über Modifizieren > Pfad ändern > Vereinfachen ...* Der unter *Anzahl* einzustellende Wert stellt den Vereinfachungsfaktor dar. Es empfiehlt sich, Versuche mit verschiedenen Werten durchzuführen, da bei sehr niedrigen Werten unwichtige Punkte gegebenenfalls erhalten bleiben, bei sehr hohen Werten die Form des Pfades unter Umständen stark verändert wird, wobei der Grad der Veränderung von Objekt zu Objekt unterschiedlich ist. Nicht in jedem Fall bedeutet ein höherer Wert auch eine größere Anzahl an gelöschten Punkten (**7/8**).

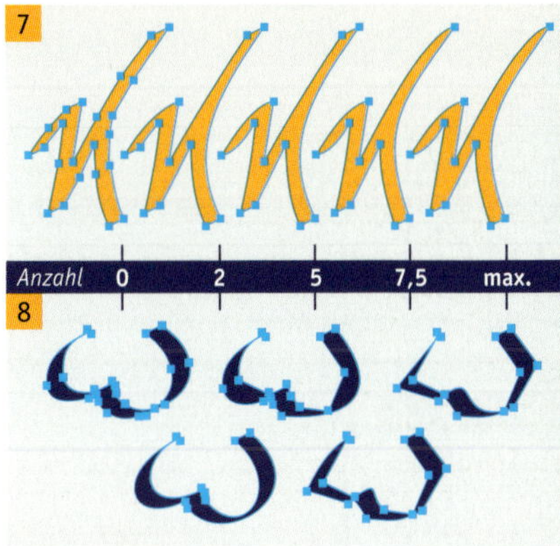

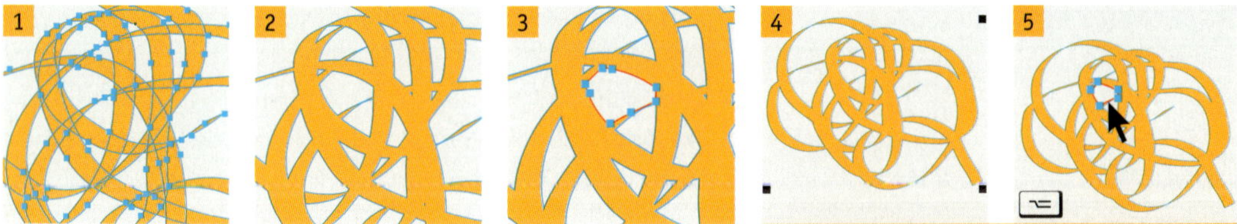

Verbundene oder gruppierte Objekte werden einzeln aktiviert, indem sie bei gedrückter [⌥]-Taste mit dem Pfeilcursor angeklickt werden.

Durch überschneidende Linienführung entstehen innerhalb ein und desselben Pfades Überlappungen (**1**).
Sie können
a im Voraus verhindert oder **b** im Nachhinein aufgehoben werden:
a Aktivieren Sie in den Werkzeugeinstellungen die Option *Überlappung autom. entfernen*. Bei jedem neu zu erstellenden Pfad werden die Überlappungen sofort gelöscht.
b Aktivieren Sie den Pfad und wählen Sie *Modifizieren > Pfad ändern > Überlappung entfernen*.
In beiden Fällen entstehen verbundene Pfade (**2**), die aus einer Außenkontur und einer Anzahl von Binnenpfaden bestehen, die die Öffnungen in der Gesamtform bilden (**3**).
Verbundene Pfade verfügen über eine gemeinsame Markierung in Form von vier Markierungspunkten (**4**). Den einzelnen Pfad können Sie aktivieren, indem Sie ihn bei gedrückter [⌥]-Taste anklicken (**5**).
Die Löschung der Überlappungen verringert automatisch die Anzahl der Punkte. Trotzdem kann in der Regel eine weitere Vereinfachung der Pfade vorgenommen werden (siehe oben).

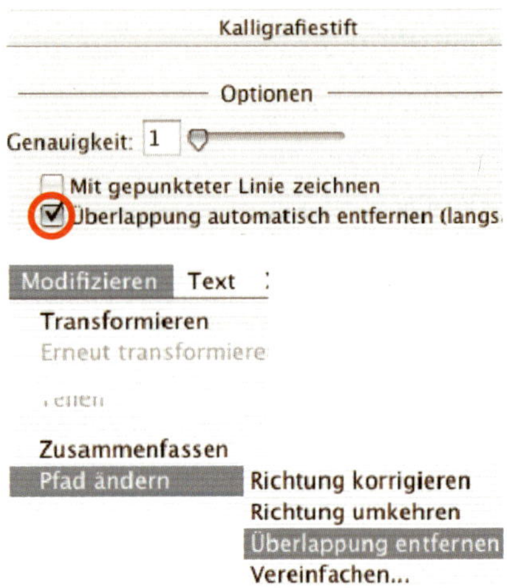

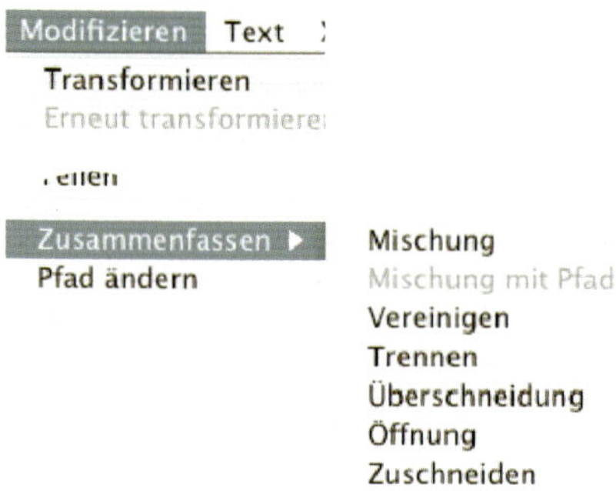

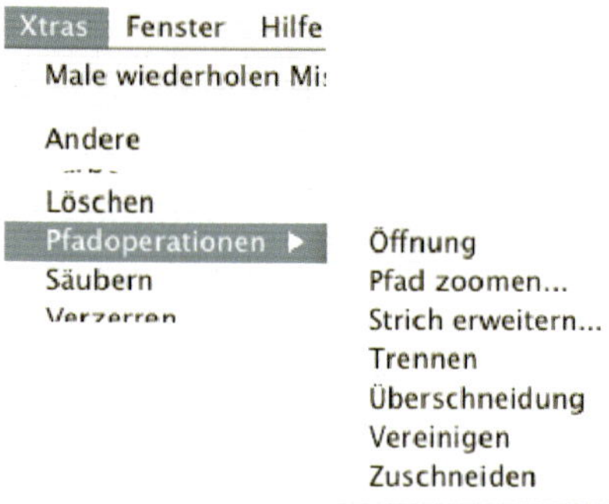

Pfade zusammenfassen

Ähnlich wie bei Überlappungen innerhalb eines Pfades können sich separate Objekte überschneiden (**1**).

Mit dem Menübefehl *Modifizieren > Zusammenfassen > Vereinigen* können Sie diese bei Bedarf zu einem Objekt zusammenfassen (**2**).

Daneben finden Sie weitere Möglichkeiten, Formen aus sich überschneidenden geschlossenen Pfaden zu erzeugen:

Mischung (**3**), *Trennen* (**4**, funktioniert auch mit einem offenen Trennpfad), *Überschneidung/Zuschneiden* (**5**, beide Befehle führen bei weniger als drei beteiligten Objekten zum selben Ergebnis), *Öffnung* (**6**).

Wahlweise finden Sie die Befehle (außer *Mischung*) auch unter *Xtras > Pfadoperationen*.

Geometrisches Arbeiten

II

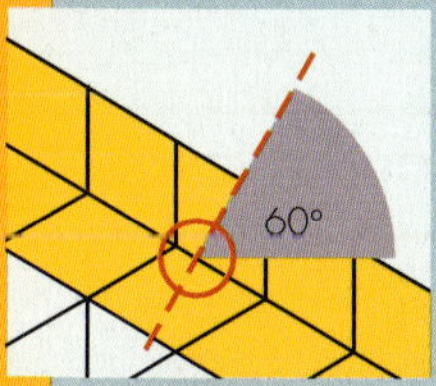

Geometrische Funktionen nutzen

Exakte Formen erzeugen

Füllungen und Farben

Schattierungen und Zwischenfarben

Das Finish

Linien und Effekte nutzen

Ein Signet

Mühelose Präzision

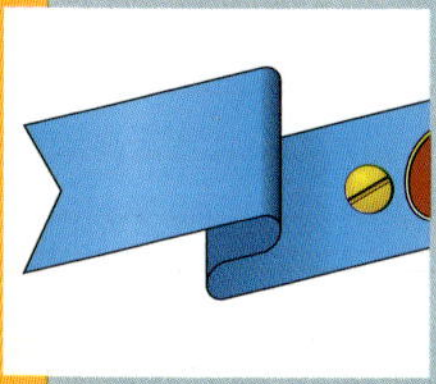

Positionierraster

Exaktes Arbeiten per Mausklick

Geometrie nutzen

Ein Merkmal von Grafikprogrammen ist die Leistungsfähigkeit der geometrischen Funktionen. So ist auch FreeHand hervorragend geeignet, mathematisch genaue Grafiken zu erstellen. Es lohnt sich, anfangs Überlegungen zur Geometrie anzustellen. Es können viele Umwege vermieden und die grafische Qualität verbessert werden. – Mancher wird jetzt ein Stöhnen unterdrücken müssen: «Und da habe ich damals im Leistungskurs extra Kunstgeschichte ...» Aber: Nachdenken lohnt sich – schon weil es Arbeit spart. Ist das nichts? Zunächst einige Überlegungen zur Arbeit mit geometrischen Grundformen.

- Die Beispielgrafik ist frei positioniert, ihre Kanten sind nicht waagerecht oder senkrecht. So können die geometrischen Funktionen nur mit großer Mühe genutzt werden, da überall trigonometrische Verkürzungen auftreten. Also bauen Sie die Figur waagerecht/senkrecht und drehen Sie sie erst am Ende frei in die gewünschte Position.
- Ähnliches gilt für die Größe. Um Verschiebungen, Dreh- und Spiegelpunkte leicht ermitteln zu können, arbeiten Sie zunächst mit einem runden Maß (zum Beispiel zehn Millimeter) und skalieren zum Ende der Arbeit die gesamte Figur. Oft wird eine Grafik ohnehin in verschiedenen Größen benötigt – denken Sie zum Beispiel an ein Firmensignet (aus dem auch dieses Beispiel stammt).
- Um Bezugspunkte für das Drehen, Spiegeln, Neigen und Skalieren mit runden Werten angeben zu können, verlegen Sie den Koordinaten-Ursprung am Anfang in die Mitte des Blattes und verändern ihn dann nicht mehr. So bildet er den Fixpunkt der Konstruktion. Wird er einmal versetzt (vielleicht um bequem eine Entfernung ermitteln zu können), sollte er mit Sorgfalt wieder genau zurückgesetzt werden. Es kann sicherer sein, ihn nicht zu verändern und Entfernungen zu berechnen. – Warum? Kleine Ungenauigkeiten werden auf dem Monitor nicht sofort bemerkt; dessen Darstellung ist zu grob. In einer hochwertigen Drucksache jedoch ist jeder Zehntelmillimeter sichtbar, um den sich zwei Linien an einer Ecke «verpassen». Um den nicht exakt zurückgesetzten Nullpunkt als Fehlerquelle zu umgehen, bleibt er im folgenden Beispiel unberührt an gleicher Stelle.

1

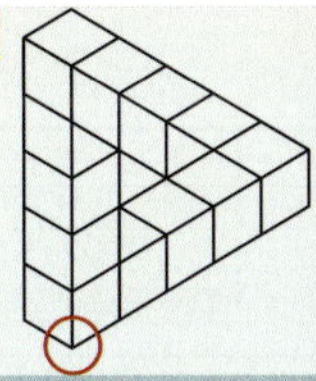

2

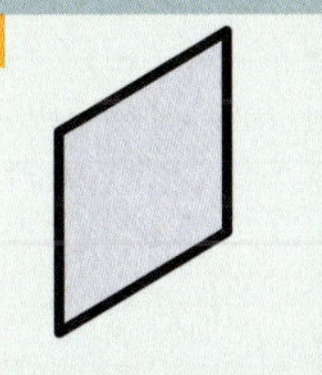

3

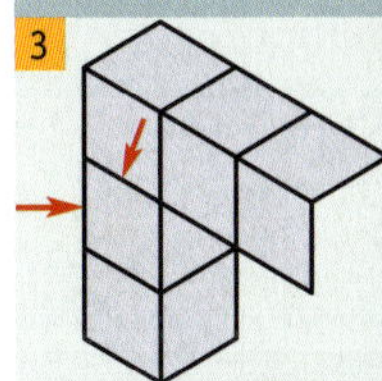

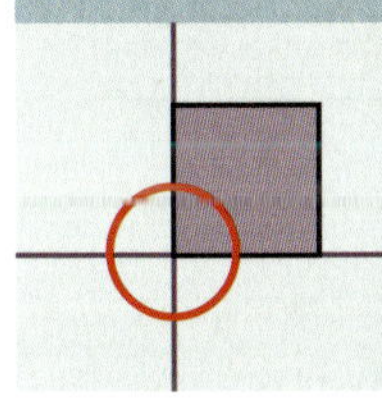

Im Arbeitsablauf wird vollständig auf den Einsatz von Hilfslinien verzichtet. Die Mühe der exakten Hilfslinienpositionierung verwenden Sie besser auf die exakte Arbeit mit den Objekten.

Die Planung sieht jetzt so aus:

1 Die Figur wird senkrecht/waagerecht aufgebaut. – Das Maß für die Kantenlänge beträgt zehn Millimeter. – Die linke untere Ecke liegt auf dem Nullpunkt (mit dem Kreis markiert). Dort beginnt die Arbeit.

2 Die Grafik besteht aus nur einem Grundelement, das vervielfältigt und gedreht wird. Es handelt sich um ein rautenförmiges Viereck.

3 In den Ecksituationen stoßen die Elemente gedreht aneinander. Damit sie dies ohne Überstand tun, müssen die vier Kanten des Grundelementes die gleiche Länge aufweisen.

Aufbau der Konstruktion

- Setzen Sie zunächst den Lineal-Nullpunkt mitten in das Format. Sie können ihn nur während des Bewegens sehen; nach dem Lösen der Maustaste wird er nicht mehr dargestellt. Falls Sie eine Darstellung wünschen, legen Sie ein Hilfslinien-Kreuz auf den Nullpunkt. (Für exakte Position: Befehl *Ansicht> Hilfslinien> Bearbeiten*; einfacher ist jedoch das Ziehen des Nullpunktes auf ein magnetisches Hilfslinienkreuz.) Anschließend sollten die Linien gegen Verschieben gesichert werden (*Ansicht> Hilfslinien >Sperren*).
- Ziehen Sie mit dem Rechteckwerkzeug eine Fläche auf. Versuchen Sie nicht, den Nullpunkt zu treffen und ein exaktes Quadrat anzulegen, denn die Maße stellen Sie mit Hilfe des Bedienfeldes *Objekt* ein, während das Viereck markiert bleibt. – Tragen Sie die Maße ein und betätigen Sie die Return-Taste zum Übertragen der Werte. Nun sollte sich das Quadrat am Nullpunkt befinden. Genauer: Sein linker unterer Punkt liegt auf dem Nullpunkt. Sie kontrollieren dies, indem Sie bei markiertem Objekt im Bedienfeld *Objekt* nachsehen. Die gewünschten Maße sollten eingetragen sein.

Beim Anlegen geometrischer Formen sollten Sie nicht versuchen, die korrekten Maße zu treffen. Dann werden sich Größe, Form und Position des Objektes beim Übertragen exakter Werte deutlich sichtbar ändern. Es lässt sich nun im Vergleich leichter abschätzen, ob es den Vorgaben entspricht: Ist es einen Zentimeter groß? Ist es ein Quadrat? Liegt es am Nullpunkt? – Fast exakte Objekte ändern sich beim Übertragen der Maße unmerklich. Wurden die Angaben korrekt übertragen? Kontrolle ist erforderlich.

1
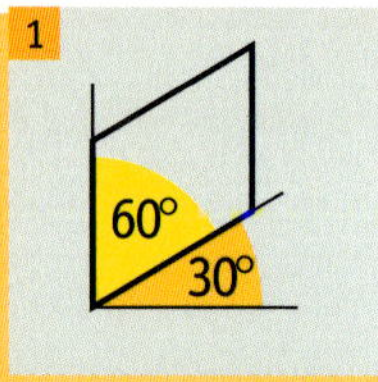

2
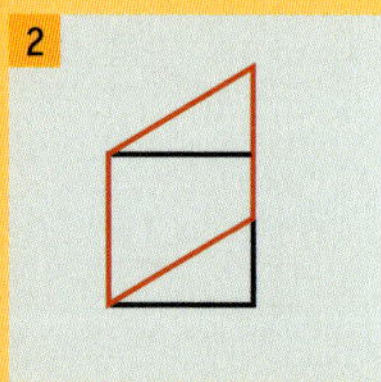

3
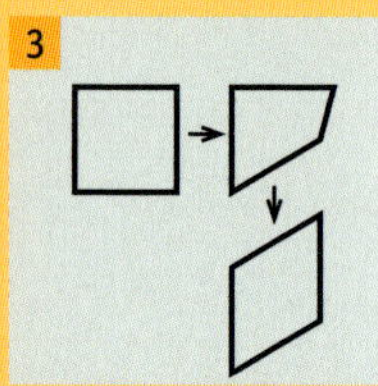

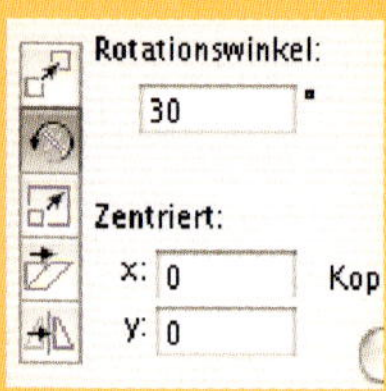

4
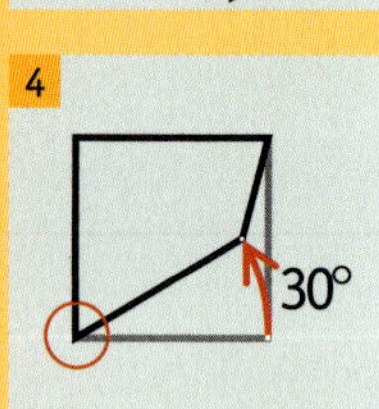

A
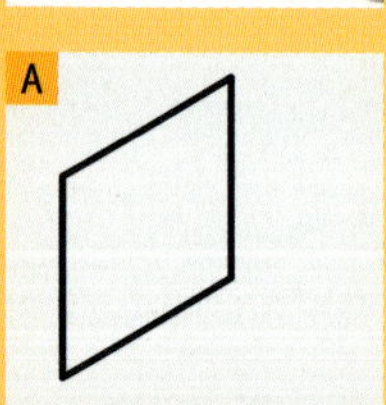

5
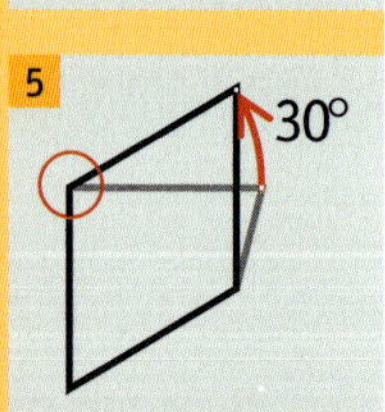

1 Das Quadrat soll in die Rautenform überführt werden. Aus der Geometrie der Aufgabe ergeben sich Winkel von 30° und 60°, da die Gesamtform ein gleichseitiges Dreieck bildet. Diese Winkel müssen also auch die Grundform bestimmen.

2 FreeHand bietet für derartige Veränderungen das *Neigen*-Werkzeug an. Es wird jedoch nicht der Vorgabe gleich langer Seiten gerecht, da sich beim Neigen zwei Seiten strecken. In der Abbildung ist rot die geneigte Form sichtbar. Die schrägen Seiten oben und unten sind gestreckt, also etwas länger als die senkrechten Seiten.

3 Es gibt mehrere Möglichkeiten, eine Figur mit gleich langen Seiten zu erstellen. Am einfachsten erscheint das Drehen der beiden rechten Punkte nach oben.
Heben Sie zunächst die Gruppierung des Quadrates auf, um einzelne Punkte manipulieren zu können (*Ändern > Gruppierung aufheben*).
Zwei Rotationen sind auszuführen: Der rechte untere Punkt dreht sich 30° um den linken unteren Punkt nach oben und der rechte obere Punkt um seinen linken Nachbarn.

4 Markieren Sie den rechten unteren Punkt (nur er dreht sich, sein linker Nachbar bleibt liegen). Im *Rotieren*-Dialog tragen Sie den Wert 30 (positiver Wert für eine Drehung gegen den Uhrzeigersinn) sowie die Koordinaten x = 0 und y = 0 ein (Drehzentrum ist der linke untere Punkt, der im Koordinaten-Ursprung liegt). Nach dem Übertragen des Wertes sollte sich die untere Seite des Quadrates rechts angehoben haben.

5 Nun markieren Sie den rechten oberen Punkt und drehen ihn um den linken oberen (Winkel 30°, x = 0, y = 10). Jetzt ist das Grundelement mit gleich langen Seiten entstanden (**A**).

6 Die Vervielfältigung der Objekte nehmen Sie mit dem *Verschieben*-Dialog vor *(Fenster > Transformieren)*. Sie bewegen die Figur um eine Kantenlänge nach oben, also zehn Millimeter. Stellen Sie dazu vier Kopien ein.

7 Diese Objekte sind erneut zu verdoppeln: Markieren Sie die Vierecke durch Aufziehen eines Markierungsrahmens über allen Objekten (durch Anklicken könnten die Objekte verschoben werden) und spiegeln Sie diese. Dazu rufen Sie den *Spiegeln*-Dialog auf und tragen Sie den Wert 90° für die Lage der Spiegelachse sowie die Koordinaten x = 0 und y = 0 ein. (Die Spiegelachse liegt senkrecht und läuft durch den Nullpunkt.) Geben Sie eine Kopie vor und übertragen Sie die Werte. Es sollten nun zehn Vierecke sichtbar sein, die eine der Dreieckseite der fertigen Figur bilden (**8**).

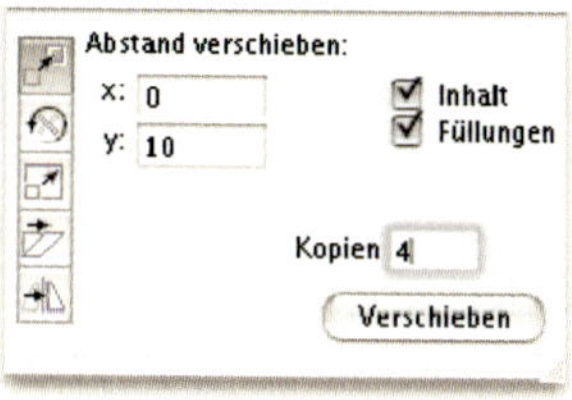

Markieren Sie alle Objekte (mittels Markierungsrahmen) und gruppieren Sie diese, um ein versehentliches Verschieben gegeneinander zu vermeiden.

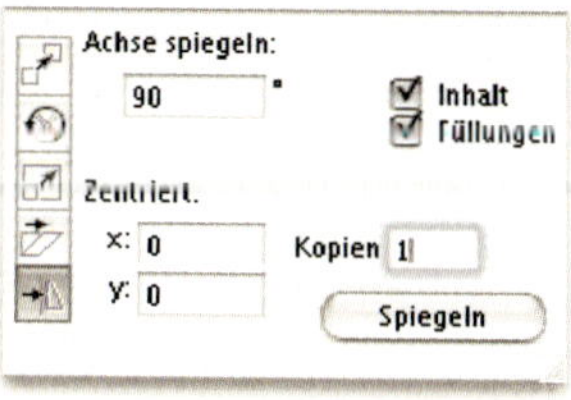

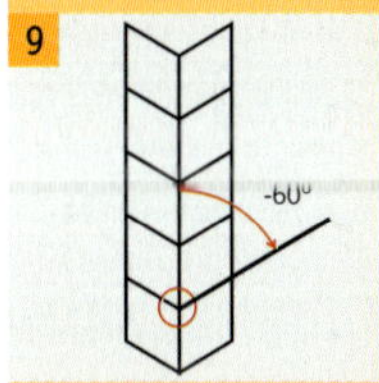

9 Ein Duplikat ist um 60° gegen den Uhrzeigersinn zu drehen, da die gesamte Figur ein gleichseitiges Dreieck bildet. Der Drehpunkt liegt eine Seitenlänge über dem Nullpunkt.

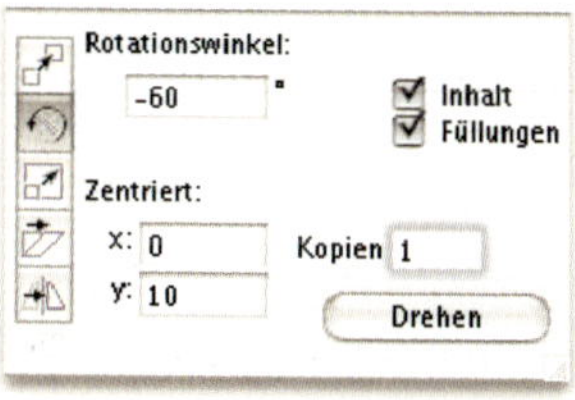

10 Benutzen Sie das *Rotieren*-Bedienfeld, um das Objekt mit folgenden Werten zu drehen: Winkel minus 60°, Rotationszentrum x = 0 und y = 10, eine Kopie.
Nach der Wertübertragung hat es seine Position eingenommen; die Trennlinien der «Würfel» sind aber in die falsche Richtung geknickt.

Arbeiten Sie mit wenigen verschachtelten Gruppierungen, um die Illustration einfach zu strukturieren. Später müssen Sie Gruppen für das Zuweisen von Grafikattributen wieder auflösen oder Objekte bei gedrückter ⌥-Taste einzeln markieren.

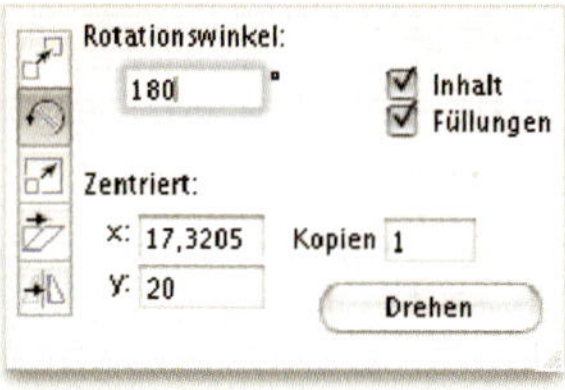

Um dies zu korrigieren, drehen Sie das Objekt auf der Stelle. – Bei der Markierung von Objekten trägt FreeHand die Koordinaten des Markierungsmittelpunktes in die *Transformieren*-Bedienfelder ein. Für die Drehung auf der Stelle bedeutet das:

11 Stellen Sie im *Drehen*-Bedienfeld den Wert 180° im Feld Rotationswinkel ein und übertragen Sie ihn auf das Objekt, ohne die Koordinaten des Zentrums zu ändern (zur Kontrolle: Das Zentrum liegt bei x = 17,3205 und y = 20). Jetzt sollte die zweite Seite richtig liegen.

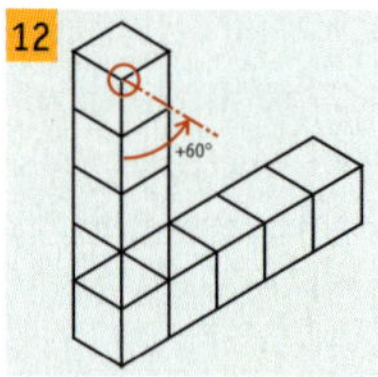

12 Die fehlende dritte Seite erfordert ebenfalls zwei Drehvorgänge. Gehen Sie erneut von der linken Seite aus, dann ist der Drehpunkt leicht zu ermitteln: Er beträgt das Fünffache der Seitenlänge und liegt über dem Nullpunkt. Der Winkel muss positiv sein, weil die Rotation gegen den Uhrzeigersinn erfolgen soll.

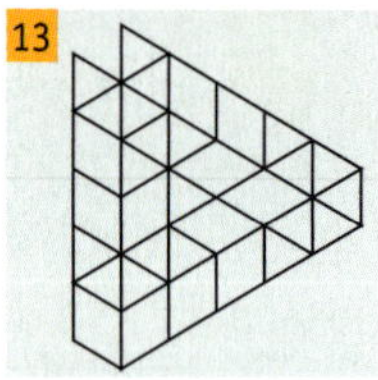

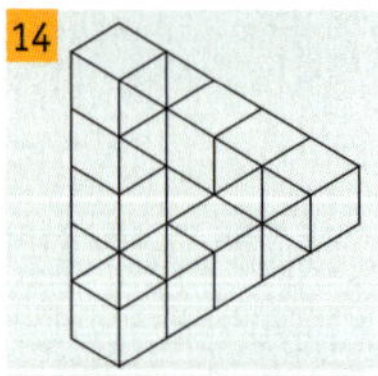

13/14 Markieren Sie die linke Seite. Rotieren Sie das Objekt mit den Werten Winkel = 60°, Zentrum bei x = 0 und y = 50, eine Kopie. Übertragen Sie die Werte und drehen Sie das noch markierte Objekt um 180°, ohne die Koordinaten des Drehzentrums zu ändern (Drehpunkt ist der Markierungsmittelpunkt x = 17,3205 und y = 40).

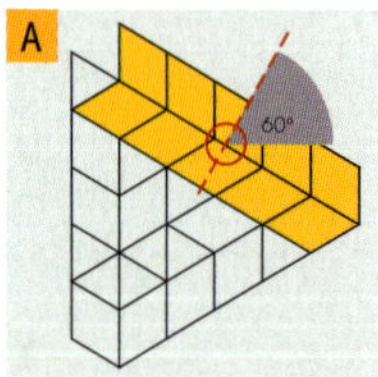

A Zur Korrektur der Lage können Sie statt der Drehung um 180° auch die *Spiegeln*-Funktion einsetzen. Die Spiegelachse muss dabei senkrecht auf den Seiten stehen; deren Richtung beträgt zur Spiegelung der oberen Seite 60°, der unteren Seite 120°. Sie läuft jeweils durch den Markierungsmittelpunkt.

Auch hier müssen die Objekte ihre exakten Positionen halten. Versehentlich verschobene Objekte können Sie von Hand nicht genau zurückbewegen. Für Aufgaben, die exaktes Arbeiten erfordern, benutzen Sie besser den Befehl Bearbeiten > Widerrufen.

Die markierten Flächen werden nicht benötigt. Die gelben sind verdeckt; die roten doppelt vorhanden. Sie sollten alle sechs löschen, damit sie beim Zuweisen der Farben nicht stören können. Verdeckte Objekte lassen sich markieren, wenn beim Klicken die ctrl-Taste gedrückt ist.

Farben zuweisen

Um räumliche Wirkung zu simulieren, sind im Beispiel Farbtöne verschiedener Helligkeit eingesetzt worden. Das dunkelste Blau ist eine angelegte Farbe; die helleren Töne entstanden als deren Abstufungen. (Diese Variante ist nachfolgend beschrieben.)

Eine vergleichbare Farbigkeit lässt sich auch mit Verläufen erzeugen, die allerdings höhere Anforderungen an den Druck stellen (Näheres im Kapitel *Farbe für Print und Web*). Sehen Sie beide Varianten im Vergleich: Bild **A** zeigt einfarbige Flächen und Bild **B** die Variante mit Verläufen.

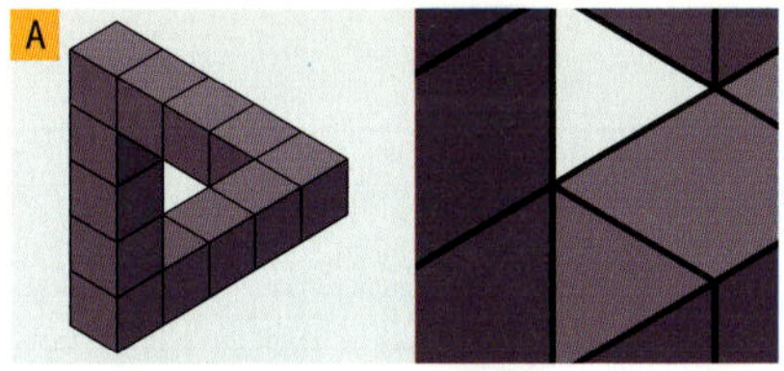

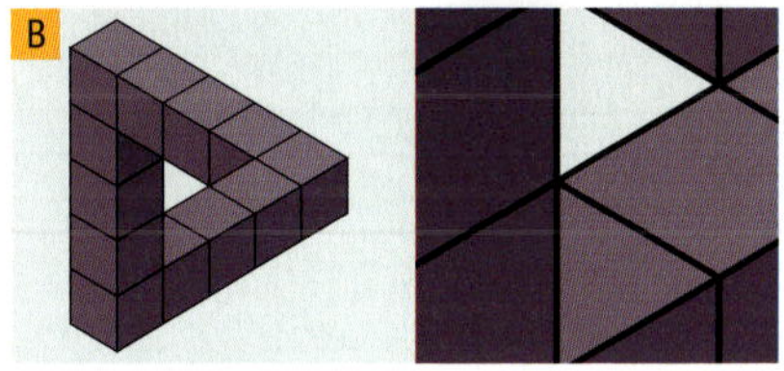

Vor der Arbeit mit Farben ist noch ein grafisches Problem zu lösen, das Sie beim Zuweisen von Verlaufsfüllungen bemerken werden: Verläufe über mehrere Objekte erfordern die Verbindung der einzelnen Pfade zu einem Objekt (*Modifizieren > Verbinden*). Da Objekte nicht gleichzeitig über und unter anderen liegen können, ergibt sich ein «Eckproblem» (großes Bild). Aber gerade in der Unmöglichkeit der Abdeckung besteht der Reiz dieser Grafik. Zur Lösung habe ich zwei Möglichkeiten anzubieten:

Verbundene Objekte sind in einer Farbe dargestellt; das Problem ist gestreift.

- Flächen lassen sich mit Hilfe darüber liegender abschneiden (*Ändern > Zusammenfassen > Öffnung*).
- Die elegantere Variante besteht im Löschen eines Punktes (**1/2**). Die Fläche wird auf ein Dreieck reduziert, das genau an der Nachbarfläche abschließt. So gibt es kein Abdeckungsproblem.

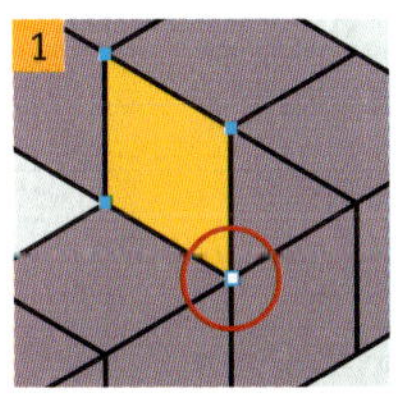

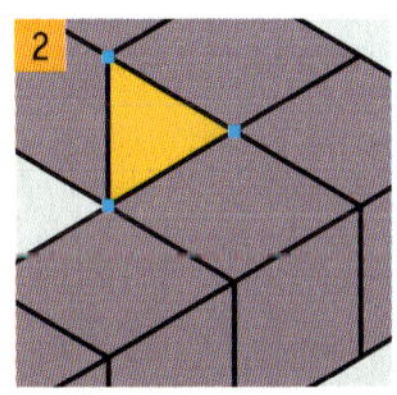

Wenn Sie auf Verläufe verzichten und einfarbige Füllungen zuweisen, müssen die Objekte nicht verbunden sein. Lösen Sie die Gruppierung einer inneren Reihe auf und stellen Sie eine der Flächen im Winkel nach hinten *(Modifizieren > Anordnen > In den Hintergrund)*.

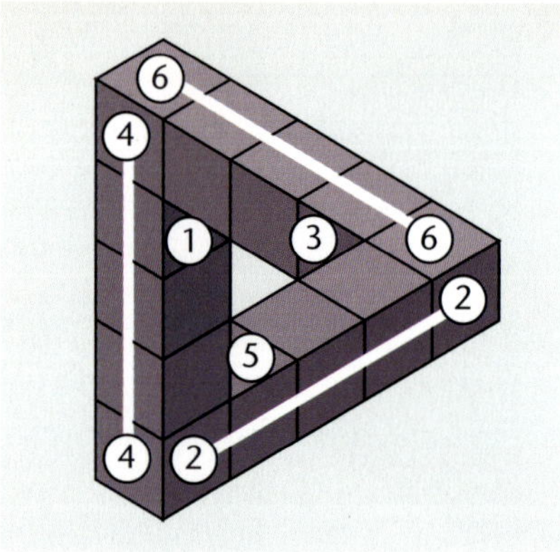

Für die einfarbigen Füllungen sind sechs Töne angelegt:

① 100 %	② 90 %	③ 80 %
④ 70 %	⑤ 60 %	⑥ 50 %

Weitere Töne liegen zwischen diesen Abstufungen. Doch legen Sie zunächst mit Hilfe des Bedienfeldes *Farbtöne* diese an (*Fenster > Farbtöne*). Wählen Sie die Grundfarbe und ziehen Sie die Kästchen der entsprechenden Töne in die Farbpalette.
Vor dem Zuweisen der Farben müssen die Gruppierungen der Teilobjekte aufgehoben werden. Achten Sie auch hier darauf, beim Markieren nichts zu verschieben.

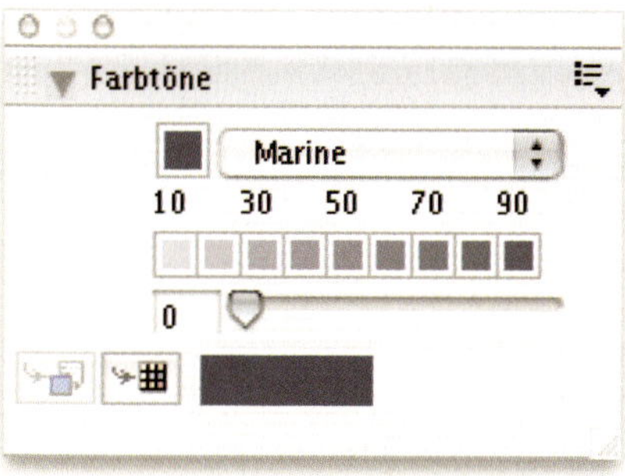

Nun fehlen noch die Töne zwischen ① und ②, zwischen ③ und ④ sowie zwischen ⑤ und ⑥, die jeweils einer Fläche zugewiesen werden. Mit Hilfe des Schiebereglers im *Farbtöne*-Bedienfeld sind sie schnell erstellt. Im Beispiel sind gleiche Farbabstände angewandt: Zwischen 100 % und 90 % sind die Stufen 93 % und 97 % zugewiesen worden.

Finish für die Linien

Alle Linien besitzen die gleiche Stärke. Markieren Sie das ganze Objekt und weisen Sie den gewünschten Wert zu (*Breite* im Bedienfeld *Objekt*). Hier sollten Sie auch die Abkantung der Ecken wählen, um herausragende Spitzen zu vermeiden.
Diese Situation ist hier in Vergrößerungen dargestellt:

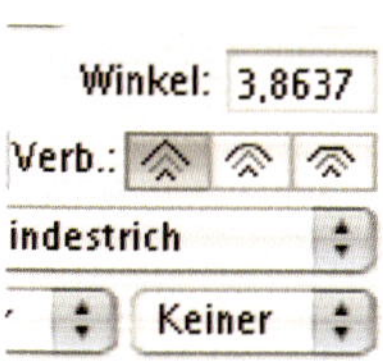

1

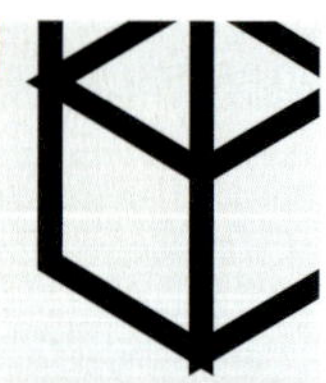

1 Die erste Option lässt die Linien gerade auslaufen, wenn die Winkelgrenze unterschritten wird. Das wird der Fall sein, wenn Sie den voreingestellten Wert noch nicht geändert haben.

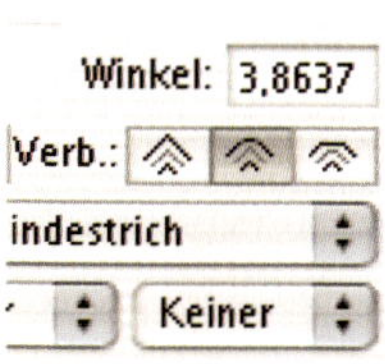

2

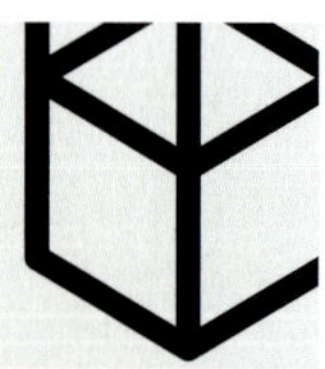

2 Die zweite Option rundet die Ecken ab, es entstehen keine Spitzen.

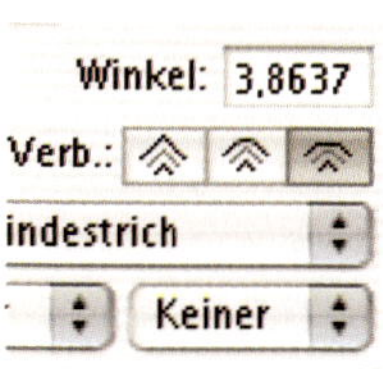

3

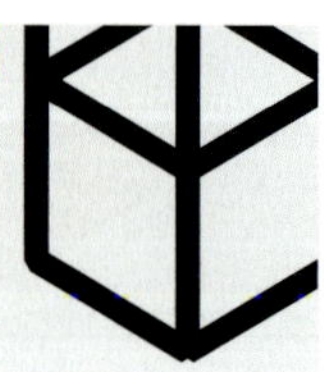

3 Die dritte Möglichkeit besteht im geraden Anschnitt der Ecken. Das ist in unserem Fall ungünstig, da jeweils zwei Pfade übereinander liegen und in verschiedene Richtungen führen. Daraus resultieren Einkerbungen an den Ecken.

Die Ecksituationen sind in Originalgröße auf dem Monitor nicht zu beurteilen, da die Anzeige zu ungenau ist. Sie erkennen diese erst in starker Vergrößerung. Die Druckausgabe ist präziser; dort liegen solche Dinge im sichtbaran Bereich.
Beim Abschluss der Arbeiten sollten Sie stets an die Ecksituation denken, da sie den Charakter einer Grafik wesentlich mitbestimmt: Stellen Sie sich eine Illustration in freierem, handgearbeitetem Stil vor, bei der an den Ecken die Linienspitzen herausschauen.

Was bewirkt eigentlich die «Winkelgrenze»?
Sie legen eine Länge fest, ab der entstehende Linienspitzen gekappt werden. Die Winkelgrenze gibt die zulässigen Längen der Spitze als Vielfaches der Linienbreite an.
Bei einem Wert von 2 kann also die Länge der Spitze maximal das Doppelte der Linienbreite annehmen. Wird der Winkel kleiner, die Spitze also länger, wird sie abgeschnitten. Diese Einstellung gilt nur für die erste Ecksituation, da nur sie Spitzen erzeugt. Mit der zweiten Option wird immer gerundet und mit der dritten immer abgeschnitten.

Eine Kopie ins Archiv und fertig

Diesen Zustand der Datei sollten Sie in Ihr Archiv übernehmen. Sie eignet sich für weitere Arbeiten, weil das Objekt noch an einer definierten Position steht, genaue Kantenlängen und exakte Winkel aufweist.

In einer Kopie der Datei markieren Sie alles und gruppieren Sie die Einzelteile zu einem Objekt. Dieses drehen und skalieren Sie mit den Werkzeugen frei auf dem Blatt. Die fertige Grafik wird als EPS exportiert. Wenn Sie dabei die Option *FreeHand-Dokument einschließen* abwählen, sollten Sie auch diese Datei in Ihr Archiv legen.

Varianten

ab hier noch mal weiter

Auf ähnliche Art lässt sich eine Variante erstellen, der die gleiche Geometrie zugrunde liegt: Drei Grundelemente bilden jeweils einen Würfel. Drei gegeneinander verdrehte Seiten bauen die Figur auf:

1

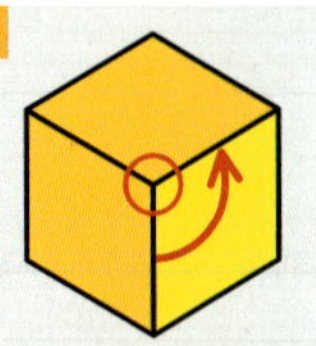

1 Markieren Sie das Grundelement und drehen Sie es um den linken oberen Punkt (120°). Geben Sie dabei im *Rotieren*-Dialog zwei Kopien vor.
Gruppieren Sie die Elemente, runden Sie die Ecken im Linieninspektor und gönnen Sie den Flächen etwas Farbe (gefüllte Flächen lassen sich leichter markieren).

2

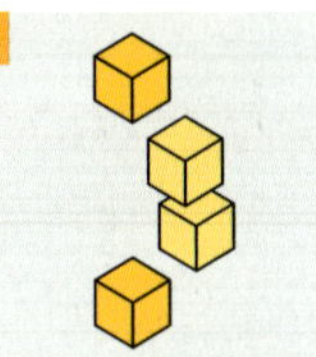

2 Der geklonte Würfel wird um das Fünffache seiner Kantenlänge nach oben bewegt. Zwei weitere Duplikate (heller dargestellt) bewegen Sie frei nach rechts auf halbe Höhe.

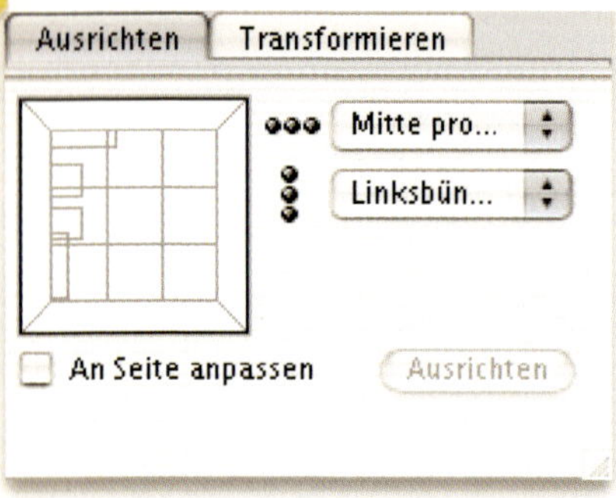

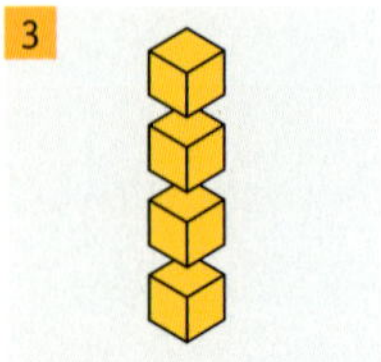

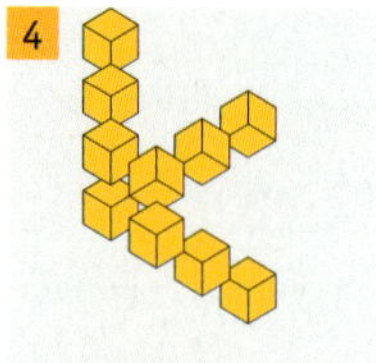

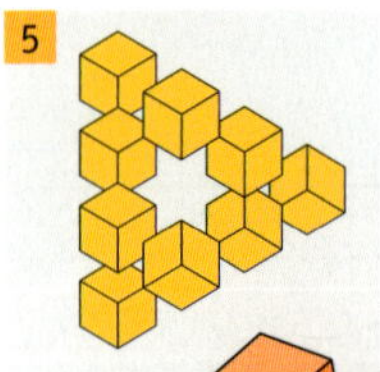

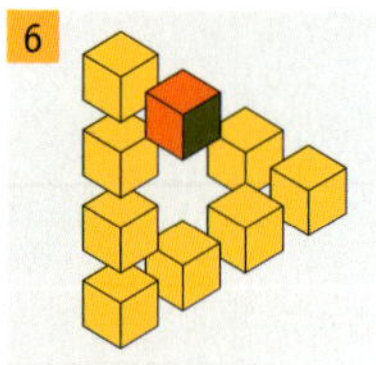

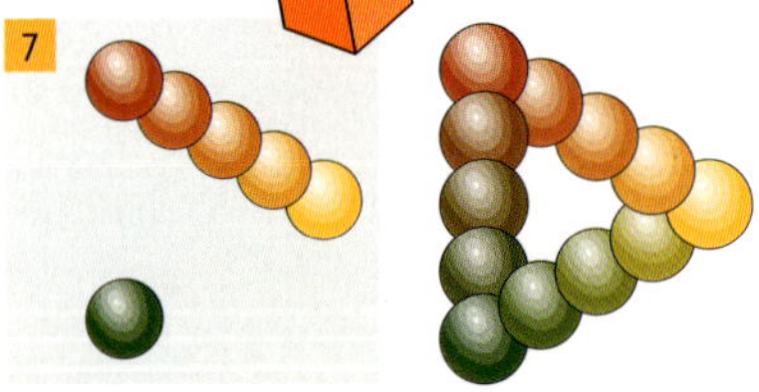

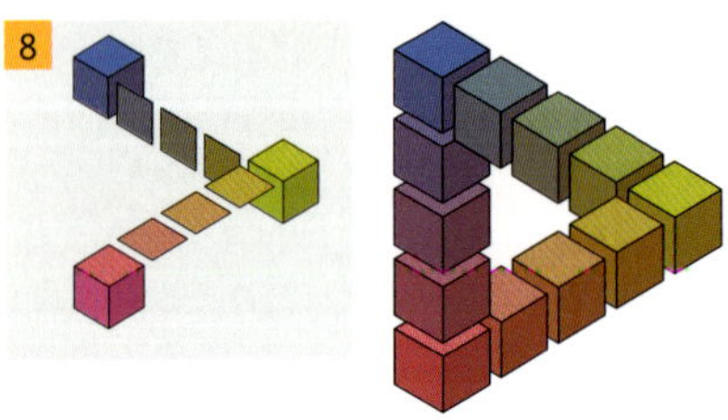

3 Markieren Sie alle Würfel und richten Sie sie aus. Dabei dürfen der oberste und der unterste ihre Position nicht verändern. Die Einstellungen sind umseitig gezeigt: gleicher Abstand zwischen Mitten (oberster und unterster bleiben liegen) und Ausrichtung der linken Kanten (Objekt am weitesten links bleibt liegen, in diesem Fall erneut oberer und unterer Würfel).

4 Die oberen drei Würfel werden markiert und um den Mittelpunkt des untersten rotiert: minus 60°. Stellen Sie dabei *zwei Kopien* ein.

5 Die unteren drei Objekte müssen Sie nun um das Fünffache der Kantenlänge nach oben bewegen. Löschen Sie einen der beiden rechts außen übereinander liegenden Würfel. Markieren Sie die rechts unten falsch liegenden drei Objekte und drehen Sie diese um 180° auf der Stelle (von FreeHand vorgeschlagenes Drehzentrum nicht ändern).

6 Nun müssen noch Würfel nach vorn oder hinten gestellt werden. Markieren ein Objekt und stellen Sie es nach vorn (*Modifizieren>Anordnen>Nach vorn stellen*). Das Gleiche tun Sie mit dem Nachbarn in Uhrzeigerrichtung.

Wenn eine Runde beendet ist, zeigt sich das Vorn-hinten-Problem: Ein Würfel müsste gleichzeitig vorn und hinten liegen. Da dies keinem Objekt möglich ist (die Würfel bilden als Gruppe jeweils ein Objekt), müssen Sie eine Gruppierung aufheben. Nun lassen sich Teilflächen nach hinten stellen (zum Beispiel die grüne Fläche). Heben Sie alle Gruppierungen auf und weisen Sie den Flächen Farben zu.

Die fertige Arbeit sollte eine regelmäßige Innenform zeigen.

7/8 Diese Varianten entstanden aus jeweils drei Eckfiguren, die auf bekannte Weise verschoben und gedreht wurden. Zwischen den drei Teilflächen der Würfel wurden jeweils Mischungen angelegt, in denen FreeHand auch Zwischenfarben (und in den Kreisen Verläufe) erstellt.

Schatteneffekt

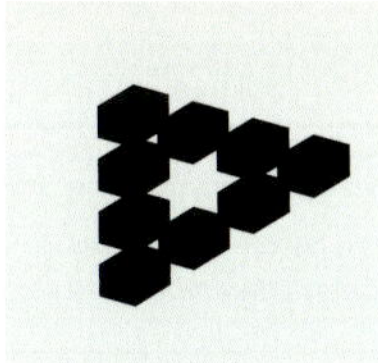

Die vorgetäuschte Räumlichkeit wird in diesem Beispiel von einem Schatten ergänzt. Er nutzt neue FreeHand-Funktionen, indem er weichgezeichnet und zum Grund transparent ist sowie verlaufende Deckkraft aufweist: *Effekte*.

1 Erstellen Sie eine Kopie des Schatten werfenden Objektes. Vereinfachen Sie es durch Vereinigen aller Flächen *(Gruppierung aufheben, Zusammenfassen > Vereinigen)*. Es soll keine Linie, aber eine Grundfüllung (schwarz) aufweisen. Im Beispiel wurde die Fläche etwas geneigt.

2

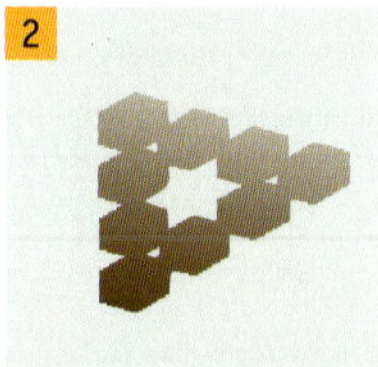

2/3 Fügen Sie im Bedienfeld *Objekt* den Effekt *Transparenz > Verlaufsmaske* hinzu. Positionieren Sie den Verlauf an der Unterkante des Schattens (runder Griff) und richten Sie den Verlauf nach rechts oben aus (eckiger Griff).

3

4 Die Deckkraft wird mit den Farben der Maske bestimmt. Je heller die Farbe, desto geringer ist die Deckkraft. Sie können weitere Farbpositionen auf den Verlauf ziehen, um die Deckkraft präzise zu bestimmen. Die Farbigkeit ist nicht relevant; ihre Helligkeit wird interpretiert. – Farbmarken lassen sich durch Anklicken ändern, es springt eine Palette auf.

4

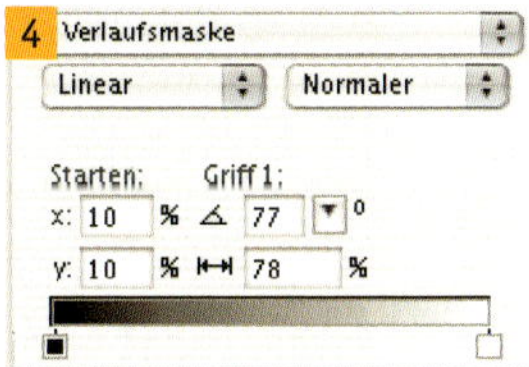

5 Weiche Kanten entstehen mit einem weiteren Effekt: Fügen Sie im Bedienfeld *Objekt Weichzeichnen > Gaußsche Weichzeichnung* hinzu.

5

Freude bereiten die Effekte allerdings erst ab Systemversion zehn. In älteren Systemen funktionieren deren Regler nicht.

Ohnehin lassen sich die Effekte nur in FreeHand nutzen. Sie erzeugen Transparenzen, und die sind im Format EPS problematisch. Sie bekommen die Grafik nicht in voller Schönheit aus dem Programm heraus.

Auch das Berechnen als Pixelbild funktioniert nicht einwandfrei, um die Grafik in der Bildbearbeitung (zum Beispiel *Photoshop*) zu nutzen. Dieser Vorgang ist uns mit höheren Werten für die Auflösung noch nicht gelungen.

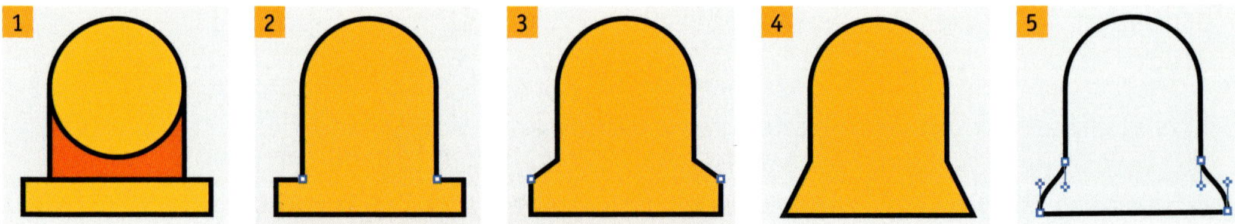

Ein Piktogramm konstruieren

1 Dieses Piktogramm lässt sich aus geometrischen Grundformen aufbauen. Der Kreis und das mittlere Viereck sollen die gleiche Breite haben. Alle drei Formen sind an der senkrechten Mittelachse ausgerichtet (*Fenster>Ausrichten*).

2 Die Objekte werden mit dem Befehl *Modifizieren>Zusammenfassen>Vereinigen* umgewandelt. Durch Markieren einzelner Punkte lassen sich gut Korrekturen an den Proportionen vornehmen. Dazu eignen sich die Cursortasten. Achten Sie auf die Erhaltung der Symmetrie, indem Sie die Punkte paarweise markieren.

3/4 Löschen Sie die oberen Eckpunkte. An diesen Stellen entstehen Rundungen.

5 Ziehen Sie bei gedrückter [⌥]-Taste die Griffe aus den Punkten. Während Sie diese herausziehen, nehmen Sie zusätzlich die [⇧]-Taste zu Hilfe, um sie senkrecht zu positionieren. Wegen der Symmetrie müssen die Griffe gegenüberliegender Punkte die gleiche Länge haben (an waagerechten, magnetischen Hilfslinien ausrichten).

Die anderen Hälften der Griffe müssen im Punkt liegen bleiben, damit die Pfadsegmente ihren senkrechten oder waagerechten Verlauf behalten. Wenn Sie einen falschen Griff bewegen, lassen Sie ihn ausgezogen. Nachdem Sie den richtigen positioniert haben, lassen Sie den anderen im Bedienfeld *Objekt* einziehen.

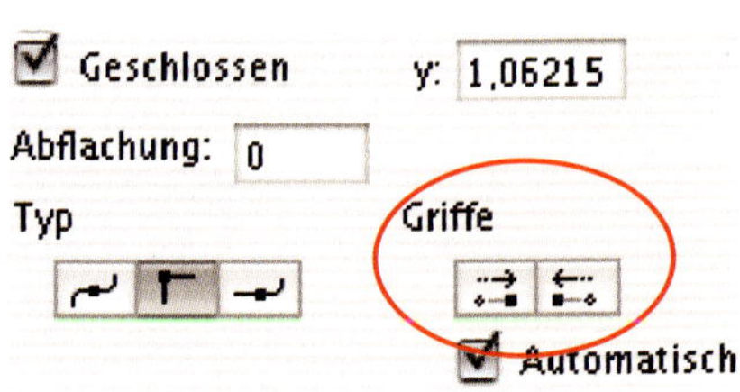

6 Legen Sie nun die Linienbreite des Pfades fest, um die Größe der beiden ergänzenden Objekte einschätzen zu können.

7 Die Ergänzungsstücke entstehen aus Kreispfaden. In der oberen Position ist es ein Halbkreis, der durch Teilen an zwei Punkten entstehen kann. Dazu heben Sie die Gruppierung auf und markieren die Punkte in der Neun- und Drei-Uhr-Position. Teilen Sie den Kreis *(Modifizieren > Teilen)* und schließen Sie einen verbleibenden Teil im Bedienfeld Objekt.

Das untere Ergänzungsstück ist etwas kleiner als ein Halbkreis. Legen Sie ein Viereck auf einen Kreis und nutzen Sie es als Stanzform (*Modifizieren > Zusammenfassen > Öffnung*).

8 Zentrieren Sie die Objekte vertikal. (Bei ungruppierten Objekten dürfen Sie keinen Markierungsrahmen aufziehen, sonst schieben sich alle Punkte auf einer Achse zusammen.)

9 Erzeugen Sie drei konzentrische Kreise mit gleichem Größenzuwachs.

10 Nach dem Aufheben der Gruppierungen ziehen Sie einen Markierungsrahmen über die Kreise. Es markieren sich alle zwölf Pfadpunkte. Teilen Sie die Pfade (*Modifizieren > Teilen*). Löschen Sie sechs Viertelkreise. Nun werden die verbleibenden Kreise um 45° gedreht. Gruppieren Sie die Kreise, um sie gemeinsam skalieren zu können. Mit der gruppierten Glocke und der Hintergrundfläche werden sie senkrecht zentriert.

Falls Sie die umgekehrte Form benötigen (rote Fläche mit Durchbrüchen), wandeln Sie die offenen Pfade in geschlossene (*Fenster > Symbolleisten > Xtra-Funktionen > Pfad erweitern*). Dann verbinden Sie die Teile mit der Hintergrundfläche (*Modifizieren > Verbinden*).

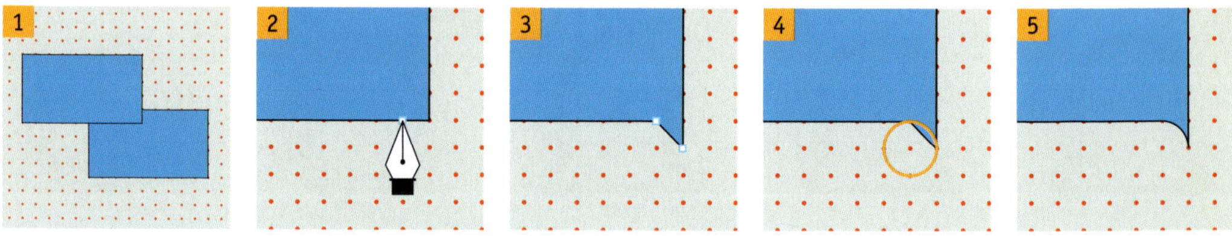

Positionierhilfe – Raster nutzen

Beim Bau des Banners wählen Sie die Option *Ansicht > Raster > Am Raster ausrichten,* um mit der Maus exakt zu arbeiten. – Die Größe ist zunächst unwichtig; zählen Sie die Rasterabstände und skalieren Sie das fertige Objekt zum Schluss.

1 Die Einzelteile werden vier Rasterpunkte Abstand haben. – Beginnen Sie mit dem linken Teil.

2 Lösen Sie die Gruppierungen der linken Fläche und fügen Sie einen Punkt ein. Er soll einen Rasterpunkt von der Ecke entfernt sein.

3 Der Eckpunkt wird um einen Rasterabstand nach unten gezogen.

4/5 Nutzen Sie einen Kreis (über der Fläche liegend) mit einem Durchmesser von zwei Rasterpunkten als Stanzform (*Öffnung*).

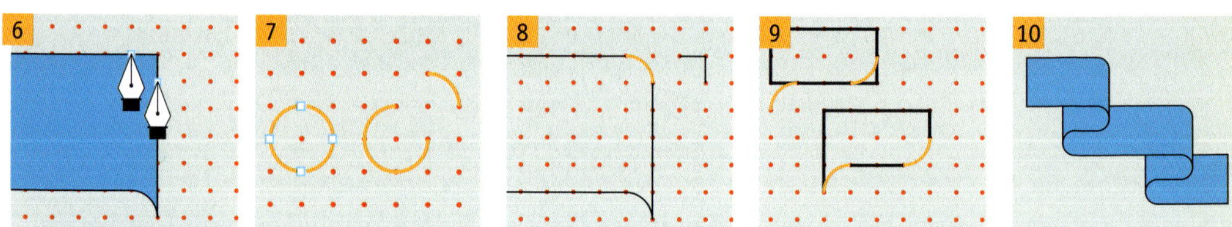

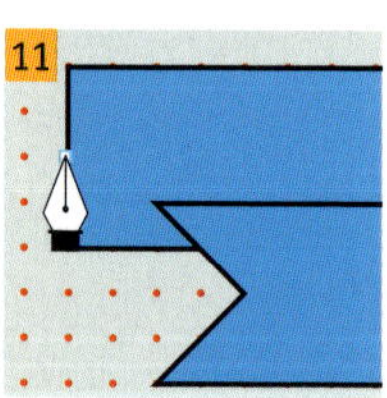

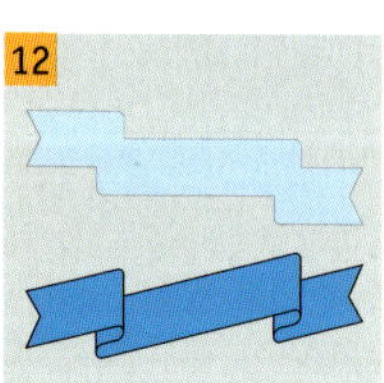

6 Fügen Sie oben zwei Punkte ein und teilen Sie die Form in diesen Punkten (*Modifizieren > Teilen*).

7 Erstellen Sie einen Viertelkreis (*Gruppierung aufheben > Punkte markieren > Teilen*).

8 Setzen Sie den Bogen ein und verbinden Sie ihn mit der offenen Form.

9 Nutzen Sie für die Erstellung der Zwischenform Rechteck und Viertelbögen.

10 Erstellen Sie auf diese Weise die anderen Teile und ordnen Sie die Stapelfolge. – Ziehen Sie zur Korrektur der Proportionen ausgewählte Pfadpunkte auf andere Raster.

11 Mit weiteren Punkten ziehen Sie das Banner ein.

12 Neigen Sie das Objekt vertikal bei gedrückter [⇧]-Taste. – Nehmen Sie Füllungs- und Verlaufseinstellungen vor.

Komplexe Gestaltung III

Die Wahl der Mittel

Freie Gestaltung und numerische Programmsteuerung am Beispiel eines Firmenlogos

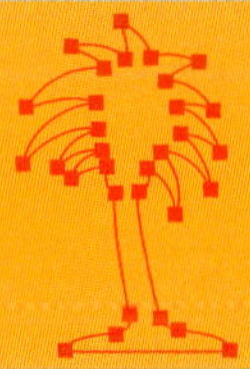

Freie Gestaltung

Der fortgeschrittene Einsatz des Stiftwerkzeugs: gezieltes Setzen von Eck- und Kurvenpunkten

Die exakte Anordnung von Objekten

Aufbau und Platzierung von Objekten: Nutzung numerischer Eingabemöglichkeiten und Vervielfältigung mit *Power Duplicate*

Erweiterte Pfadgestaltung

Verbindung von Pfaden und *Alternierende Füllung*

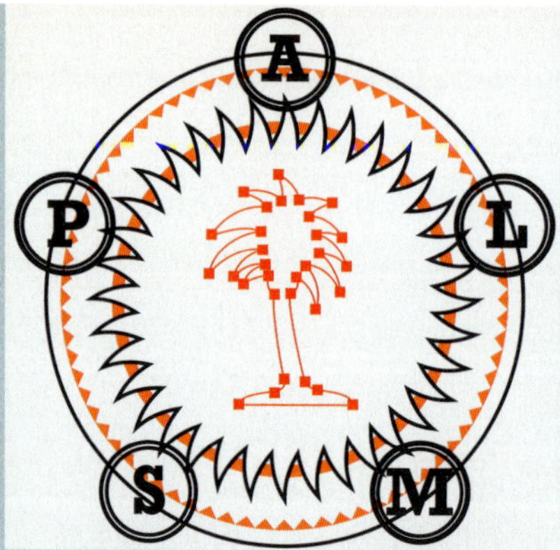

Die Wahl der Mittel

Jede Aufgabe erfordert ihre eigene Herangehensweise und den Einsatz spezifischer Mittel. Formen können – je nach Anforderung – frei gestaltet oder genau bemaßt und platziert werden. In dem einen Fall leistet ein Pfadwerkzeug sinnvolle Dienste, im anderen wird die «Handarbeit» auf das Notwendigste beschränkt und die Möglichkeit der numerischen Programmsteuerung genutzt.
Die Entscheidung für ein bestimmtes Vorgehen und die zielgerichtete Wahl der Werkzeuge sind aber auch abhängig von den individuellen Programmkenntnissen und -erfahrungen.
Anhand der Bestandteile eines Firmenlogos soll die differenzierte Programmnutzung in einem komplexen Gestaltungszusammenhang dargestellt werden.

Das Palmenmotiv

Das Palmenmotiv ist ein Beispiel par excellence für den Einsatz des *Stiftwerkzeugs*. Seine fortgeschrittene Handhabung wird in der folgenden Arbeitsbeschreibung noch einmal exemplarisch dargestellt:

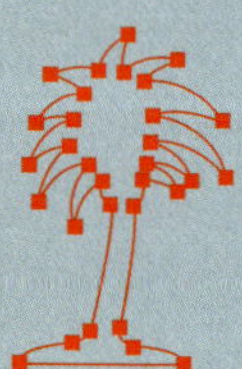

Mit der Herstellung der Form kann an jedem beliebigen Punkt begonnen werden. Wichtig ist, dass zum Schluss ein zusammenhängender, geschlossener Pfad entsteht.
Wir starten an der linken unteren Ecke:

1 Aktivieren Sie das *Stiftwerkzeug*. Platzieren Sie einen *Eckpunkt* mit einem *Griff*, indem Sie bei gedrückter ⌥-Taste auf die gewünschte Punktposition klicken und den *Griff* in Richtung des gewünschten weiteren Pfadverlaufs, also nach oben ziehen.

2 An der nächsten Position platzieren Sie durch Klicken und Ziehen einen Kurvenpunkt. Der Griff, an dem Sie ziehen, beeinflusst immer den – noch nicht vorhandenen – nachfolgenden Pfadverlauf, der gegenüberliegende den sichtbaren Verlauf davor.

3 An die dritte Position setzen Sie ebenfalls einen Kurvenpunkt.

4 Im vierten Punkt muss eine Ecke gebildet werden, deren benachbarte Pfadsegmente gekrümmt sind. Deshalb empfiehlt sich die Platzierung eines *Eckpunktes* mit zwei *Griffen*:
(Halten Sie während der gesamten Operation die Maustaste gedrückt.)
Klicken Sie an die gewünschte Punktposition und ziehen Sie die *Griffe* heraus – der Punkt ist in diesem Stadium ein *Kurvenpunkt*. Entspricht der Pfadverlauf vor dem Punkt in etwa Ihren Vorstellungen, drücken Sie die ⌥-Taste: Der Punkt wird dadurch in einen *Eckpunkt* umgewandelt, und Sie können den *Griff*, den Sie direkt bewegen, unabhängig von dem zweiten in die gewünschte weitere Pfadrichtung ziehen.
(Lassen Sie dann zuerst die Maus- und anschließend die ⌥-Taste los.)

5/6 Platzieren Sie zur Anfertigung der Palmenblätter, d. h. für die gesamte Baumkrone, die Punkte auf dieselbe Art und Weise, jeweils einen am Blattanfang und einen an der Blattspitze.

7 Am Fuß des Stammes setzen Sie in umgekehrter Reihenfolge die gleichen Punkte wie am Anfang des Pfades.

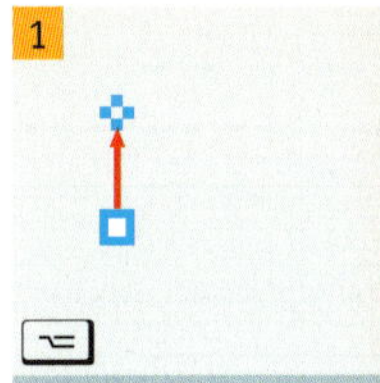

Setzen Sie so wenig Punkte wie möglich und nutzen Sie die Gestaltungsmöglichkeiten der Griffe!

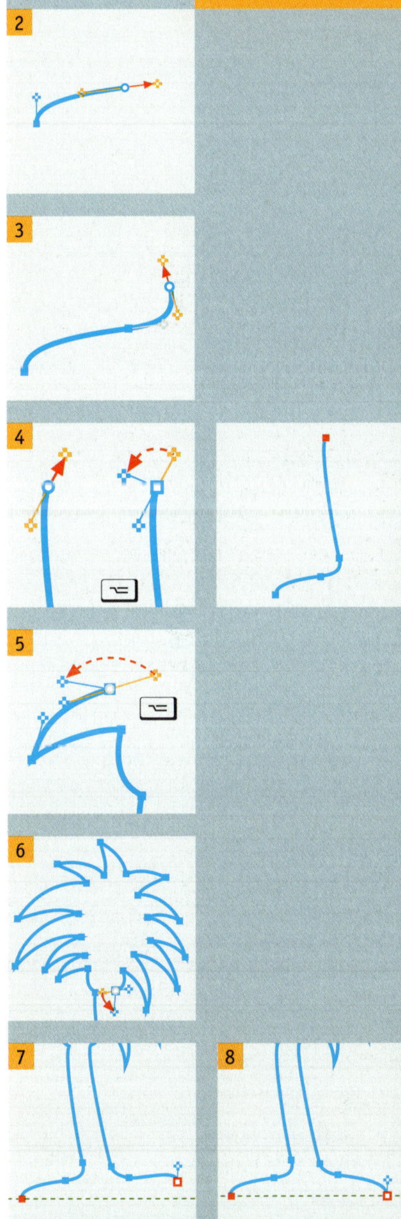

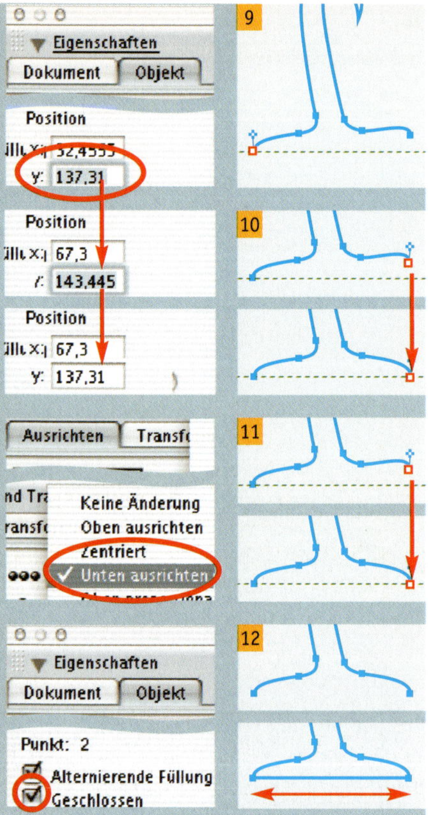

Durch zwei alternative Einstellungen kann der letzte Punkt exakt auf der vertikalen Position des Startpunkts platziert werden (**8**):

- Übernehmen Sie die y-Koordinate:

9 Markieren Sie den Startpunkt.
Markieren Sie im *Objekt*-Bedienfeld dessen y-Wert und kopieren Sie ihn mit ⌘ – *C* in die Zwischenablage.
10 Markieren Sie nun den letzten Punkt und dessen y-Wert und überschreiben Sie ihn mit dem Wert aus der Zwischenablage (⌘ – *V*):
Der Punkt wird auf der Höhe des Startpunkts platziert.

- Richten Sie die Punkte aneinander aus:

11 Markieren Sie beide Punkte und stellen Sie im Bedienfeld *Ausrichtung* die Option *Unten ausrichten* ein.
Nach Bestätigung (*Ausrichten* oder ↵) wird der obere auf die vertikale Position des unteren Punktes gezogen.

Die Schließung des Pfades (**12**) findet am einfachsten über die Option *Geschlossen* im *Objekt*-Bedienfeld statt.

Nutzung von Ebenen

Bei komplexen Illustrationen ermöglicht die Nutzung mehrerer Ebenen ein übersichtliches und komfortables Arbeiten. Objekte und Objektgruppen können über das *Ebenen*-Bedienfeld (**a**) auf separaten Ebenen angelegt, gegebenenfalls gegen Zugriff geschützt (**b**) und ausgeblendet werden (**c**).
Objekte werden auf der aktuellen Ebene (markierter Name) angelegt und in aktiviertem Zustand in eine andere Ebene verschoben, indem der entsprechende Ebenenname angeklickt wird. Neue Ebenen erzeugen Sie mit Hilfe des *Optionen*-Menüs (**d**). Der Ebenenname lässt sich nach Doppelklick direkt überschreiben.

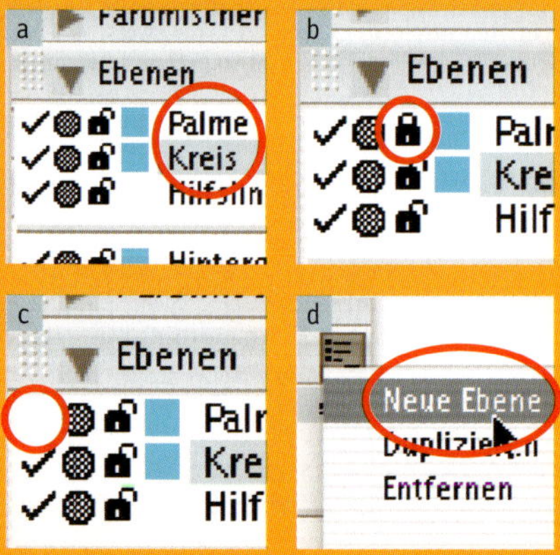

Die Kreisobjekte

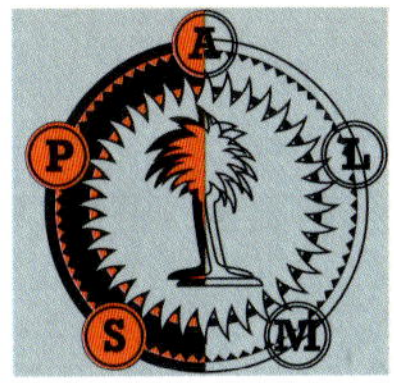

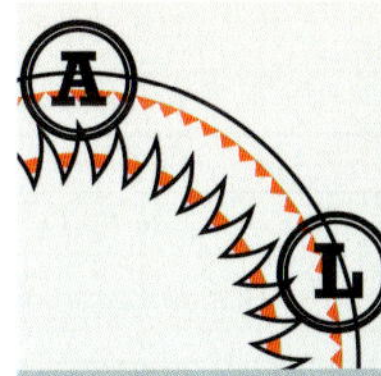

Zur Herstellung der weiteren Logo-Bestandteile ist zum Teil präzises Arbeiten notwendig:

- Bei der Anfertigung der Zackenlinie, und der kleinen Dreiecke, denn die Objekte müssen so bemessen sein und aneinander passen, dass sich ihre Kreise am Ende ohne Lücke oder Überschneidung schließen,
- bei der gleichmäßigen Anordnung der fünf Textobjekte,
- gegebenenfalls bei der Bemessung des Kreises.

1 Für die auszuführenden Operationen benötigen Sie einen Bezugspunkt. Sie können ihn als Hilfslinienschnittpunkt sichtbar machen. Damit er über klare und einfache Koordinaten verfügt, ziehen Sie anschließend den Nullpunkt auf diese Position.

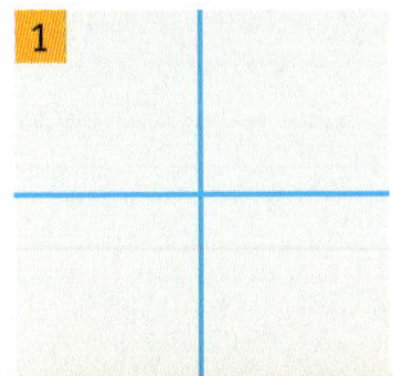

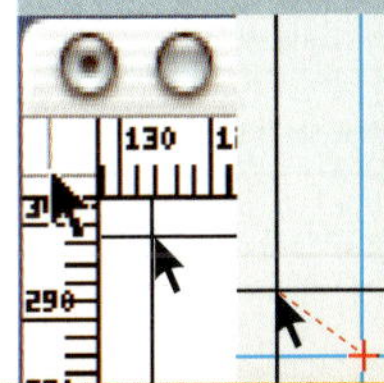

Um mit dem Fadenkreuz und den Werkzeugen den Hilfslinienschnittpunkt genau zu treffen, sollte die Option ***Ansicht > Hilfslinien > An Hilfslinien ausrichten*** *aktiviert sein.*

2 Drücken Sie ⇧ – ⌥ und ziehen Sie nun den Außenkreis in der gewünschten Größe vom Mittelpunkt her auf.

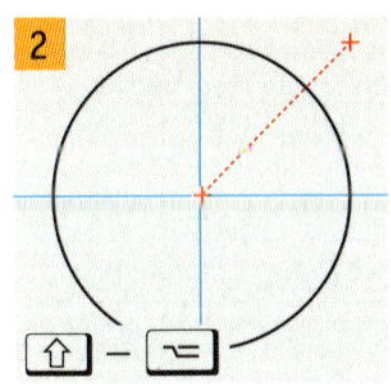

3 Soll der Kreis exakt bemessen werden, können Sie zunächst eine beliebige Ellipse erzeugen. Anschließend legen Sie Breite und Höhe im *Objekt*-Bedienfeld unter *b* und *h* fest. Unter *x* und *y* bestimmen Sie die Objektkoordinaten: Da sich diese in FreeHand auf den linken unteren Objektpunkt beziehen geben Sie – damit der Kreismittelpunkt mit Ihrem Bezugspunkt (0/0) übereinstimmt – jeweils den negativen Radius ein.

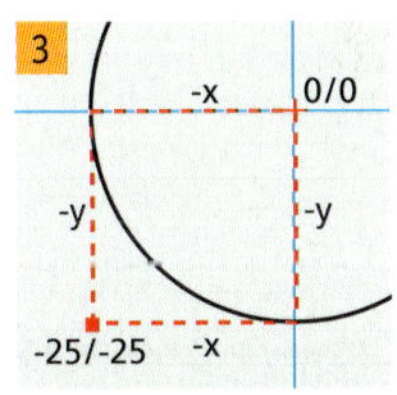

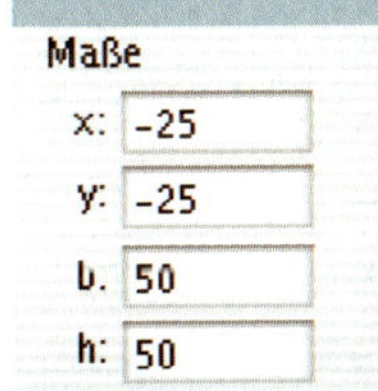

4 Das Grundelement der gezackten Kreislinie muss bei seiner Vervielfältigung den Kreis exakt schließen. Aus diesem Grund richten Sie ein provisorisches Kreissegment ein, das eine Teilmenge von 360° bildet (zum Beispiel 10°): Ziehen Sie zunächst vom Nullpunkt eine Linie senkrecht nach oben.

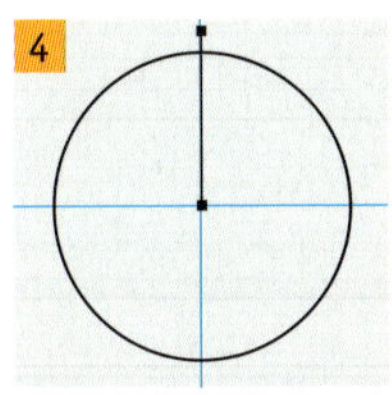

5 *Rotieren* Sie die Linie mit Hilfe des *Transformieren*-Bedienfelds um 5° um den Nullpunkt.

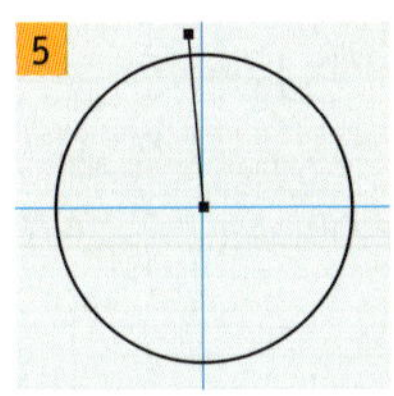

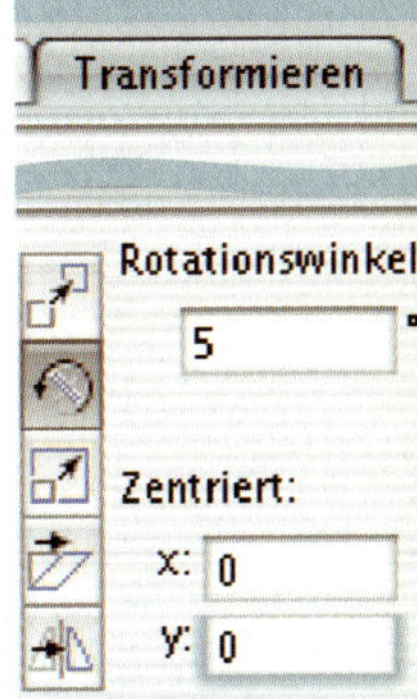

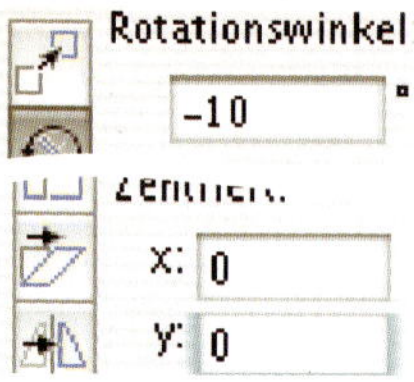

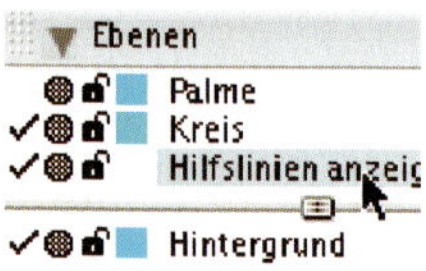

6

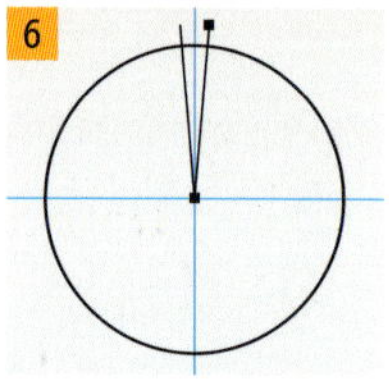

7

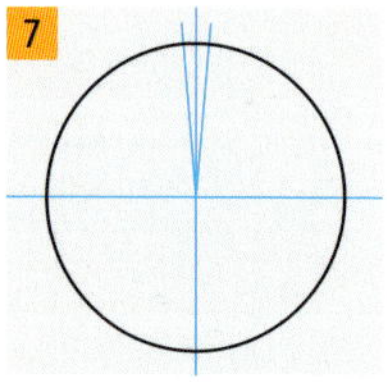

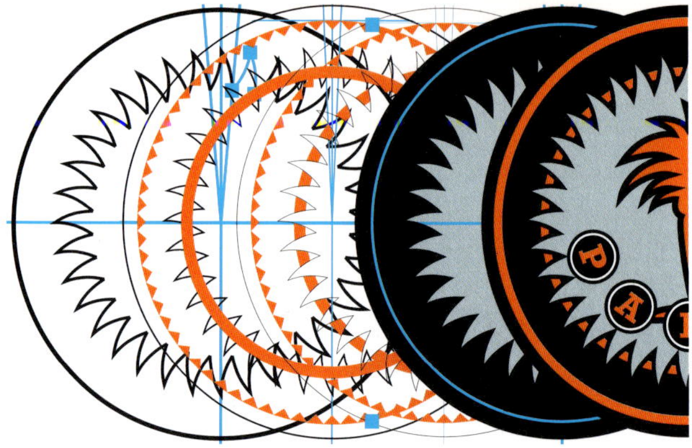

8

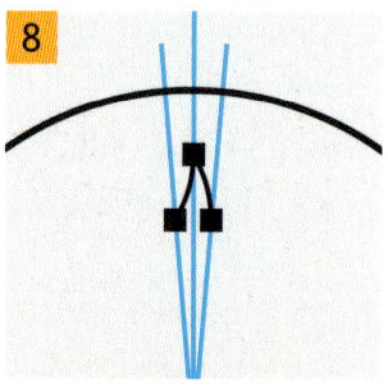

6 *Klonen* Sie die Linie und rotieren Sie den Klon um –10° um den Nullpunkt.
(Die Null-Koordinaten müssen erneut eingegeben werden, da FreeHand automatisch die Koordinaten des Markierungszentrums zugrunde legt.)

7 Sie haben nun ein symmetrisches Kreissegment. Die aktivierten Linien können Sie durch *Klick* auf die *Hilfslinien-Ebene* im *Ebenen*-Bedienfeld in *Hilfslinien* umwandeln.

8 Stellen Sie den ersten Zacken her. Achten Sie darauf, dass Sie die Basispunkte auf einer Höhe und auf den Segment-Hilfslinien platzieren.

*Unter **FreeHand MX > Einstellungen ...** kann die farbliche Hervorhebung ausgewählter Objekte aktiviert werden, im Ebenen-Bedienfeld die Auswahlfarbe für jede Ebene (Farbfelder).*

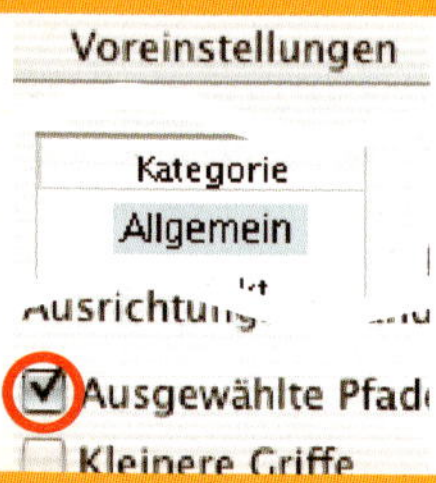

9

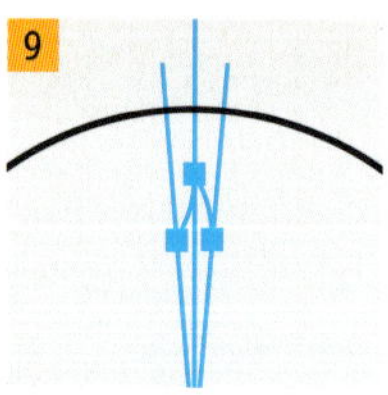

10

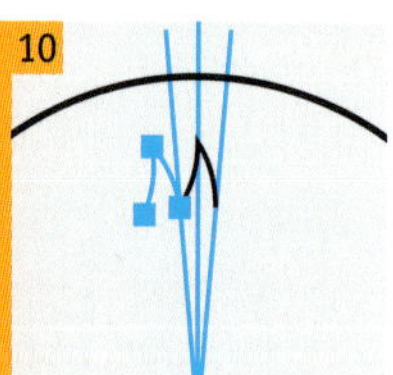

11

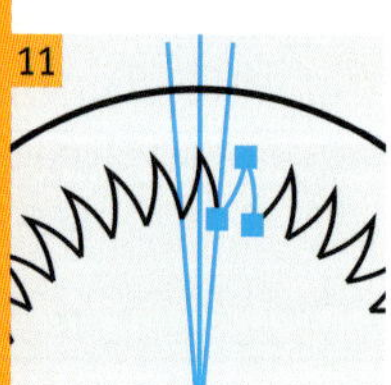

***Power Duplicate** ermöglicht die beliebige Vervielfältigung von Objekten bei gleichzeitiger Wiederholung von Arbeitsschritten. Dabei muss vom Duplizieren/Klonen des Originals bis zum Erzeugen des letzten Duplikats in einem Zug gearbeitet werden.*

9 Alle weiteren Zacken werden mit *Power Duplicate* erzeugt. Dabei müssen alle Arbeitsschritte bis zur Herstellung der letzten Kopie in einem Zug durchgeführt werden:
Die Markierung darf nicht aufgehoben werden.
Klonen Sie zunächst den Zackenpfad.

10 Rotieren Sie den *Klon* durch Eingabe der Werte (10/0/0) im *Transformieren*-Bedienfeld um 10° um den Nullpunkt. Geben Sie für jeden weiteren Zacken ⌥ – ⌘ – *D* über die Tastatur ein.

11 Am Ende erhalten Sie 36 Segmente (10° x 36 = 360°). Die Endpunkte benachbarter Segmente liegen – wenn exakt gearbeitet worden ist – genau aufeinander.

12 Markieren Sie sämtliche Zacken (am schnellsten durch Aufziehen eines Auswahlrahmens, der alle Teile berührt) und verbinden Sie sie zu einem Pfad *(Modifizieren > Verbinden/*⌘ *– J)*. Dieser ist automatisch geschlossen und kann mit einer Füllung versehen werden.

13 Soll der Pfad dagegen als Öffnung erscheinen, d. h. den Blick auf den Hintergrund ermöglichen, dann müssen Sie ihn mit dem Kreis verbinden (⌘ *– J)* oder mit *Modifizieren > Zusammenfassung > Öffnung* als Öffnung im Kreis definieren.

14 Als Nächstes soll das äußere Kreisornament angefertigt werden. Damit sein äußerer Rand am Ende tatsächlich kreisförmig ist, legen Sie zunächst um den Nullpunkt einen Kreis in der gewünschten Größe an. Sichern Sie ihn mit *Modifizieren > Sperren* (⌘ *– L*) gegen Zugriff und Veränderung.

15 Für das Grundelement stellen Sie wieder ein Kreissegment her (zum Beispiel 5°). Sie können dafür die vorhandenen Hilfslinien benutzen, indem Sie unter *Ansicht > Hilfslinien > Bearbeiten...* die als Pfad bezeichneten Segmenthilfslinien einzeln markieren, durch Anklicken des Freistellen-Schalters in bearbeitbare Pfade zurückverwandeln, ihren Winkel verändern und sie dann wieder zu Hilfslinien machen. Legen Sie zusätzlich eine waagerechte Hilfslinie durch die Schnittpunkte des neuen Kreises mit den Segmenthilfslinien.

16 Ziehen Sie um den Schnittpunkt der senkrechten und der neuen waagerechten Hilfslinie ein Quadrat auf.

17 Rotieren Sie es um 45° und skalieren Sie es so, dass der obere und der untere Eckpunkt auf der senkrechten Hilfslinie, die Eckpunkte rechts und links auf den Schnittpunkten der waagerechten und der schrägen Hilfslinien platziert sind.

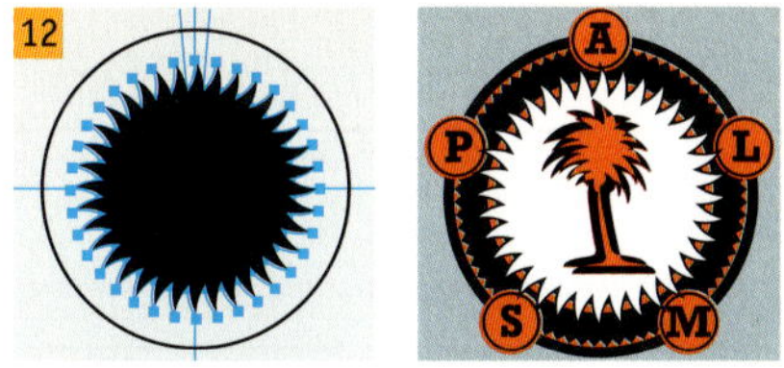

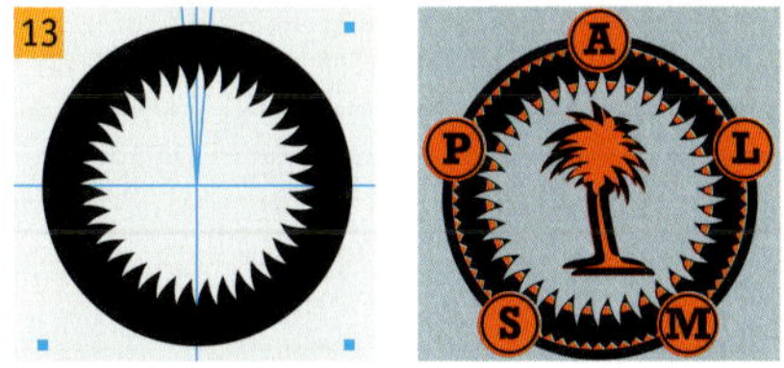

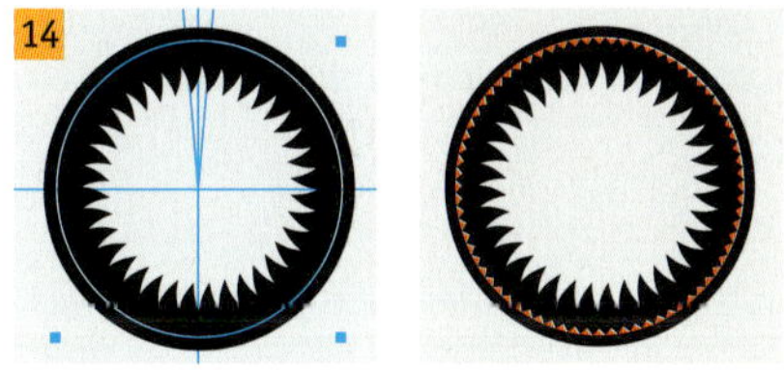

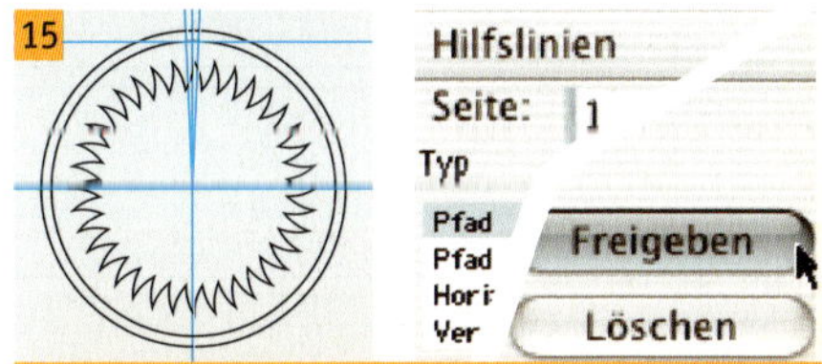

*Zur besseren Übersichtlichkeit können Sie im **Ebenen-Bedienfeld** für einzelne Ebenen die Grobansicht einstellen.*

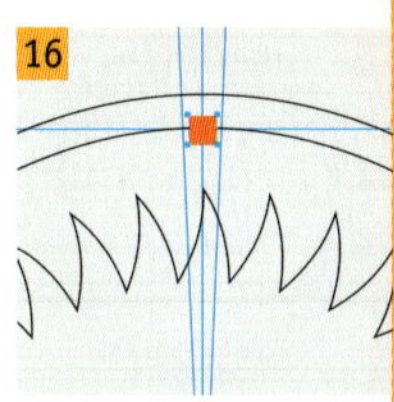

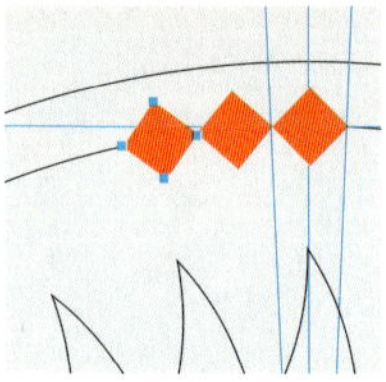

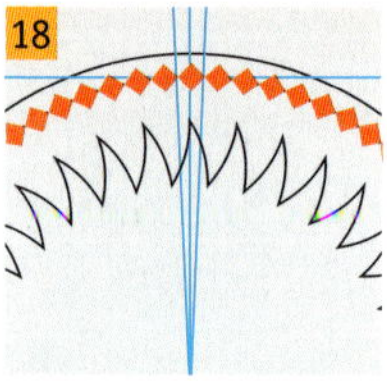

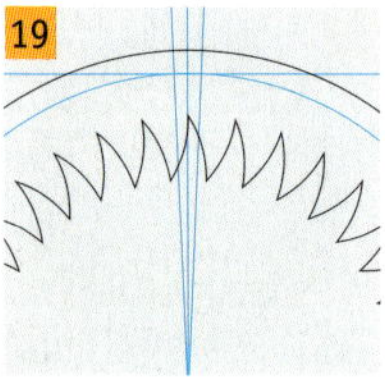

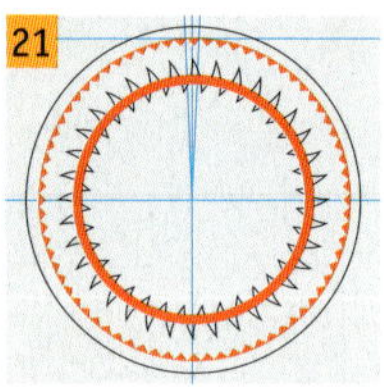

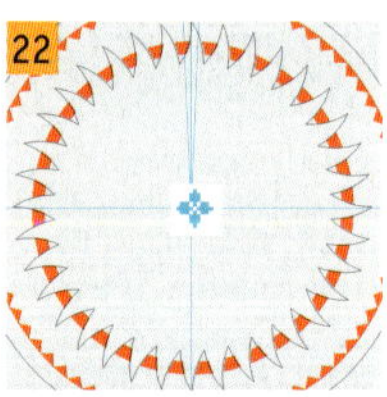

18 Stellen Sie nun per *Power Duplicate* die weiteren Quadrate her.

19 Anschließend markieren Sie alle Quadrate und kopieren sie in die Zwischenablage. Aktivieren Sie dann den gesperrten Kreis.

20 Fügen Sie mit *Bearbeiten > Innen einsetzen* (⇧ - ⌘ - *V)* die Quadrate innen in den Kreis ein. Sie werden auf diese Weise maskiert, d. h., die außerhalb des Kreises liegenden Teile werden unsichtbar. Zusätzlich können Sie in der Farbpalette die Kreislinie selbst ausschalten, indem Sie ihr keine Farbe zuweisen.

21 Die Kreissegmente zwischen den Zacken werden durch einen Kreis gebildet, den Sie wiederum vom Mittelpunkt her anlegen.

22 Ist der Zackenpfad ein deckendes Objekt, so braucht dieser nur in der Stapelreihenfolge nach vorne gestellt (⌘ - *F)* oder in eine über dem Kreis liegende Ebene gelegt zu werden. Ist der Zackenpfad dagegen ein mit dem Außenkreis verbundener Pfad, so wird der neue Kreis innen in diesen eingesetzt.

23 Die Farben und Linienstärken können Sie über die Farbpalette sowie das *Objekt*-Bedienfeld einstellen. Die festgelegten Eigenschaften werden sichtbar, wenn in den jeweiligen Ebenen die *Vorschau* aktiviert ist.

*Mit dem Befehl **Bearbeiten > Innen einsetzen** (⇧ - ⌘ - V) können Objekte – ähnlich wie in einem Passepartout-Fenster – maskiert werden. Der Befehl empfiehlt sich in einer Vielzahl von Fällen, in denen ein sauberer Beschnitt erreicht werden soll. Die Anordnung der Objekte beim Befehl **Innen einsetzen** entspricht ihrer vorherigen Position. Maskierte Objekte können bearbeitet werden:*

- *nachdem sie bei gedrückter ⌥-Taste aktiviert worden sind oder*
- *nachdem die Maskierung wieder aufgehoben worden ist (**Bearbeiten > Inhalt ausschneiden**/⇧ - ⌘ - X).*

Eine Verschiebung aller maskierten Objekte kann mit Hilfe des -Symbols im Zentrum der Maskierung vorgenommen werden. Der maskierende Pfad kann neben dem maskierten Inhalt auch eine Füllung enthalten.

Die Textobjekte

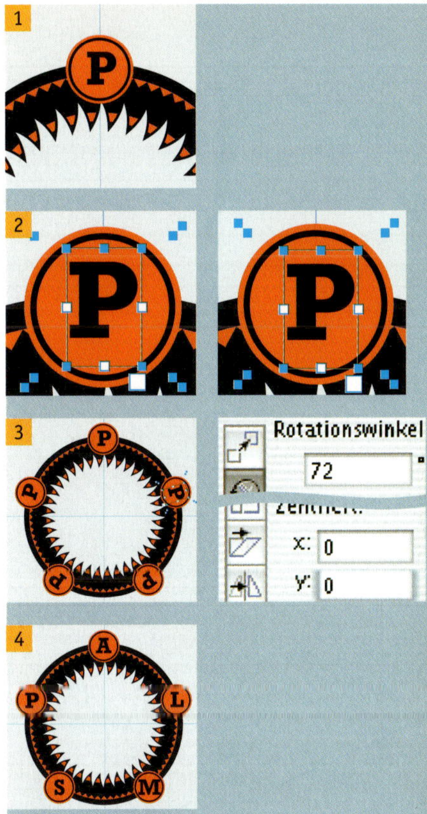

1 Fertigen Sie mit zwei Kreisen und einem *Schriftzeichen/Textblock* das erste Textobjekt an. Der Mittelpunkt der Kreise liegt exakt über dem Nullpunkt, also auf der senkrechten Hilfslinie. Bei der manuellen Platzierung ist es sinnvoll, den zweiten Kreis als *Klon* des ersten zu erzeugen und dann bei gedrückten [⇧] - [⌥]-Tasten mit dem *Pfeilcursor* um seinen aktuellen Mittelpunkt zu skalieren.

2 Stellen Sie Schriftart und -grad ein. Die Zentrierung des Schriftzeichens muss optisch vorgenommen werden: Textzentrierung und zentrierte Ausrichtung der Objekte führen hier nicht zum gewünschten Ergebnis. Es ist also Handarbeit und Augenmaß notwendig.

3 Erzeugen Sie mit *Power Duplicate* die vier weiteren Textobjekte (*Rotation* um den Nullpunkt, Winkel: 72°).

4 Die duplizierten Schriftzeichen müssen – um senkrecht zu stehen – jeweils in Gegenrichtung um den eigenen Mittelpunkt gedreht (minus 72°, minus 144°, minus 216°, minus 288°), einzeln überschrieben und per Hand optisch in den Kreisen zentriert werden.

Um weiterhin vom *Font* der Schriftzeichen unabhängig zu sein, aktivieren Sie die Textblöcke und wählen *Text > In Pfade konvertieren* ([⇧] - [⌘] - *P)*. Die Zeichen sind dadurch als Text aber nicht mehr aktivier- und veränderbar. Es empfiehlt sich deshalb, vorher eine Kopie des gesamten Logos herzustellen, um die Schrift gegebenenfalls ohne großen Aufwand verändern zu können.

Die Fertigstellung der Palme

1 Um die Palme in der dargestellten Form fertigstellen zu können, muss das Motiv als zusammenhängender, geschlossener Pfad angefertigt worden sein (siehe oben). Sollte das nicht der Fall sein, können Sie die vorhandenen Teilstücke auf die gleiche Weise verbinden, wie Sie es bereits mit den Zacken getan haben.

Verdeckte Objekte können aktiviert werden, indem bei gedrückter ctrl*-Taste schrittweise durch den Objektstapel geklickt wird (Windows: rechte Maustaste).*
Bei Objekten ohne Füllung muss dabei die Linie getroffen werden.

2 Für die weitere Ausgestaltung benötigen Sie den Pfad dreifach: Zwei Pfade liegen deckungsgleich übereinander, der dritte ist leicht schräg versetzt.

3 Färben Sie Füllung und Linie des untersten Pfades orange und verringern Sie die Linienstärke, um einen Überstand der Farbe zu vermeiden.

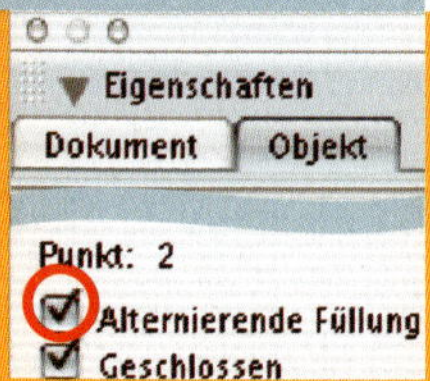

4 Die beiden anderen Pfade verbinden Sie miteinander *(Modifizieren > Verbinden/*⌘ *– J)* und geben ihnen eine schwarze Füllung. Diese bleibt im gemeinsamen Überschneidungsbereich ausgespart, da im *Objekt*-Bedienfeld die Option *Alternierende Füllung* automatisch aktiv ist.

5 Aktivieren Sie alle Ebenen. Aktivieren Sie dann alle zum Logo gehörenden Objekte und fassen Sie sie in einer Gruppierung (⌘ – *G*) zusammen.

Die *Gruppierung* wird automatisch auf der zuletzt erzeugten Ebene abgelegt. Sollen bei einer späteren Aufhebung der *Gruppierung* die einzelnen Objekte wieder auf die einzelnen Ebenen verteilt werden, so muss unter *FreeHand MX > Einstellungen … > Allgemein* die Option *Ebenen-Info speichern* aktiviert sein.
In der Folge werden bei einer Gruppierungs-Aufhebung gegebenenfalls auch Ebenen wieder angelegt, die zwischenzeitlich gelöscht worden sind.

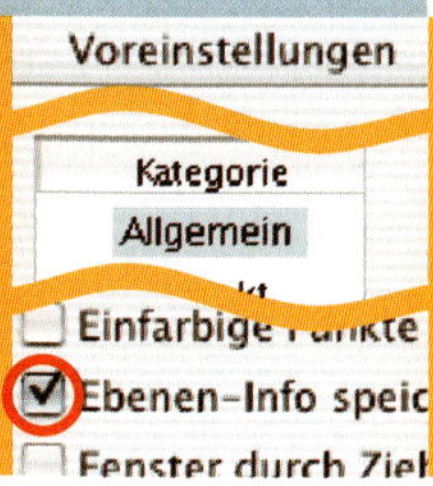

Fläche – Muster – Transparenz

IV

Die Gestaltung der Fläche

Die Fläche als Ausdrucksmittel

Muster/Rapport

Die Anfertigung rapportfähiger Musterelemente

Transparenz

Möglichkeiten transparenter Flächenanlage mit der *Linsenfüllung*

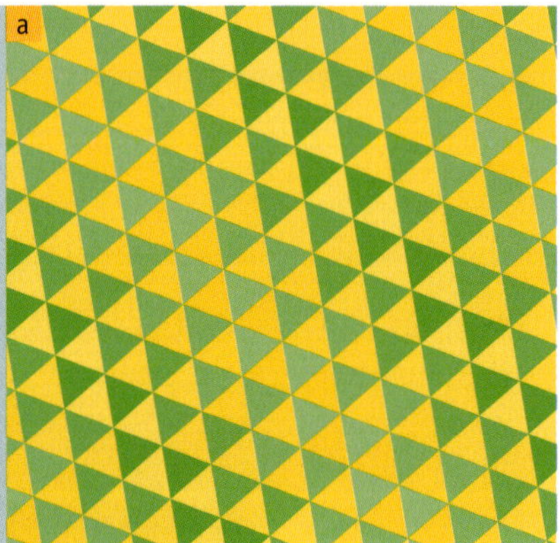
a

b

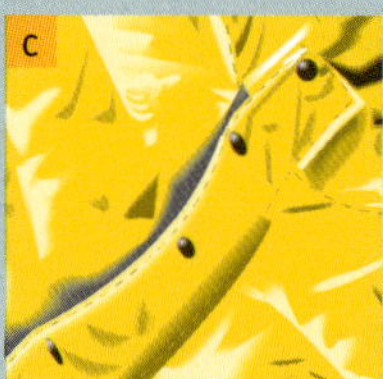
c

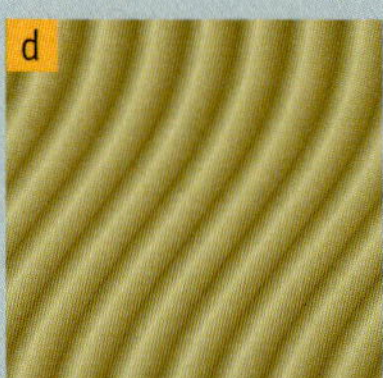
d

e

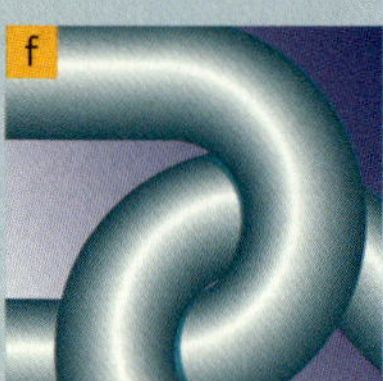
f

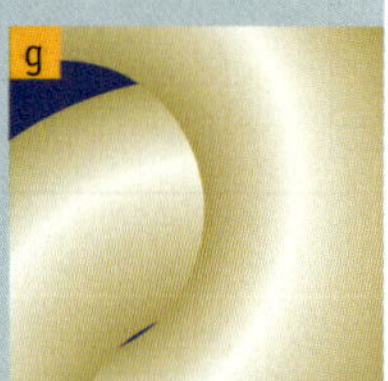
g

Die Gestaltung der Fläche

Für die Wirkung einer Grafik/Illustration ist die Gestaltung der Flächen von großer Bedeutung. Außer bei betont linearen Lösungen werden deshalb je nach Zweck und gewünschter Anmutung Farben, Muster, Strukturen – allein oder in den unterschiedlichsten Variationen – eingesetzt.

FreeHand bietet hier über Einstellungen im *Objekt*-Bedienfeld und die eigenhändige Anfertigung von Füllungs- und Strukturobjekten ein breites Spektrum an Möglichkeiten: Einfache Grundfüllungen und Verläufe können vergeben, individuelle Muster entwickelt (a, b), naturalistische Oberflächen (c, d), sowie vorgefertigte Texturen eingesetzt (e) und Volumen (f, g) erzeugt werden.

Die Verfahrensweisen sind dabei zum Teil sehr unterschiedlich. Im Folgenden wird ein Querschnitt wirkungsvoller Vorgehensweisen in den verschiedenen Bereichen der Flächengestaltung vorgestellt.

Neben einer dienstlichen Meldung ist ein ***Rapport*** *die Wiederholung eines Grundelements innerhalb eines Musters. Solange das Motiv ohne Berührung nebeneinander platziert werden kann, ergibt sich der Rapport praktisch von selbst (h). Komplizierter ist die Herstellung der Rapportfähigkeit, wenn Teile des Musterelements ineinander greifen (i).*

h

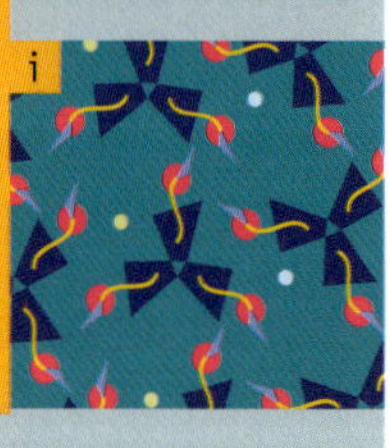
i

Muster/Rapport

Ein wichtiges Gestaltungsmittel im Textil-, Papier- und Tapetendesign, aber auch bei der Strukturierung dekorativer Hintergründe ist das *Muster*.

Das wesentliche Merkmal des *Musters* ist der *Rapport*, die regelmäßige Wiederholung einzelner oder mehrerer *Mustermotive*.

An zwei Beispielen sollen Anforderungen des *Rapports* und der Zuschnitt von Musterelementen bei in sich geschlossenen (a, h) und übergreifenden Mustermotiven (b, i) dargestellt werden.

1

1b

Rapport eines geschlossenen *Mustermotivs:*
Das Motiv ist in sich geschlossen und mit dem Grundelement identisch (**1**). Es wird ohne Überschneidungen *rapportiert* (**1b**).

1c

1 Fertigen Sie mit Kreis- und Stiftwerkzeug ein rechteckig begrenztes Musterelement an. Stellen Sie mit Hilfe der Bedienfelder die Füllungs- und Linieneigenschaften ein. Umschließt das Rechteck die anderen Objekte, so bildet seine Farbe die durchlaufende Hintergrundfarbe (**1b**). Durch eine Verkleinerung des Rechtecks entstehen sichtbare Kanten. Durch eine Vergrößerung wird auch der Abstand zwischen den einzelnen Motiven größer (**1c**).

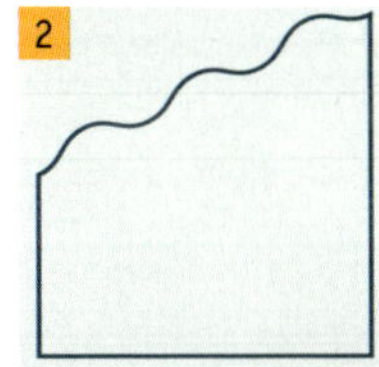
2

2 Die einfachste Methode, den *Rapport* durchzuführen, bietet die *Kachelfüllung* im *Objekt*-Bedienfeld.
Sie benötigen dazu ein beliebiges geschlossenes Objekt, das mit dem Muster gefüllt werden kann.
Kopieren Sie Ihr Musterelement in die Zwischenablage (⌘ – *C*) und öffnen Sie das *Objekt*-Bedienfeld (*> Kachel)*. Markieren Sie das zu füllende Objekt.

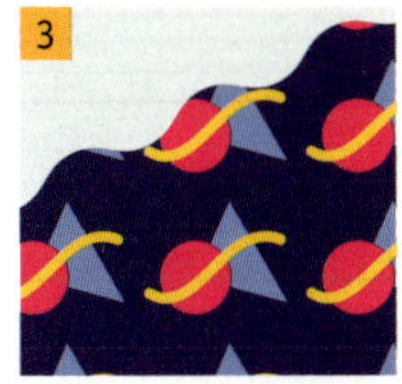
3

3 Importieren Sie das Musterelement aus der Zwischenablage durch Klick auf den Einsetzen-Schalter:
Das Muster wird augenblicklich im Objekt angelegt.

4

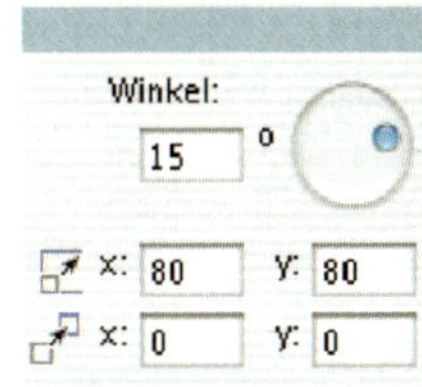

4 Die Richtung des Musters, die Größe der Musterelemente und ihre Position innerhalb des Objekts können durch die Eingabe entsprechender Winkel-, Skalierungs- und Startwerte verändert werden.

Rapport übergreifender Mustermotive:
Das Motiv greift beim *Rapport* ineinander. Am ausgeführten Muster ist der Anschluss des Musterelements nur schwer oder gar nicht zu erkennen (a, b). Das Element kann, um einen zufrieden stellenden *Rapport* zu gewährleisten, zugeschnitten werden. Es ist dann nicht mehr mit dem ursprünglichen Motiv identisch.

1 Die Grundobjekte des Mustermotivs sind im folgenden Beispiel eine Palmenform und ein Viereck mit gekrümmten Kanten.
Die Palme besteht aus zwei identischen, versetzten und verbundenen Pfaden, deren Füllung im Überschneidungsbereich ausgespart ist *(Alternierende Füllung,* siehe Kapitel *Komplexe Gestaltung)*.

2 Das Viereck basiert auf einem Rechteck, dessen Kantenlängen bekannt sind (zum Beispiel 5,4 x 8 cm). So kann später ein numerischer Versatz vorgenommen werden. Die Eckpunkte sind nach wie vor rechtwinklig zugeordnet, was in diesem Fall wiederum wichtig für den genauen Anschluss der Vierecke untereinander ist.
Aus den beiden Objekten bauen Sie das Grundmotiv des Musters:

3 Eine Kopie des Vierecks wird mit Hilfe entsprechender Einstellungen im *Transformieren*-Bedienfeld in horizontaler Richtung um die doppelte Rechteckbreite versetzt. Anschließend *klonen* Sie beide Vierecke, versetzen sie um die einfache Rechteckbreite nach rechts und um die Rechteckhöhe nach unten.

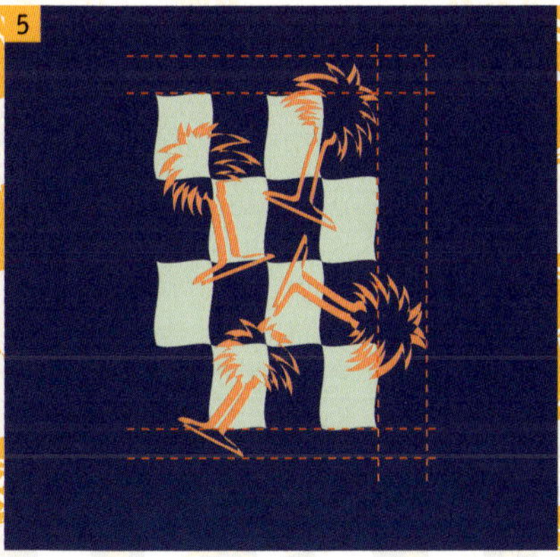

4 Erzeugen Sie dann auf die gleiche Weise Kopien aller vier Vierecke und versetzen Sie sie um die doppelte Rechteckhöhe nach unten.

5 Die Palme wird vervierfacht (⌘ – *D*), die einzelnen Exemplare werden gedreht und zum Teil gespiegelt und skaliert. Damit das Motiv beim späteren *Rapport* ineinander greift, werden die Palmen den Vierecken so zugeordnet, dass sie an mehreren Stellen überstehen.

6 Wird das Motiv in diesem Zustand per Kachelfüllung *rapportiert*, entsteht wegen der Überstände kein ineinander greifendes Muster.
Um die gewünschte Motivüberschneidung zu erreichen, muss der entsprechende Versatz eigenhändig – oder auf numerischem Wege – hergestellt werden:

7 Kopieren Sie das gesamte Motiv mehrfach mit einem Versatz (hier: vierfache Rechteckbreite = 21,6 cm) so, dass die Vierecke exakt aneinander anschließen.
Achten Sie auf die richtige Stapelreihenfolge aller Objekte und korrigieren Sie sie gegebenenfalls (Palmenteile werden durch Vierecke verdeckt).

8 Kopieren Sie dann die gesamte Anordnung und versetzen Sie sie entsprechend zweimal um die vierfache Rechteckhöhe (je 32 Zentimeter) in senkrechter Richtung. Kontrollieren Sie erneut die Stapelreihenfolge.
Auf diese Weise haben Sie einen, wenn auch etwas mühsamen, *Rapport* durchgeführt, bei dem die gewünschte Motivüberschneidung berücksichtigt ist.

Um zukünftig mit der Kachelfüllung arbeiten oder den *Rapport* auch auf andere Weise schnell und komfortabel durchführen zu können, soll im nächsten Schritt ein rechteckiges Musterelement zugeschnitten werden, das alle übergreifenden Motivteile in der gewünschten Anordnung enthält. Seine Breite und Höhe entsprechen dem horizontalen und vertikalen Abstand zwischen gleichen Musterpunkten, also dem zuletzt durchgeführten horizontalen und vertikalen Versatz des Mustermotivs.

1 Ziehen Sie ein Rechteck auf und bemaßen Sie es im *Objekt*-Bedienfeld (hier: b: 21,6 cm, h: 32 cm). Platzieren Sie es so im Muster, dass an keiner der vier Seiten ein Motivteil fehlt, also nicht zu weit am Rand. Für das Funktionieren des *Rapports* ist die Position darüber hinaus gleichgültig, weil – bei richtig eingestellter Rechteckgröße, wie oben beschrieben – die gegenüberliegenden Kantenpunkte immer gleiche Musterpunkte berühren, also einen exakten Anschluss gewährleisten.

2 Um den Datenumfang so gering wie möglich zu halten, löschen Sie nun alle Objekte, die keine Berührung mit dem Rechteck haben. Objekte, bei denen Sie sich nicht sicher sind, lassen Sie stehen.

3 Die verbleibenden Objekte – mit Ausnahme des Rechtecks – kopieren Sie in die Zwischenablage und setzen sie dann innen in das Rechteck ein (⇧ - ⌘ - V). Die Umrisslinie des Rechtecks löschen Sie über die Farbpalette oder das *Objekt*-Bedienfeld.

4 Zur Erzeugung eines deckenden Hintergrundes können Sie dem Rechteck eine Füllungsfarbe zuweisen.
Sie haben nun ein Musterelement, das aufgrund seines Zuschnitts beim *Rapport* geradlinig anschließen kann.

Das eigentliche Muster lässt sich auf zwei unterschiedlichen, bereits beschriebenen Wegen erzeugen:

- Sie stellen mit dem Element eine *Kachelfüllung* her, oder
- Sie führen den *Rapport* nacheinander in waagerechter und senkrechter Richtung per *Power Duplicate* durch (waagerechter Versatz = Elementbreite, senkrechter Versatz = Elementhöhe) und setzen die Elemente gegebenenfalls in ein Objekt ein.

Die Kachelfüllung hat gegenüber dem eigenhändigen *Rapport* allerdings eine Reihe von Vorteilen:

- komfortablere Herstellung und Bearbeitung der Größe, Richtung und Position,
- kürzere Druckzeiten bei richtungs- und größenmodifizierten Mustern,
- erheblich geringerer Speicherbedarf.

Die abgebildeten Musterbeispiele basieren auf vier Ausgangsmustern:
Beispiel b ist eine Variante des beschriebenen Palmenmusters a. Palmen und Vierecke sind hier verbunden und verfügen über eine alternierende Füllung. Die Hintergrundfarbe wurde verändert, das Muster im *Füllungsinspektor Kacheln* leicht vergrößert und gedreht.
Das Blumenmotiv c ist mit verschiedenen Hintergrundobjekten ebenfalls gedreht worden.
Die Muster d und e sind verbundene Varianten von c. (Das Verbinden erfordert hier wegen der großen Anzahl an Punkten und Überschneidungen – im Hinblick auf eine störungsfreie Ausgabe – die Vereinfachung der Ausgangsobjekte.)
f und g zeigen Wirkungsunterschiede von Größen- und Farbvarianten.

a

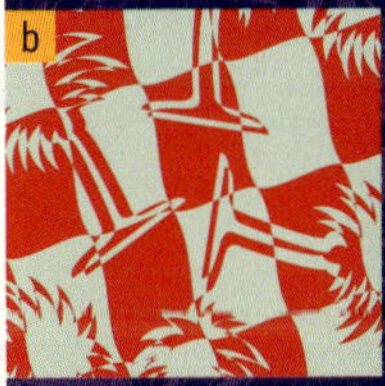
b

c

d

Damit beim Verschieben eines Objekts – egal ob numerisch oder manuell – sein Inhalt oder seine Kachelfüllung mitbewegt wird, muss im ***Transformieren****-Bedienfeld* ***Verschieben*** *die jeweilige Option (Inhalt oder Füllungen, gegebenenfalls beide) aktiviert sein. Sind die Optionen ausgeschaltet, bleiben Inhalt und Kachelfüllung an ihrer Position. Dies kann genutzt werden, um die Zuordnung von Objekt und Inhalt/Füllung manuell zu verändern. (Die Füllungsoption hat auf andere Füllungen als die Kachelfüllung keinen Einfluss.)*

e

© Jan Borchert

f

g

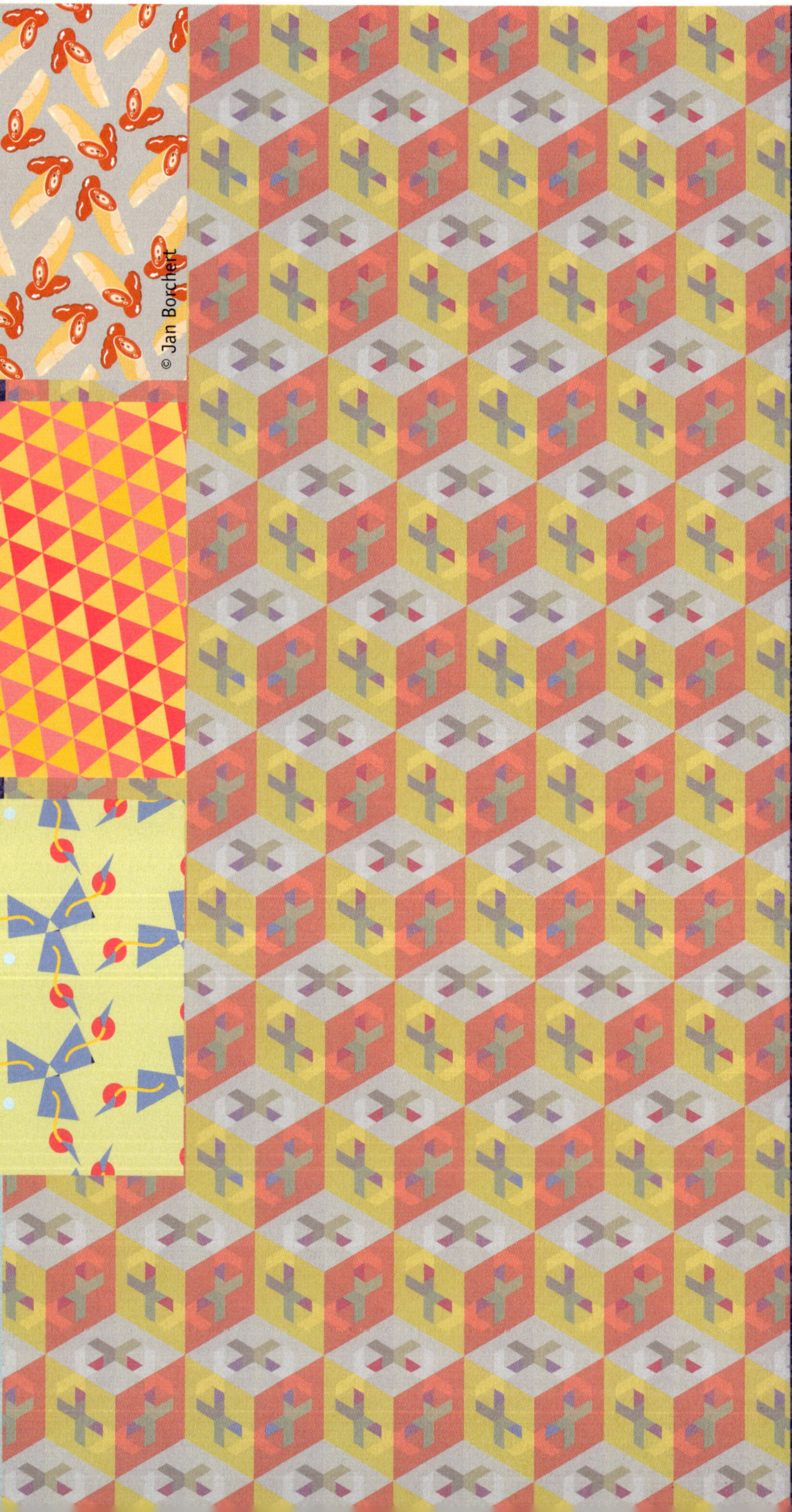

Transparenz – die *Linsenfüllung*

Sehr wirkungsvolle und mitunter verblüffende Effekte können durch die Erzeugung von Farbtransparenzen erreicht werden. Die Herstellung von Schatten oder durchscheinenden Flächen und Körpern sind dabei nur zwei mögliche Anwendungsbereiche.

Das Werkzeug, mit dem Transparenz erzeugt werden kann, ist die im *Objekt*-Bedienfeld einzustellende *Linsenfüllung*. Die für ein Objekt eingestellte Transparenz wirkt sich auf die in der Stapelreihenfolge darunter befindlichen Objekte aus, d. h., sie scheinen in den Überschneidungsbereichen durch, wobei ihre Farbe durch die darüber liegende transparente Farbe getrübt wird (a).

a

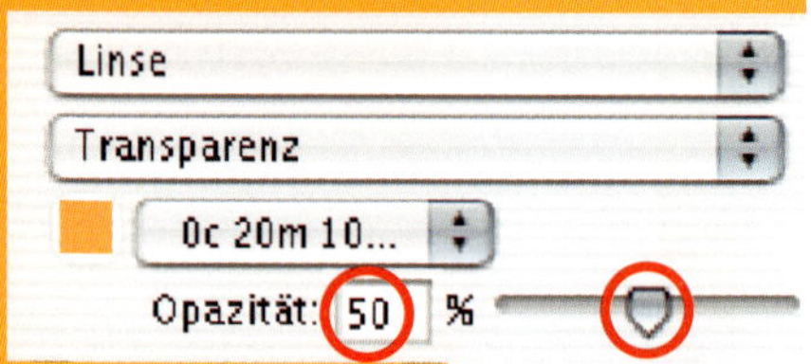

Die Deckkraft *(Opazität)* der transparenten Farbe kann numerisch oder per Schieberegler verändert werden – und damit auch der Grad der Trübung (b).

Mit der Option *Nur Objekte* wird die Farbtransparenz auf den Überschneidungsbereich mit anderen Objekten eingegrenzt. Der Hintergrund erscheint unverändert (c).

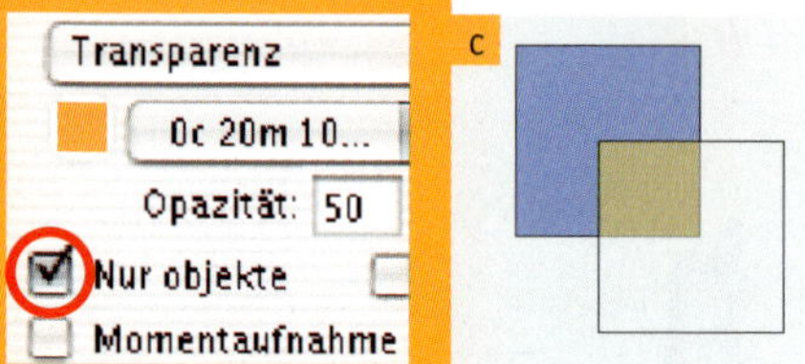

Durch die Einstellung *Momentaufnahme* werden beim Verschieben des transparenten Objekts die Ausschnitte der überlagerten Objekte mit versetzt (d), während bei deren Deaktivierung die Form der Objekte unverändert bleibt (e).

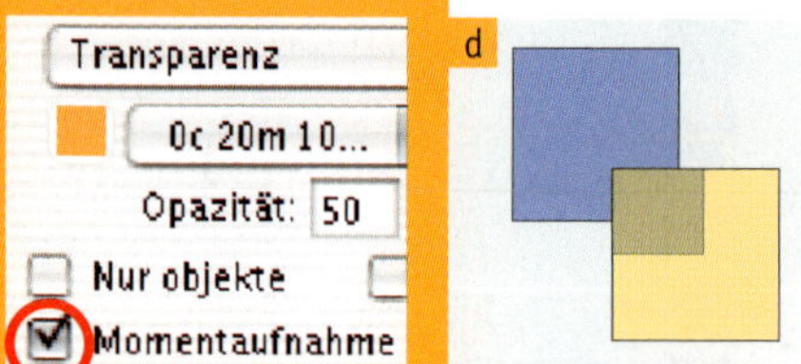

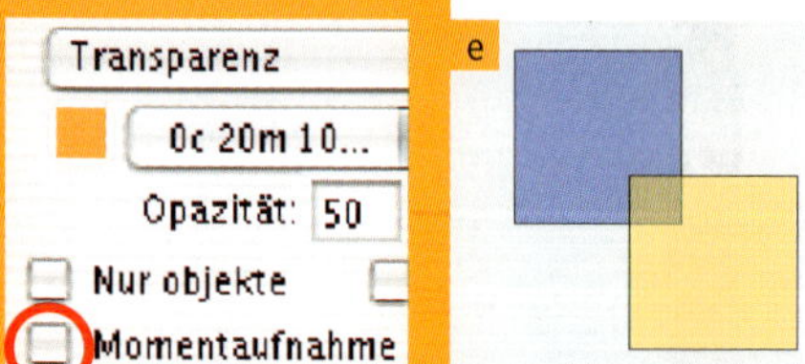

Mit Hilfe des *Mittelpunkts* (f) kann ein manueller Versatz der überschnittenen Objektteile herbeigeführt werden, wobei der Versatz in Gegenrichtung zur Cursorbewegung angelegt wird (g).

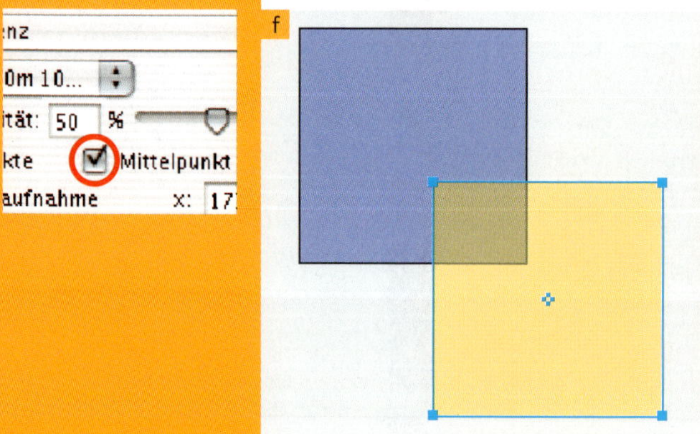

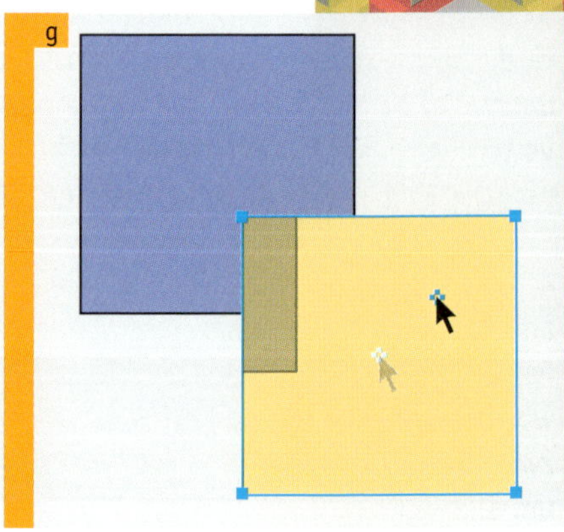

Am Beispiel eines Würfels soll die Anwendung der transparenten *Linsenfüllung* dargestellt werden.
Die Herstellung des Würfels ist im Wesentlichen im Kapitel *Geometrisches Arbeiten* beschrieben worden:
Ausgangsobjekt ist ein Quadrat, das in diesem Fall mit einem kreuzförmigen Pfad verbunden ist:

1 Das Kreuz erzeugen Sie durch Aufziehen, Klonen und Rotieren eines Rechtecks. Die Rotation des Klons (90°) nehmen Sie mit Hilfe des *Transformieren*-Bedienfeldes vor:
Da FreeHand automatisch das Markierungszentrum als Operationsmittelpunkt nutzt, wird der zweite Kreuzbalken ohne weitere Einstellungen exakt platziert.

2 Über *Modifizieren > Zusammenfassen > Vereinigen* verschmelzen Sie beide Rechtecke zu einem zusammenhängenden Pfad. Anschließend verbinden Sie Pfad und Quadrat, damit nach Einstellung einer Füllung das Kreuz als Öffnung erscheint (*Modifizieren > Verbinden*/⌘ – *J*).

3 Das verbundene Objekt wird mit Hilfe des *Neigungswerkzeugs* im *Transformieren*-Bedienfeld in horizontaler und vertikaler Richtung um jeweils 15° geneigt und um –45° rotiert.

4 Platzieren Sie dann den Nullpunkt an der unteren Objektecke.
Per *Power Duplicate* erzeugen Sie zwei weitere Würfelseiten (Klonen und zweifaches Rotieren um jeweils 120° um den Nullpunkt).

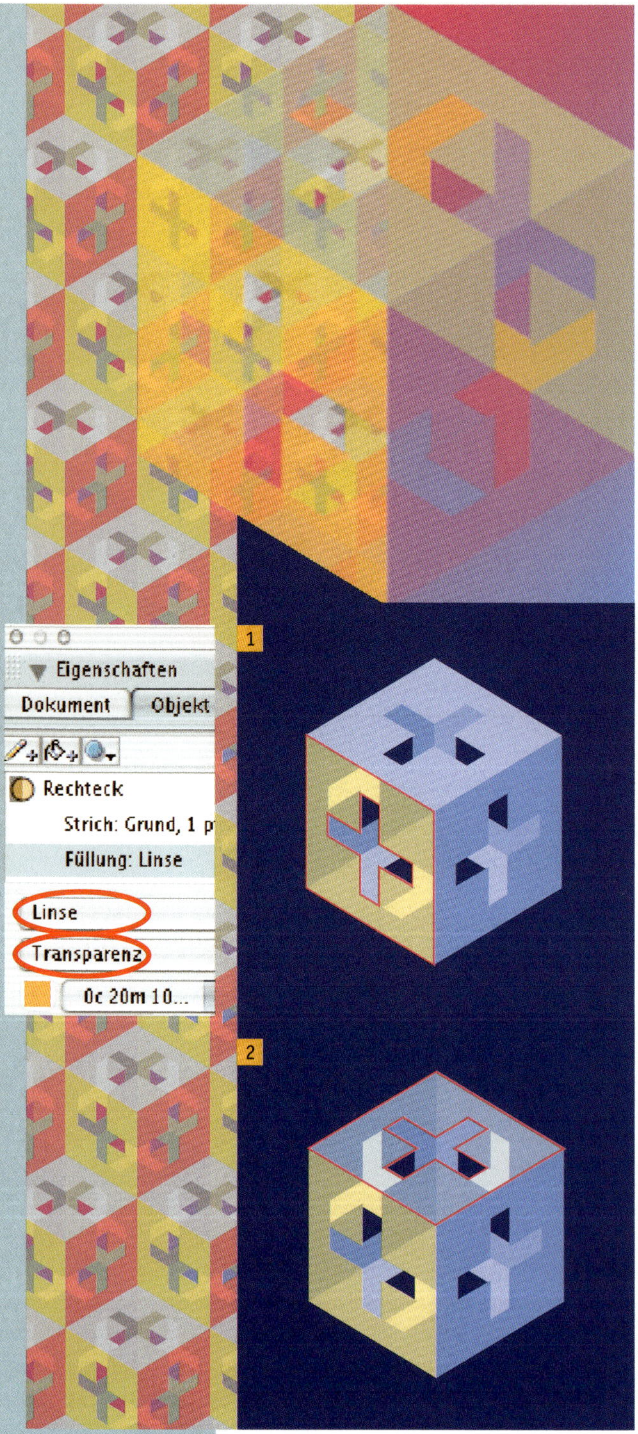

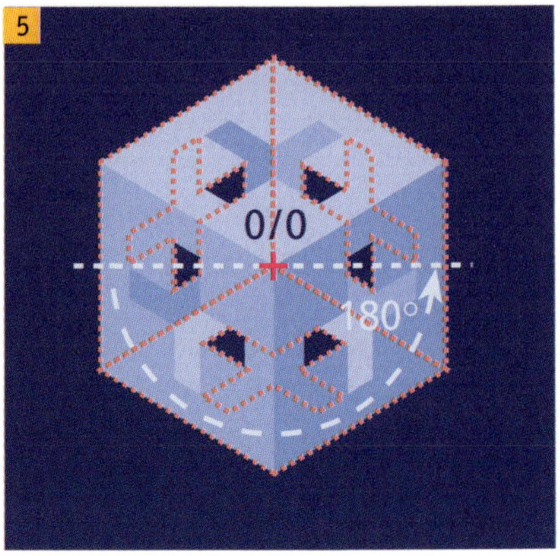

5 Die drei hinteren Würfelseiten erhalten Sie anschließend, indem Sie die vorhandenen drei Seiten klonen, um 180° um den Nullpunkt rotieren und mit ⌘ – *B* nach hinten stellen.
Nun wird mit Hilfe der *Linsenfüllung* die Transparenz des Würfels hergestellt. Dabei erhalten alle Würfelseiten Transparenzeigenschaften.
Dadurch können die Farben der sich überschneidenden Seiten nicht nur untereinander, sondern auch mit den Farben des Hintergrundes Mischungsverhältnisse eingehen.

1 Aktivieren Sie im *Objekt*-Bedienfeld die *Linsenfüllung* und die *Transparenz*. Markieren Sie eine Würfelseite. Stellen Sie im *Bedienfeld* die Farbe ein, die dem Objekt zugewiesen werden soll. Unter *Opazität* regulieren Sie die Deckkraft: je niedriger der Wert, desto transparenter die Farbe.

Da sich die Farbwirkung mit den Linseneinstellungen der anderen Seiten verändert, werden Sie Farbe und Deckkraft gegebenenfalls mehrfach nachregulieren müssen, bis sie Ihren Vorstellungen entspricht.

2–6 Alle weiteren Würfelseiten behandeln Sie auf die gleiche Art und Weise: Sie bestimmen die jeweilige Farbe und regulieren ihre Deckkraft. **7/8** Farben und Objekte, die hinter dem Würfel angelegt werden, mischen sich mit den transparenten Farben der Würfelseiten.

Die Transparenz ist FreeHand-intern zu verstehen: Sie wirkt ausschließlich innerhalb der FreeHand-Datei und der gegebenenfalls exportierten Grafik (einer EPS-Datei zum Beispiel). Für die abgebildeten Grafiken 1–7 hat die blaue Fläche in diesem Sinne keine Bedeutung. Da sie nicht in FreeHand angelegt worden ist, sondern innerhalb des Buchlayouts, hat sie keine Auswirkung auf die Transparenz der Grafikobjekte. Dort, wo der Eindruck von Transparenz entstehen soll, muss er also in FreeHand vorbereitet werden.

a

Weitere Linseneffekte

Durch Einstellung anderer Linseneigenschaften können weitere Effekte hergestellt werden:

a *Vergrößern* führt zu einer vergrößerten Darstellung von Objekten im Linsenausschnitt. Der Skalierungsfaktor kann reguliert werden.

b *Umkehren* vertauscht die Farb- und Tonwerte nach einem vorgegebenen Algorithmus. Eine Einflussnahme ist nicht möglich.

c *Aufhellen* hellt die vorhandenen Farben auf. Der Faktor kann reguliert werden (100 % = Weiß).

d *Abdunkeln* stattet die Linse mit einem regulierbaren Grauwert aus (100 % = Schwarz). Die dahinter liegenden Farben werden entsprechend getrübt.

e *Monochrom* ersetzt die Farben der dahinter liegenden Objekte durch Tonwerte der Linsenfarbe.

b

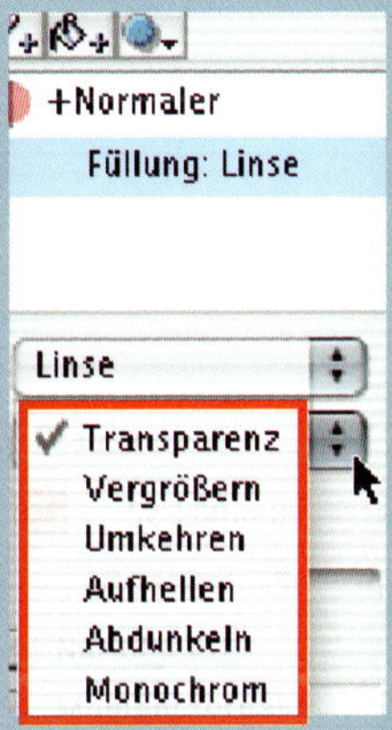

c

d

e

Transparenz
Vergrößern
Umkehren
Aufhellen
Abdunkeln
Monochrom

Naturalistische Oberflächen

Die gestalterischen Möglichkeiten
von Farbverläufen und Mischungen

Differenzierte Oberflächengestaltung

Zwei Projekte

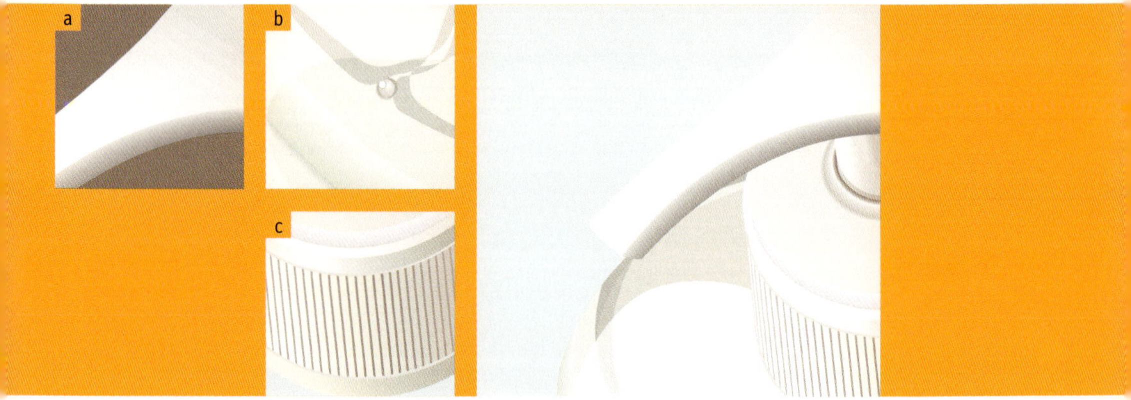

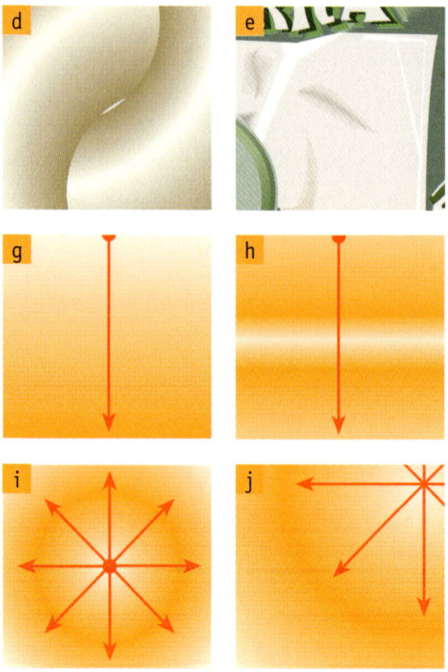

Naturalistische Oberflächen

Bei der Anfertigung glatter, gekrümmter, faltig verworfener, naturalistisch anmutender Oberflächen führt die Anwendung einzelner FreeHand-Werkzeuge häufig sehr schnell an gestalterische Grenzen. Hier gilt es, die jeweiligen Leistungsmöglichkeiten zu erkennen und in der Kombination mit anderen Werkzeugen und Effekten sinnvoll einzusetzen (a–e, Illustration rechts).
Wirkungsvolle Ergebnisse können so mit Hilfe von

- *Farbverläufen* (im *Objektinspektor*),
- *Mischungen* (über *Modifizieren* > *Zusammenfassen*) und (den im vorigen Kapitel beschriebenen)
- *Linsenfüllungen* erreicht werden.

Farbverläufe

Eine Reihe von Möglichkeiten bietet die *Farbverlaufsfüllung* im *Objektinspektor*. Es können die *Füllungsarten Linear, Radial* (g–j), *Kontur, Logarithmisch, Rechteck* und *Kegel* eingestellt werden.
Die Richtung der Farbverläufe lässt sich mit Hilfe von *Griffen* **(1/2)** und per numerische Eingabe verändern.

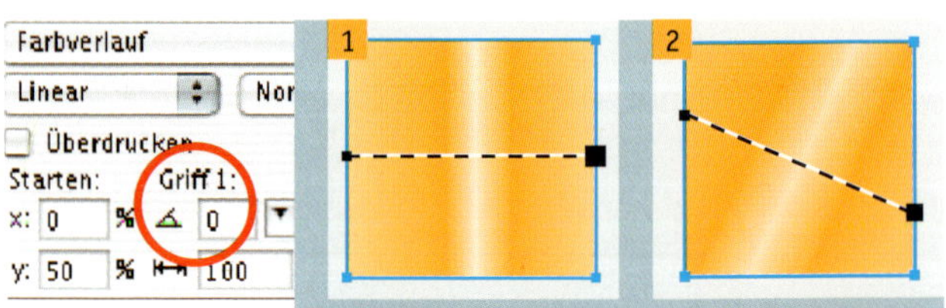

V

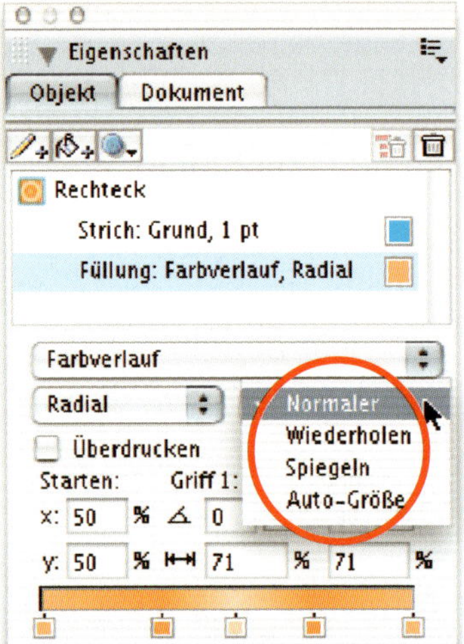

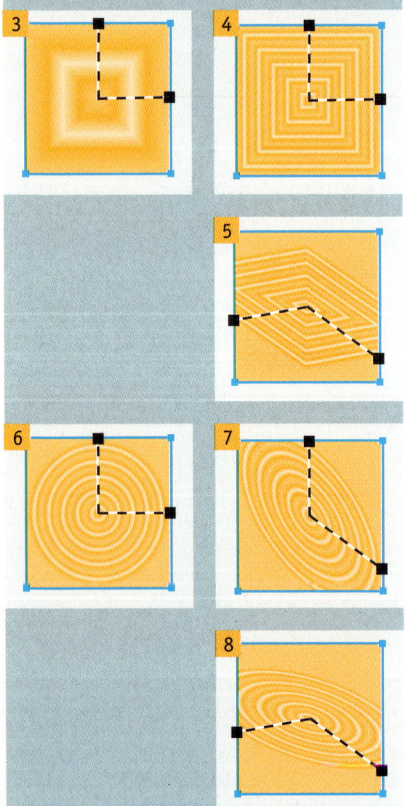

Die verschiedenen Verlaufsmotive lassen sich *wiederholen* oder *spiegeln* **(3/4/6)**. Die Anzahl der *Wiederholungen/ Spiegelungen* geben Sie numerisch ein. Position *(Starten)* und Größenausdehnungen der Motive können über Prozentangaben festgelegt werden. Mit *Auto-Größe* wird die Motivgröße – einem vorgegebenen Algorithmus folgend – der jeweiligen Position angepasst.

Durch gezielte Veränderungen der *Griffpositionen* können die flächigen Verlaufsmotive in den verschiedenen Richtungen gestaucht oder gedehnt werden, wodurch räumliche Wirkungen erzeugt werden können **(5/7/8)**. Für das jeweilige Erscheinungsbild sind sowohl die Winkel als auch die Entfernungen der *Griffe* zum Motiv von Bedeutung. Durch Anklicken und Ziehen des *Mittelpunktes* lässt sich die Position des kompletten Motivs innerhalb der Fläche verändern.
Durch *Anklicken* und *Ziehen* von einem der gestrichelten *Griffhebel* wird das Motiv um den Mittelpunkt gedreht.
Sollen verschiedene Verlaufsmotive kombiniert werden, ist «Handarbeit» notwendig.
Hierzu das folgende Beispiel, in dem es auch darum geht, weiche Übergänge zwischen den Motiven herzustellen:

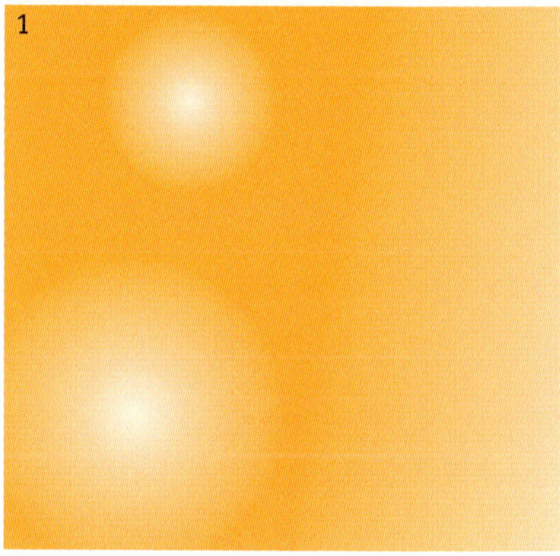

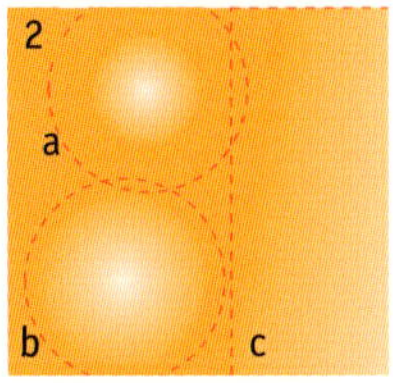

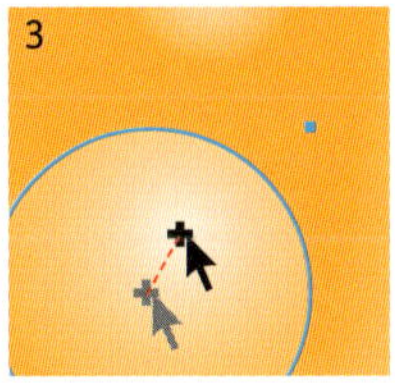

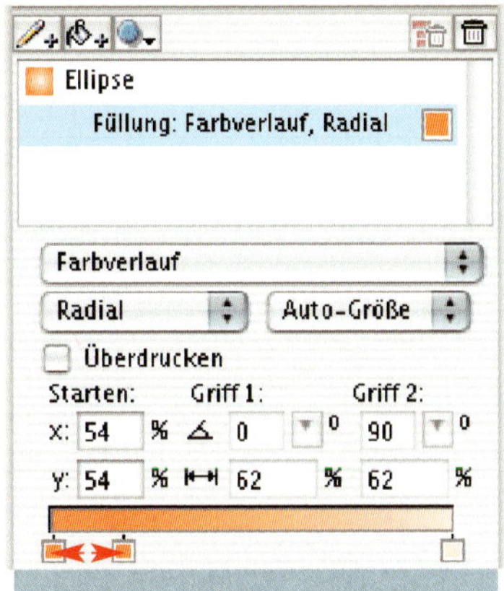

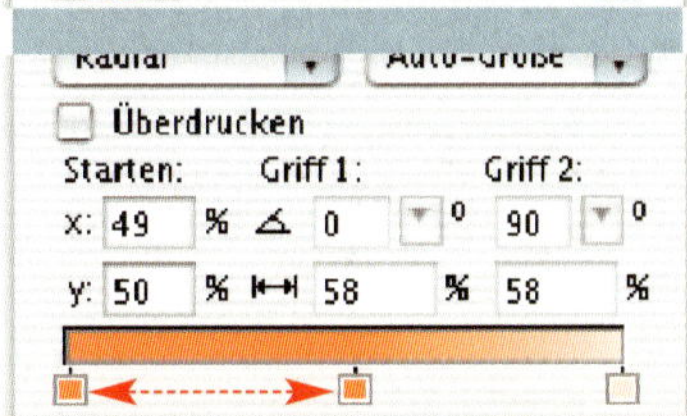

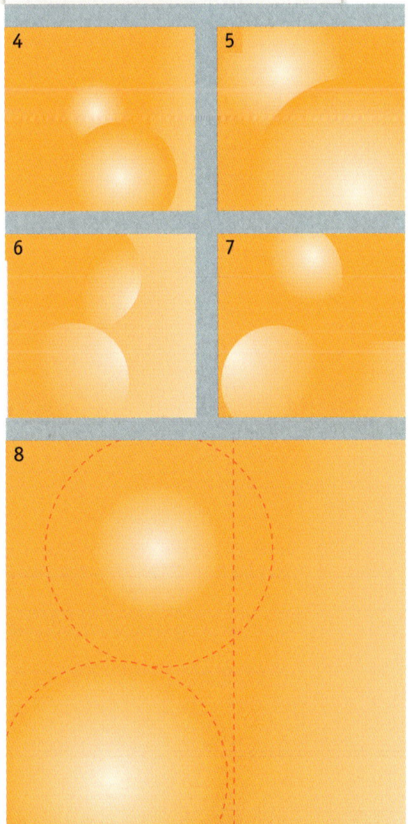

1/2 Zwei kreisförmige Objekte (a, b) mit radialer Füllung und ein Rechteck mit linearer Verlaufsfüllung (c) sind hier als Beispielanordnung nebeneinander platziert worden. Die dunkle Außenfarbe der radialen Füllungen und die benachbarte Endfarbe der linearen Füllung sind identisch und stimmen außerdem mit der Grundfüllung einer dahinter angelegten Fläche überein.
Im Füllungsbedienfeld ist die dunkle Verlaufsfarbe jeweils durch *Klicken* und *Ziehen* verdoppelt worden. Durch die Platzierung des neu gewonnenen Farbkästchens kann die jeweilige Breite des Farbbereichs manuell verändert werden. Auf diese Weise erscheinen die radialen Verläufe bei gleicher Objektgröße unterschiedlich groß.

3 Das Zentrum der radialen Füllungen kann jeweils durch Verschieben des Mittelpunktes versetzt werden.

4/5 Wenn die Verlaufsobjekte überlappend platziert werden, kommt es zur Randbildung, da keine Möglichkeit mehr besteht, weiche Übergänge zwischen den benachbarten Verläufen herzustellen.

6/7 Ränder entstehen auch, wenn die Zentren der radialen Verläufe nach außen versetzt werden (3) oder das lineare Verlaufsobjekt in den Bildbereich hinein verkleinert wird.

8 Weiche Übergänge entstehen, wenn zwischen den Objekten genügend gleichfarbige Fläche vorhanden ist.

Mischungen

1

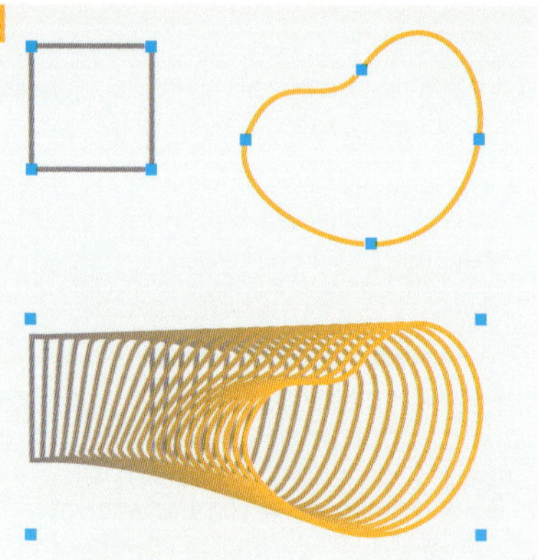

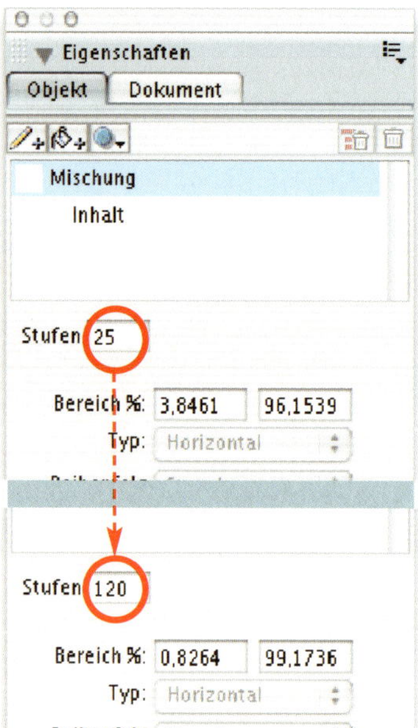

Weiter gehende Möglichkeiten der Oberflächengestaltung bietet die *Mischung (Modifizieren > Zusammenfassen > Mischung/*[⇧] – [⌘] – *B/Mischungswerkzeug)*.

1 Basierend auf zwei Ausgangsobjekten, wird von FreeHand eine Anzahl an *Mischungsstufen* erzeugt und zwischen den Ausgangsobjekten angeordnet. Die *Mischungsstufen* werden als Objekte beziehungsweise gruppierte *Pfade* angelegt. Ihre Anzahl hängt von der im Dokument eingestellten Druckerauflösung ab (siehe hierzu Kapitel Farbe für Print und Web).
Die Ausgangsobjekte können beliebig beschaffen sein: Geometrische Objekte, geschlossene und offene *Pfade* lassen sich mit- und untereinander *mischen*, Linienstärken und Farben können frei kombiniert werden. Einschränkungen gibt es lediglich bei den Füllungen: Nicht alle Füllungsarten sind untereinander mischbar, Linsenfüllungen können in keinem Fall gemischt werden.

2 Über den *Objektinspektor* kann – zum Beispiel um die Übergänge weicher erscheinen zu lassen – die Anzahl der Stufen nachträglich verändert werden.
Außerdem lassen sich Farbe und Form eines Ausgangsobjekts nachträglich bearbeiten, wenn es bei gedrückter [⌥]-Taste angeklickt worden ist.
Die Veränderungen wirken sich auf die gesamte *Mischung* aus, solange ihre Gruppierung nicht vorher aufgehoben wurde.

2

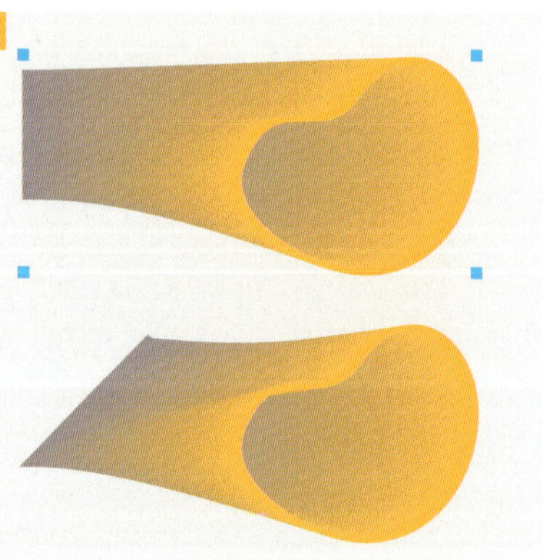

3

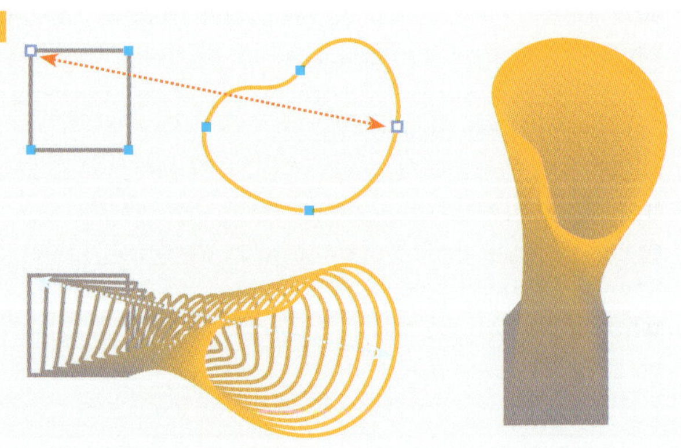

Die ebenfalls im *Objektinspektor* aufgeführten Werte unter *Bereich %* geben die prozentualen Positionen der ersten und der letzten *Mischungsstufe* an. Die Werte sind automatisch so eingestellt, dass die Mischungsstufen gleichmäßig über die gesamte Mischungslänge verteilt sind. Eine Veränderung der Werte verändert die Anordnung der Mischungsstufen insgesamt.

3 Eine weitere Steuerung der Mischung kann vor Aktivierung des Mischungsbefehls vorgenommen werden, indem pro Ausgangsobjekt ein *Bezugspunkt* markiert wird: Zwischen diesen Punkten findet die geradlinige Mischungsbewegung statt. Dies führt in den meisten Fällen, je nach «räumlicher» Konstellation der Punkte, zu mehr oder weniger starken Verwerfungen.

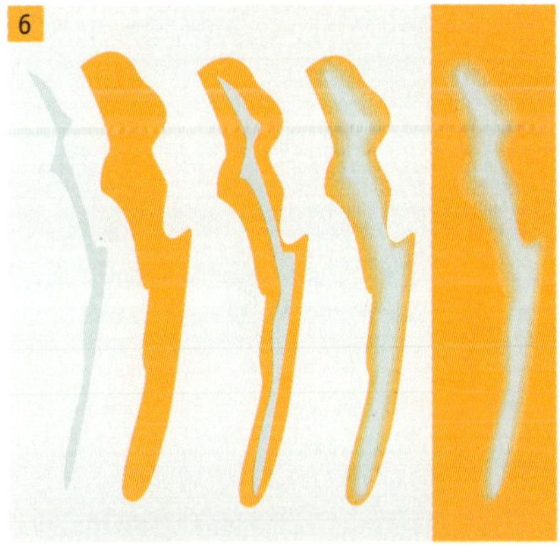

4/5 Eine Mischung kann aus mehr als zwei Objekten bestehen. Bei diesen kann es sich auch um *Gruppierungen* und *Verbindungen* handeln.

Form und Zuordnung der Ausgangsobjekte bestimmen vor allem das Erscheinungsbild einer Mischung. Das Spektrum möglicher Anmutungen ist dabei sehr breit: Es reicht hier von röhrenartig-räumlichen Gebilden (**1–5**) über die unregelmäßige Verwerfung (**6**) bis hin zur plastischen Metalloberfläche (**7**) und lässt sich durch gezielten Einsatz beliebig erweitern.

8

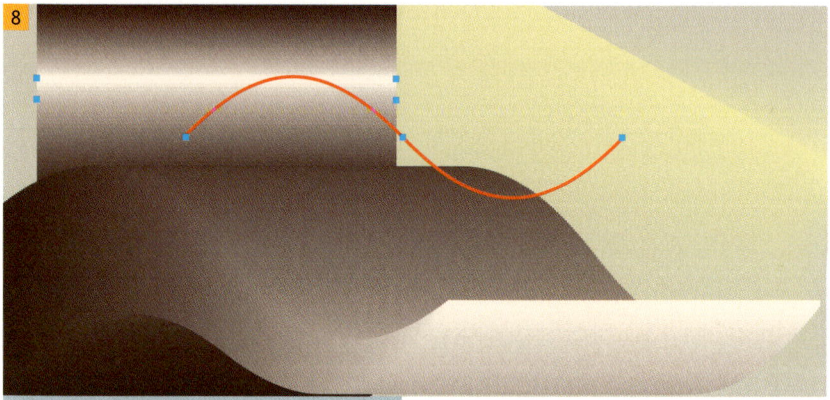

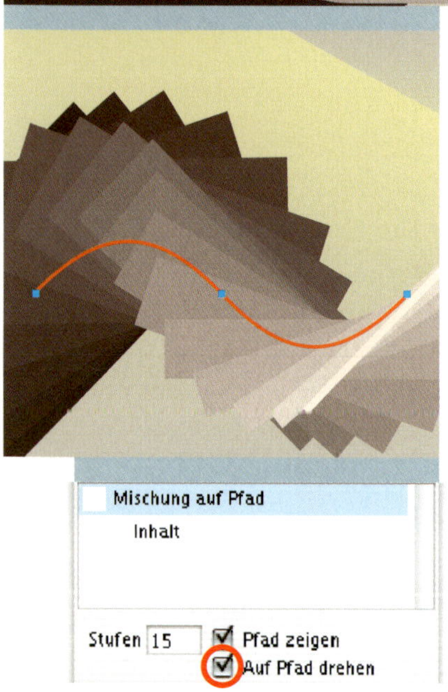

8 Eine Mischung kann durch die Verbindung mit einem *Pfad (Modifizieren > Zusammenfassen > Mischung mit Pfad verbinden/*⇧ – ⌥ – ⌘ *– B)* «räumlich» weiter verändert werden. Die jeweilige Lage der Mischungselemente lässt sich mit der Option *Auf Pfad drehen* im *Objektinspektor* beeinflussen. Ist sie deaktiviert, behalten die Mischungsobjekte ihre Richtung. Ist sie aktiviert, stehen sie senkrecht zur jeweiligen *Pfad*-Tangente.

9 Durch kleine, gezielte Maßnahmen kann in bestimmten Fällen die räumliche Wirkung noch erhöht werden: Hier ist die «Materialstärke» eines «Rohres» durch die Platzierung zweier verbundener und mit einer Verlaufsfüllung versehener Ellipsen erzeugt worden.

9

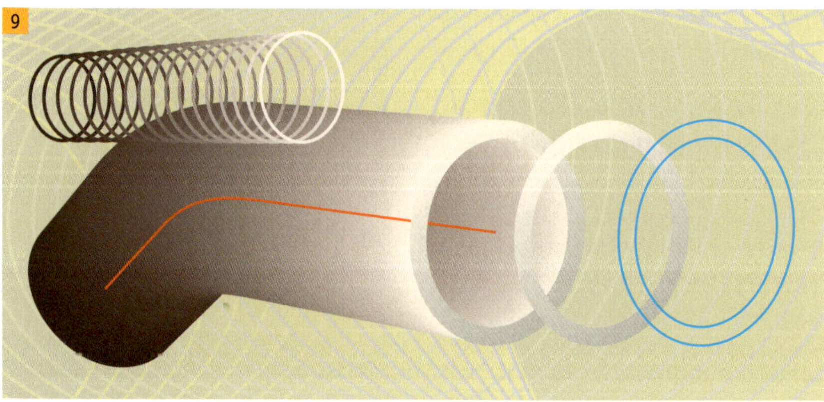

Die kombinierte Anwendung der oben vorgestellten Werkzeuge zur naturalistischen Umsetzung von Materialoberflächen wird im Folgenden an zwei Beispielen dargestellt.
Zunächst sollen glatte und regelmäßig strukturierte Oberflächen anhand eines handelsüblichen *Seifenspenders* aufgebaut werden *(Kunststoff: weißer Spenderkopf, transparente Flasche, Inhalt: klare Flüssigseife)*. Danach geht es am Beispiel einer *Outdoor-Jacke* um die Erzeugung faltig-textiler Materialstrukturen.
Zur Herstellung der Bildbeispiele sind die realen Gegenstände als Modell herangezogen worden, Fotos oder Scans wurden nicht benutzt.

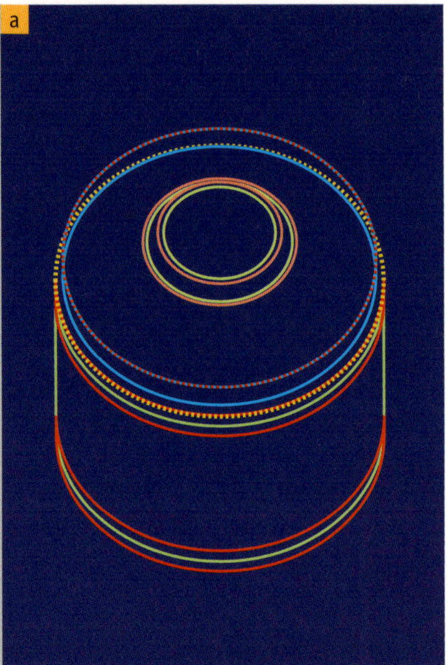

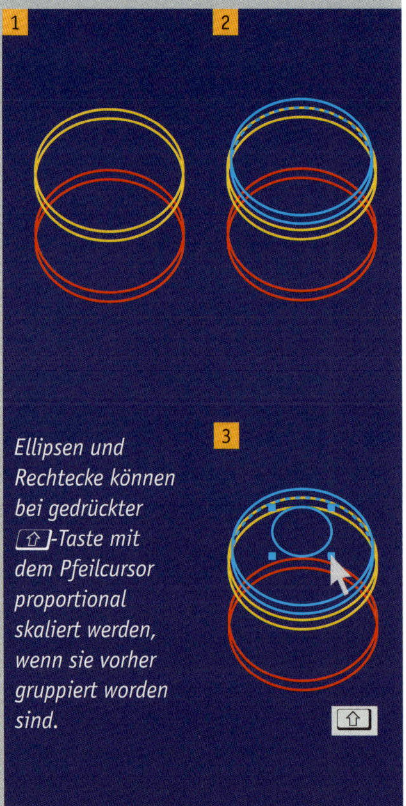

Ellipsen und Rechtecke können bei gedrückter ⇧-Taste mit dem Pfeilcursor proportional skaliert werden, wenn sie vorher gruppiert worden sind.

Ein Seifenspender

Zunächst soll der Schraubverschluss des Spenderkopfes aufgebaut werden. *(Kenntnisse der räumlichen Darstellung sind dabei hilfreich und für die eigenständige Durchführung ähnlicher Projekte notwendig, können aber in diesem Rahmen nicht Gegenstand der Betrachtung sein.)*

Das Grundgerüst wird von einer Anzahl Ellipsen gebildet, die nachfolgend zum Teil zerlegt und neu zusammengesetzt werden (a). Ziel ist es, die Kanten und Flächen des Verschlusses darzustellen und für jeden *Farb-(Verlaufs-)* Bereich einen *Pfad* zu erzeugen, der dann entsprechend gefüllt werden kann. Auch wenn das Endprodukt relativ übersichtlich erscheint, ist doch eine Reihe von Objekten anzufertigen, die teilweise voreinander liegen oder sich überschneiden. Um hier die Übersicht zu behalten, ist konzentriertes Arbeiten notwendig. Eine Hilfe kann auch wieder die Arbeit mit Ebenen sein.

1 Stellen Sie zunächst zwei gleiche Ellipsenpaare her: Ziehen Sie eine Ellipse auf. *Klonen* Sie diese und verschieben Sie den *Klon* an die zweite Position.
Erzeugen Sie das zweite Paar durch Klonen und Verschieben des ersten.

2 Zwei kleinere Ellipsen stellen Sie auf die gleiche Art und Weise her und verkleinern sie – zum Beispiel – mit dem Skalierungswerkzeug.

3 In deren Mitte legen Sie eine weitere, noch kleinere Ellipse an und versetzen sie im Sinne der Fluchtpunktperspektive leicht nach oben.
In den nächsten Schritten sollen füllbare Formelemente zur Darstellung der Objektdetails hergestellt werden.

4 Markieren Sie die beiden unteren Ellipsen und heben Sie deren Gruppierung auf. Markieren Sie nun die rechten und linken *Pfad*-Punkte. Mit dem Befehl *Modifizieren > Teilen* (⇧ – ⌘ – *J*) trennen Sie die Ellipsen in zwei Hälften. Die oberen Hälften werden nicht mehr benötigt und können gelöscht werden. (Markierung beachten!)

5 Stellen Sie einige Kopien der unteren Hälfte her, sie werden später gebraucht. Die Originalhälften verbinden und schließen Sie (⌘ – *J* und Option *Geschlossen* im *Objektinspektor*).

6 Wiederholen Sie die Trenn- und Verbindungsprozedur mit dem mittleren Ellipsenpaar. Dabei soll aber die obere Ellipse zusätzlich erhalten bleiben, d. h., sie muss vor dem Trennen *geklont* werden.

7 Aus zwei der kopierten Ellipsenhälften wird nun das Element gebaut, das später die gerändelte Fläche aufnehmen soll. Platzieren Sie die Hälften so, dass sie auf den eben angefertigten Objekten liegen. Verbinden und schließen Sie die Hälften. Stellen Sie das neue Objekt in der Stapelreihenfolge nach hinten.

8 Für die bereits fertig gestellten Detailobjekte können nun Füllungen definiert werden. Richten Sie mehrstufige, tendenziell waagerecht ausgerichtete *Farbverläufe* ein. Zusätzlich können Sie an den Rändern schmale, helle Linien platzieren, die partiell als Kantenreflex hervortreten. Setzen Sie diese Linien gegebenenfalls über die Zwischenablage *innen* in die Objekte *ein* (⇧ – ⌘ – *V*).

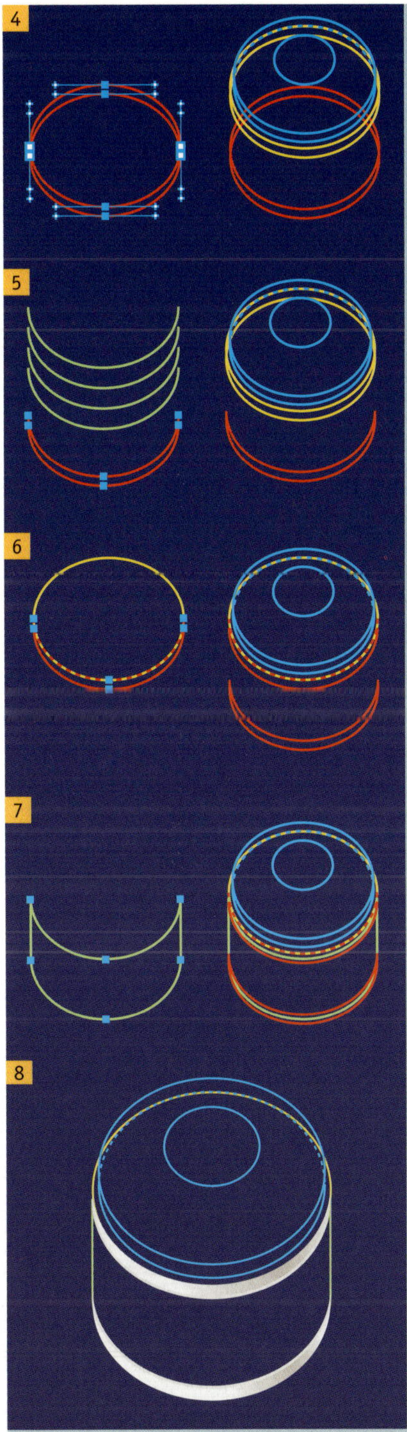

9

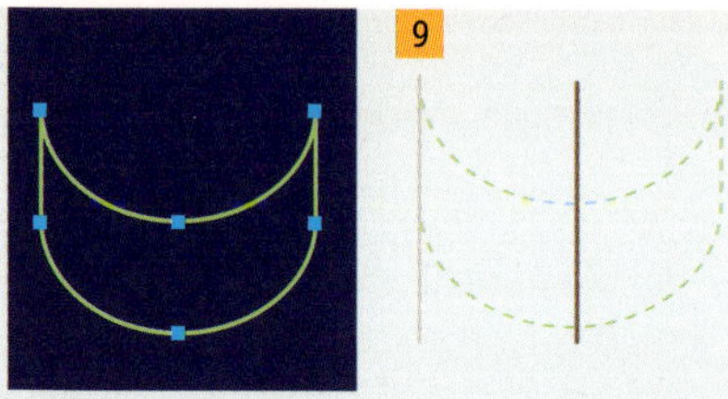

10

11

12

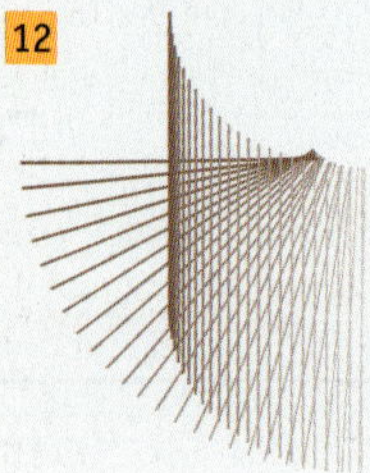

13

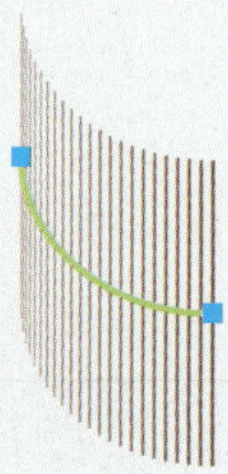

14

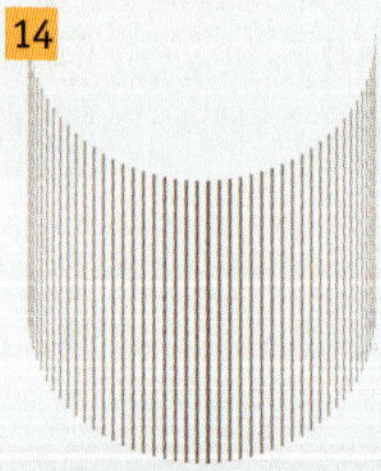

15

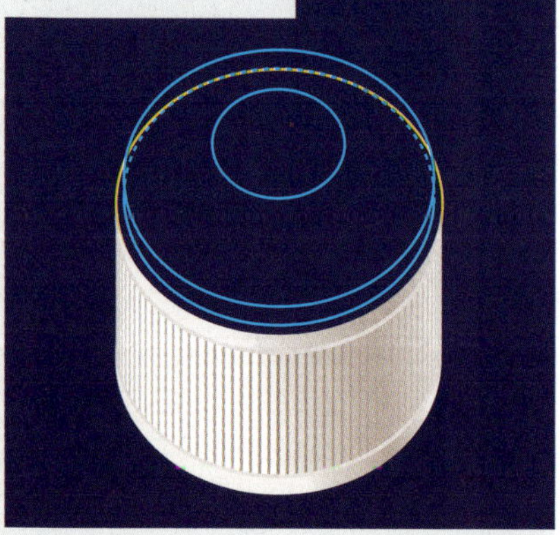

Die räumliche Anmutung der gerändelten Fläche wird durch die Gestaltung der Linienstärken, -farben und -abstände sowie eine *Verlaufsfüllung* hervorgerufen:

9 Legen Sie zunächst zwei gleich lange, senkrechte Linien an, deren Abstand etwa der halben Breite des vorbereiteten *Pfades* entspricht. Die Linie im mittleren Pfadbereich soll dunkler und dicker als die äußere Linie sein.

10 Markieren Sie beide Linien und fassen Sie sie in einer *Mischung* zusammen.

11 Um eine gleichmäßige Verringerung der Linienabstände nach außen zu erreichen, verbinden Sie die *Mischung* mit der Hälfte einer der kopierten Ellipsenhälften.

12 Deaktivieren Sie die Option *Auf Pfad drehen*.

Da das Ellipsensegment nach links ausgerichtet ist (die Ellipsenrichtung verläuft im Uhrzeigersinn), ist die Anordnung der dickeren und schmaleren Linien vertauscht.

13 Markieren Sie mit gedrückter ⌥-Taste den mit der Mischung verbundenen *Pfad* und wählen Sie dann den Befehl *Modifizieren > Pfad ändern > Richtung umkehren*: Die alte Reihenfolge wird augenblicklich wiederhergestellt.

14 *Klonen* und *spiegeln* Sie nun das gesamte *Mischungsobjekt*. Platzieren Sie den *Klon* exakt neben dem Original.

15 Schieben Sie *Klon* und Original – ihrer endgültigen Position entsprechend – vor die bereits angefertigten Verschlussobjekte. Setzen Sie sie dann über die Zwischenablage *innen* in den vorbereiteten *Pfad ein*. Diesen versehen Sie zusätzlich mit einer *Farbverlaufsfüllung*, löschen seine Linie und stellen ihn nach hinten.

Der Verschluss wird nun schrittweise nach oben hin abgeschlossen:

16 Zur Darstellung der Verjüngungskante füllen Sie die unter **6** geklonte Ellipse mit einer mehrstufigen *Farbverlaufsfüllung* und löschen ihre Linie.

17 Den Verschlussdeckel erzeugen Sie in zwei Schritten: Zunächst weisen Sie den Ellipsen des noch verbliebenen Ellipsenpaares zwei leicht differierende Farben zu, dem unteren Objekt die dunklere. Löschen Sie die Linien und führen Sie eine Mischung durch.

18 Die oberste Mischungsellipse *klonen* Sie, nachdem Sie sie mit gedrückter ⌥-Taste markiert haben. Weisen Sie dem *Klon* eine Verlaufsfüllung zu.

19 Für die Öffnungswulst in der Mitte erzeugen Sie drei Mischungen:
Stellen Sie zunächst fünf *Klons* der vorhandenen Ellipse her. Skalieren und platzieren Sie sie entsprechend der linken Abbildung.
An Positionen, an denen zwei Mischungen aufeinander treffen (gestrichelte Linien), liegen jeweils zwei Ellipsen aufeinander, die mit derselben Farbe gefüllt werden.

Die Farben sollen von außen nach innen:
1 – von hell nach dunkel,
2 – von dunkel nach hell und
3 – von hell nach dunkel
gemischt werden.

Füllen Sie die Ellipsen entsprechend und führen Sie dann die *Mischungen* einzeln durch.
Hierbei gilt es, die Übersicht zu bewahren, da sich die Ellipsen teilweise verdecken. Nutzen Sie die Möglichkeit, verdeckte Objekte durch mehrfaches *Klicken* bei gedrückter ctrl-Taste (Windows: Strg-Taste plus *rechte Maustaste*) zu markieren.
Die kompliziertesten Arbeitsschritte sind nun abgeschlossen.

16
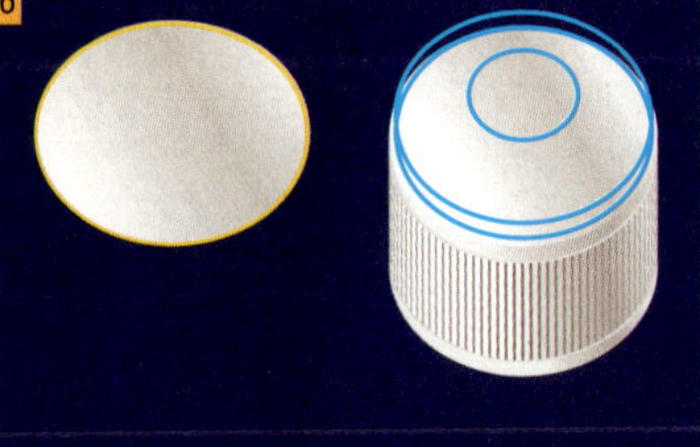

17
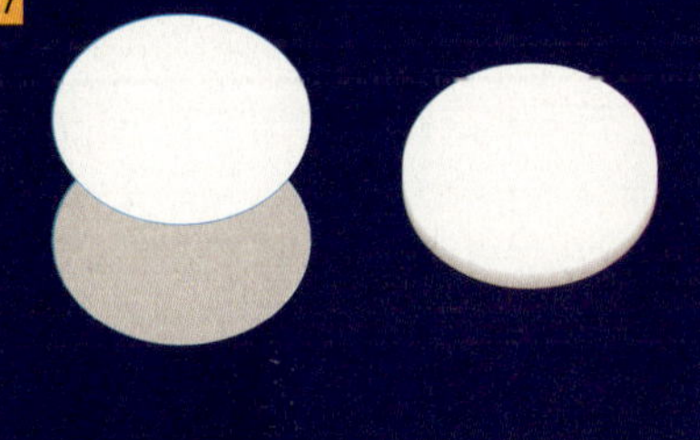

18
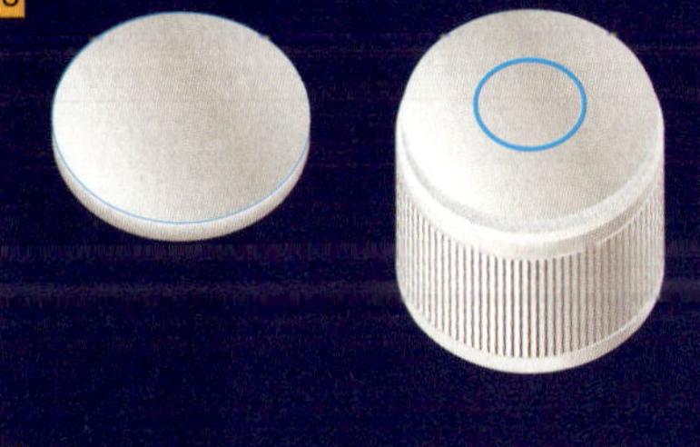

19
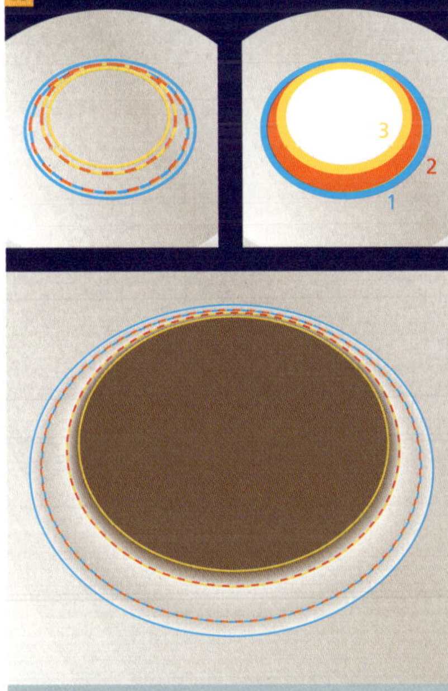

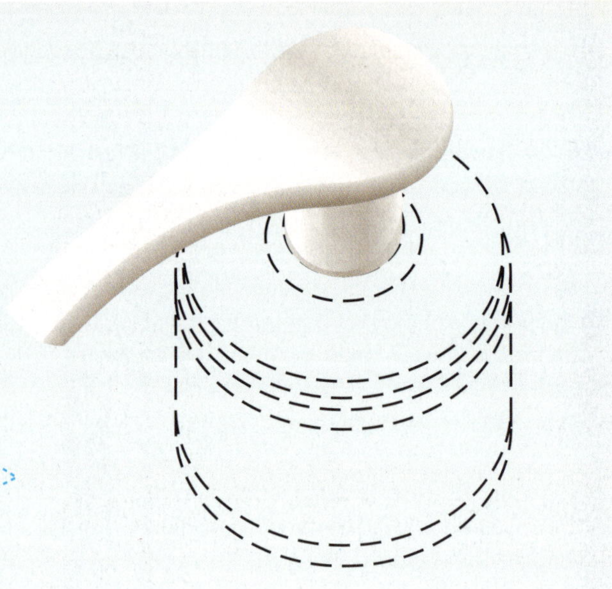

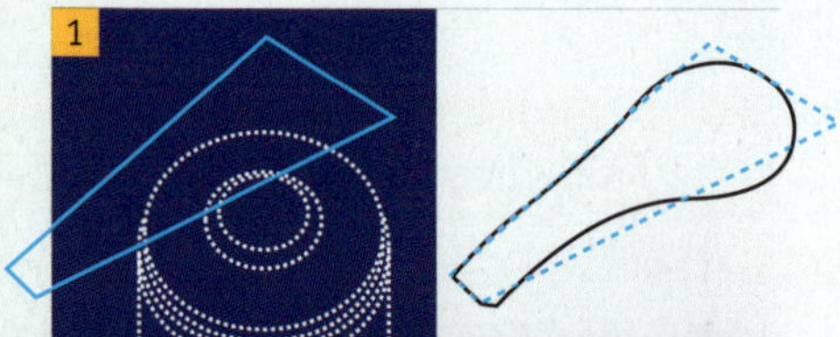

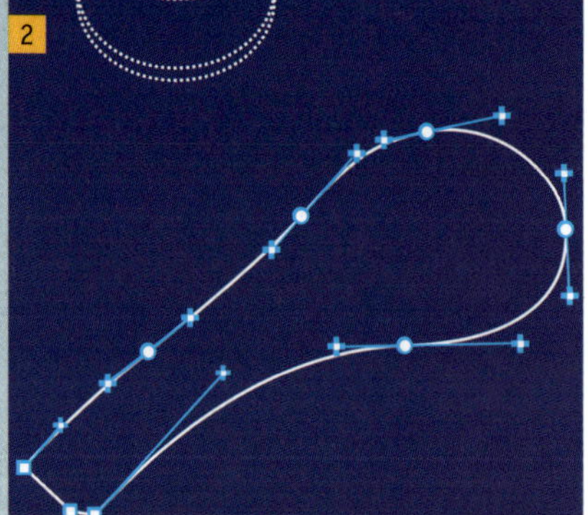

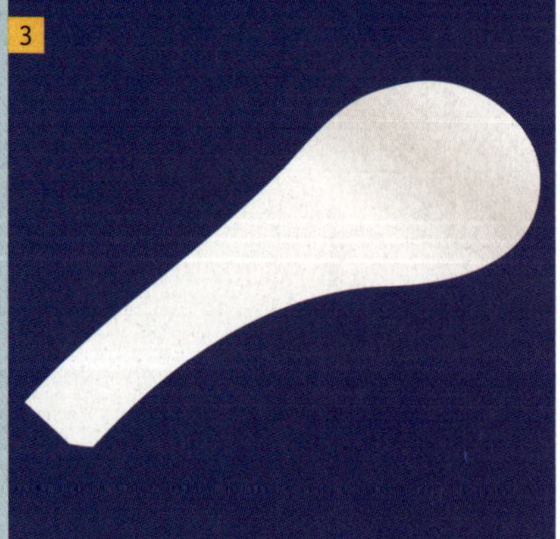

Bei der folgenden Anfertigung des Pumpelements ist der schwierigste Teil wahrscheinlich die Erzeugung der Form: Sie hat kaum gerade Kanten und stellt sich in unregelmäßigen Krümmungen und Rundungen dar. Ein geradliniges Hilfsobjekt, das Lage und Ausrichtung des Elements im Voraus umreißt, kann die Arbeit unterstützen.

1 Legen Sie – bei Bedarf – mit dem *Stiftwerkzeug* ein viereckiges Objekt an, das die Position des Pumpelements im Groben festlegt und die perspektivische Verjüngung berücksichtigt.

2 Fertigen Sie dann – ebenfalls mit dem *Stiftwerkzeug* – die komplette Außenkontur an; d. h., beziehen Sie den Bereich der sichtbaren Schattenkante in die Form mit ein, das erleichtert die nachfolgende Arbeit.
Setzen Sie wieder so wenig Punkte wie möglich und nutzen Sie gezielt die Gestaltungsmöglichkeiten der *Griffe*.

3 Definieren Sie für den fertig gestellten *Pfad* eine mehrstufige Verlaufsfüllung. Hier, wie auch bei der Gestaltung der anderen Partien, entstehen weiche Übergänge durch die Nuancierung der Farbtöne.

4

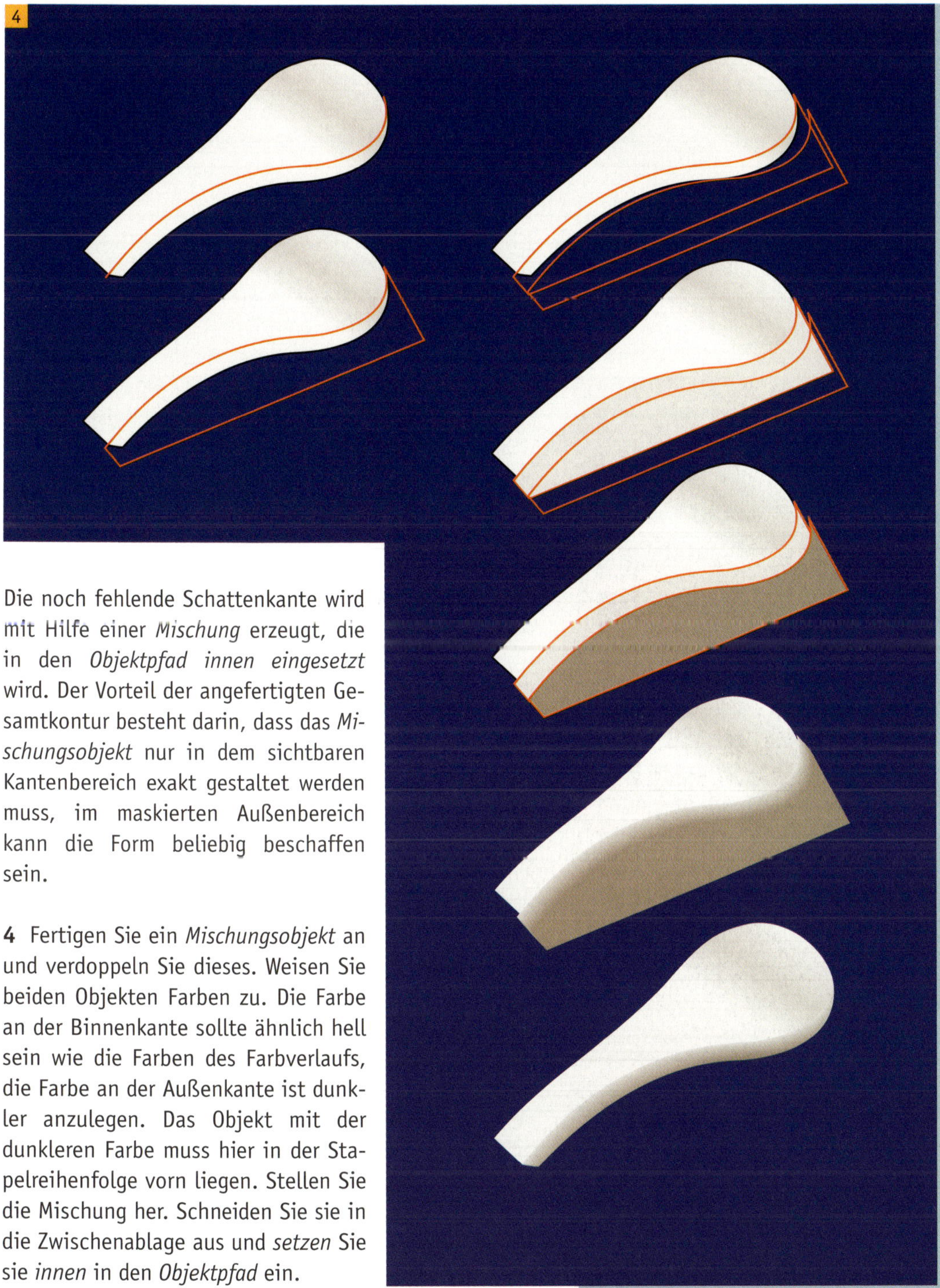

Die noch fehlende Schattenkante wird mit Hilfe einer *Mischung* erzeugt, die in den *Objektpfad innen eingesetzt* wird. Der Vorteil der angefertigten Gesamtkontur besteht darin, dass das *Mischungsobjekt* nur in dem sichtbaren Kantenbereich exakt gestaltet werden muss, im maskierten Außenbereich kann die Form beliebig beschaffen sein.

4 Fertigen Sie ein *Mischungsobjekt* an und verdoppeln Sie dieses. Weisen Sie beiden Objekten Farben zu. Die Farbe an der Binnenkante sollte ähnlich hell sein wie die Farben des Farbverlaufs, die Farbe an der Außenkante ist dunkler anzulegen. Das Objekt mit der dunkleren Farbe muss hier in der Stapelreihenfolge vorn liegen. Stellen Sie die Mischung her. Schneiden Sie sie in die Zwischenablage aus und *setzen* Sie sie *innen* in den *Objektpfad* ein.

Pfade müssen, um sie mit Füllungen zu versehen, nicht geschlossen sein, wenn die Option ***Füllungen für neue geöffnete Pfade einblenden*** *unter* ***Bearbeiten > Voreinstellungen > Objekt*** *aktiviert ist. Die Füllung schließt an der offenen Seite immer geradlinig ab. Die Aktivierung der Option hat keinen Einfluss auf vorher erstellte Pfade.*

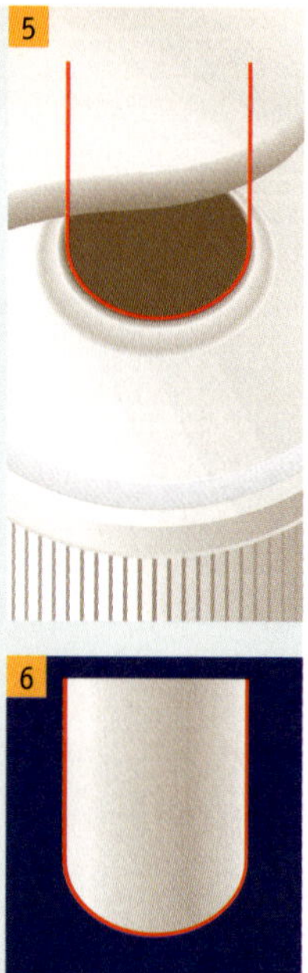

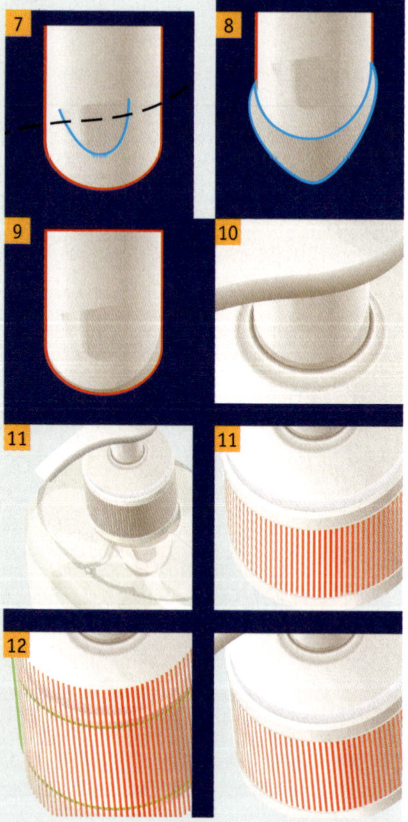

5 Zur Darstellung der sich nach unten anschließenden zylindrischen Form erzeugen Sie ausgehend von einer Ellipsenhälfte den abgebildeten *Pfad*. Die exakt senkrechten Verlängerungen erhalten Sie am schnellsten, indem Sie jeweils einen Endpunkt der Ellipsenhälfte markieren und dann bei gedrückter [⇧]-Taste einen Eckpunkt darüber platzieren.

6 Definieren Sie für das Objekt eine mehrstufige *Farbverlaufsfüllung*. Wenn die nebenstehende Bedingung erfüllt ist, muss es dazu nicht geschlossen sein.

7 Um die naturalistische Wirkung zu erhöhen, können Sie weitere Objekte erzeugen, die zum Beispiel den Eindruck von Oberflächenreflexen vermitteln.

8 Legen Sie an der unteren Kante eine Schattenform mit *Farbverlaufsfüllung* an.

9 Um diese *innen einsetzen* zu können, muss der *Pfad* allerdings geschlossen werden.

10 Durch Veränderung der Stapelreihenfolge und Löschen der Linie stellen Sie die gewünschte Anordnung her.

11 Da der Spender im Bild etwas schräg gestellt ist, muss auch der Spenderkopf leicht rotiert werden. Dabei tritt ein Problem auf: Von den Mischungen zur Darstellung der Rändelung werden nur die viertelelliptischen *Pfade*, nicht aber die sichtbaren Linien schräg gestellt.

12 Sie schneiden deshalb die *Mischungen* vor der Rotation des Objekts aus dem *Pfad* aus und stellen sie zur besseren Handhabung auf eine neue Ebene. Sperren Sie die anderen Ebenen. Sie markieren die Mischungen dann bei gedrückter [⌥]-Taste mit Hilfe eines Markierungsrahmens – so funktioniert es! – und *rotieren* sie. Anschließend schneiden Sie sie in die Zwischenablage aus, heben die Ebenensperrung auf und rotieren den Spenderkopf um den gleichen Winkel. Setzen Sie dann die rotierten Mischungen wieder innen in den nun ebenfalls rotierten *Pfad* ein. – *Geschafft!*

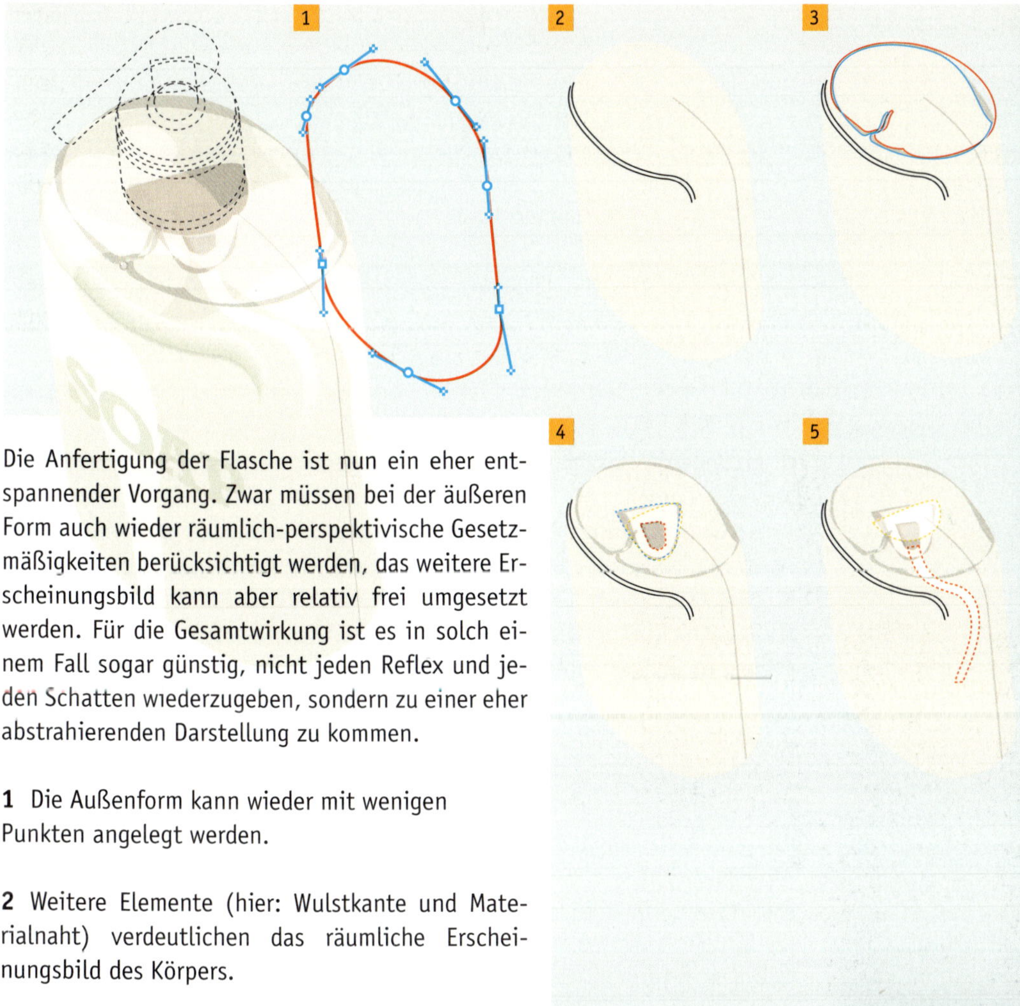

Die Anfertigung der Flasche ist nun ein eher entspannender Vorgang. Zwar müssen bei der äußeren Form auch wieder räumlich-perspektivische Gesetzmäßigkeiten berücksichtigt werden, das weitere Erscheinungsbild kann aber relativ frei umgesetzt werden. Für die Gesamtwirkung ist es in solch einem Fall sogar günstig, nicht jeden Reflex und jeden Schatten wiederzugeben, sondern zu einer eher abstrahierenden Darstellung zu kommen.

1 Die Außenform kann wieder mit wenigen Punkten angelegt werden.

2 Weitere Elemente (hier: Wulstkante und Materialnaht) verdeutlichen das räumliche Erscheinungsbild des Körpers.

3 Zwei identische, versetzte und *verbundene Pfade*, die mit einer *transparenten Linsenfüllung* versehen sind, beschreiben die Flüssigkeitskante.

4 Die im Flascheninneren befindlichen Teile des Spenderkopfes werden durch einen *Pfad* mit *Grundfüllung*, zwei *verbundene Pfade* mit *Grundfüllung* und eine *Mischung* nachempfunden.

5 Der Randbereich einer Fläche mit *Aufhellungs-Linsenfüllung* wird später den Schatten des Spenderkopfes gegen den Hintergrund absetzen.
Der Widerschein des Pumpschlauchs ist durch einen geschwungenen, geschlossenen *Pfad* mit Verlaufsfüllung angedeutet.

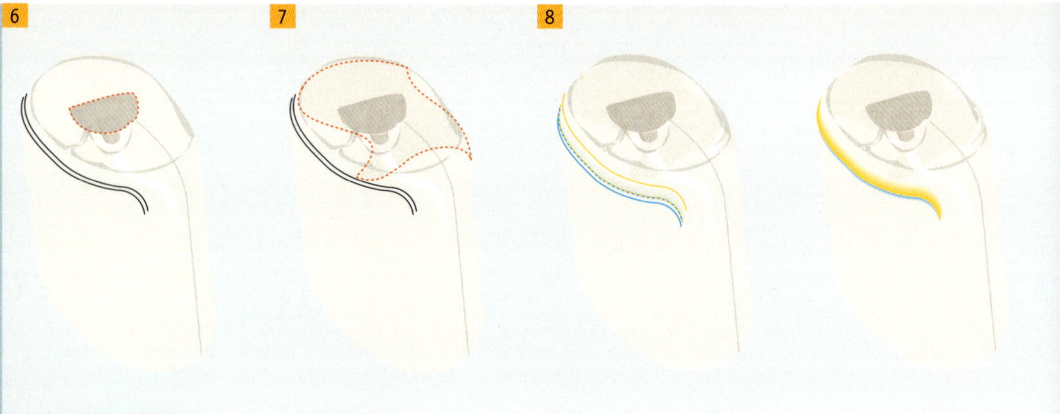

6 Als Schatten des Spenderkopfes ist ein *Pfad* mit *transparenter Linsenfüllung* angelegt worden.
7 Ein unregelmäßiger *Pfad* mit transparenter Linsenfüllung verstärkt den Eindruck der Transparenz durch die Erzeugung durchscheinender Helligkeiten.
8 Zwei Mischungen bilden die Flaschenwulst. Die Nachbarfarben der beiden Mischungen sind in diesem Fall nicht identisch: Die Farbe der unteren Mischung ist dunkler, wodurch kein weicher Übergang, sondern eine Kante entsteht.
9 Ein weiterer unregelmäßiger *Pfad* mit aufhellender Linsenfüllung erhöht nochmals die Wirkung der Transparenz und der Glattheit. Im Bereich der Wulst folgt er deren Form und betont damit auch die Plastizität des Objekts.
Alle von **2** bis **9** angefertigten Teile sind innen in die Außenform eingesetzt worden.
10 Der Schriftzug ist freie Erfindung. Er wurde zunächst als Text eingegeben und dann mit einem *Pfad* verbunden, der mit leichter Wölbung in der perspektivischen Richtung der Flasche angelegt worden ist *(Text > Mit Pfad verbinden)*. Durch die Option *Vertikal neigen* im *Objekt*-Bedienfeld werden die Schriftzeichen senkrechter verzerrt und so der Perspektive angepasst. Da das Flaschenmotiv leicht schräg gestellt ist, muss auch die senkrechte Verzerrung in eine entsprechend schräge verwandelt werden. Dazu wird der Schriftzug mit Hilfe der *Neigungsfunktion* im *Umwandeln*-Bedienfeld um den entsprechenden Wert geneigt (hier: –6°).
11 Häufig sind die Zeichenabstände der mit *Pfaden* verbundenen Texte ungleichmäßig. Durch Setzen der Einfügemarke zwischen zwei Zeichen und Veränderung des Unterschneidungswerts im *Text-Inspektor* kann eine Abweichung korrigiert werden. (Siehe auch Kapitel Text als Grafik.)
12 Der Schriftzug ist zur Anpassung an seine Umgebung mit einer transparenten Linsenfüllung versehen worden. Da das mit Text nicht möglich ist, musste er vorher in *Pfade* umgewandelt werden *(Text > In Pfade konvertieren)*.

9 10

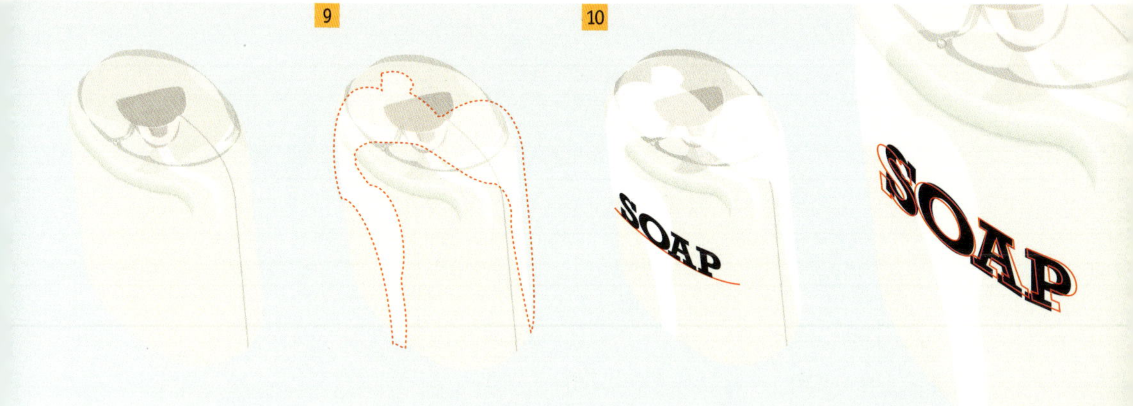

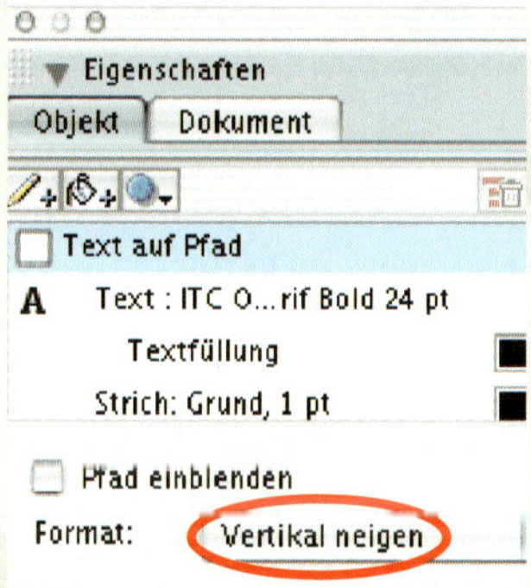

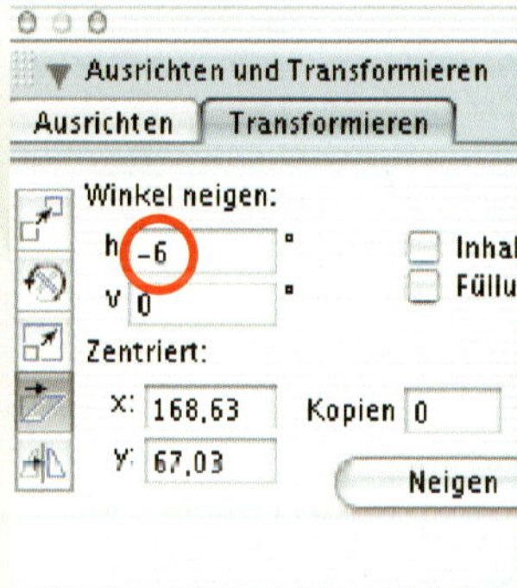

*Der Unterschneidungswert ist eine auf das **Geviert** bezogene Prozentangabe. Mit positivem Vorzeichen vergrößert er den Zeichenabstand, mit negativem verringert er ihn. Ist bei Veränderung des Wertes eine Textmenge markiert, so wird deren Laufweite verändert. Alternativ zur numerischen Eingabe können die Einstellungen auch über die Tastatur vorgenommen werden: Zusammen mit der [⌥]-Taste (Windows: [⌥]-Gr) verändern die [←] / [→]-Tasten den Abstand um jeweils minus ein beziehungsweise plus ein Prozent. Durch zusätzliches Drücken der [⇧]-Taste findet die Veränderung in Zehnprozentschritten statt.*

11

Eine Outdoor-Jacke

Der wesentliche Unterschied in der Darstellung unterschiedlicher Oberflächen besteht in der äußeren Form der Gegenstände und deren Binnenzeichnung – die einzusetzenden Werkzeuge und Funktionen sind dieselben. Es gilt also vor allem, dem jeweiligen Erscheinungsbild angemessene Formentsprechungen zu finden.

1 Bei dem hier vorgeschlagenen Vorgehen wird zunächst die komplette Außenform anhand eines *Pfades* festgelegt. Stellen Sie diesen *Pfad* her und versehen Sie ihn mit einer *Grundfüllung*. Deren Farbe ist die Grundfarbe des Objekts, die verbindende Basis der später anzufertigenden *Verläufe* und *Mischungen*.

2 Legen Sie dann auch zur eigenen Orientierung – markante Details an.

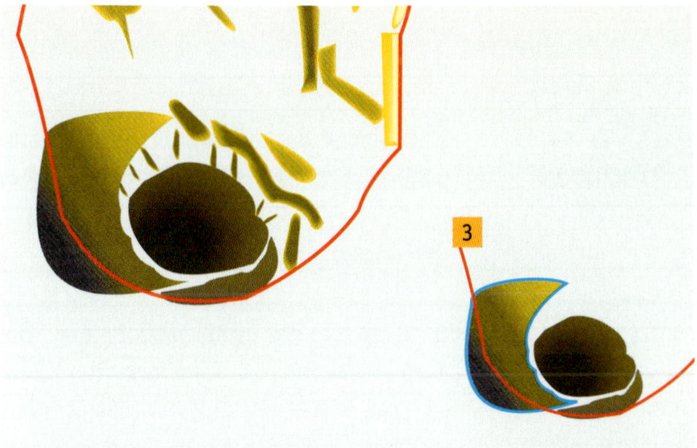

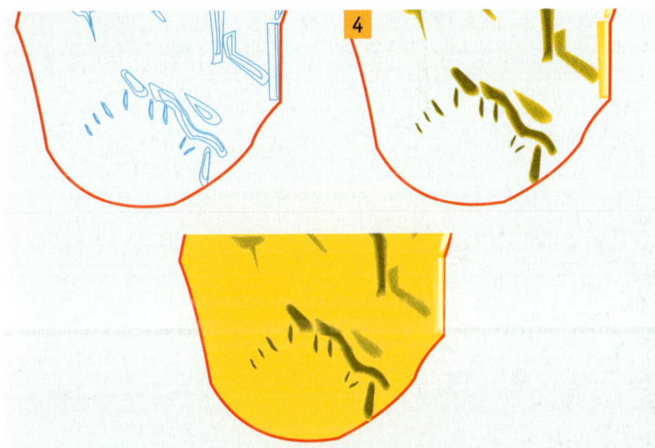

Bei der weiteren Ausgestaltung stehen Sie immer wieder vor der Entscheidung, das jeweilige Erscheinungsbild mit Hilfe eines *Verlaufs* oder einer *Mischung* umzusetzen. Diese Entscheidung ist – wie hier am Jackenärmel – nicht so schwer:

3 Immer wenn die Farbabfolge linear oder radial darstellbar ist, können Sie eine *Verlaufsfüllung* verwenden, bei der sich aber oftmals die Kantenbildung an einer beliebigen Seite des gefüllten Objekts nicht vermeiden lässt. Diese kann aber auch bewusst eingesetzt und gesteuert werden.

4 Bei allen Farbabfolgen, die in sich unregelmäßig geformt sind, ist eine *Mischung* herzustellen, da die *Mischungsobjekte* frei gestaltbar sind. Sinnvoll ist sie in der Regel auch, wenn sich der Farbübergang zur Umgebungsfarbe allseits weich und ohne harte Kanten darstellen soll.

Die Oberfläche wird auf diese Weise Schritt für Schritt aufgebaut. Neben den gestalterischen und technischen Anforderungen ist hier – wegen der

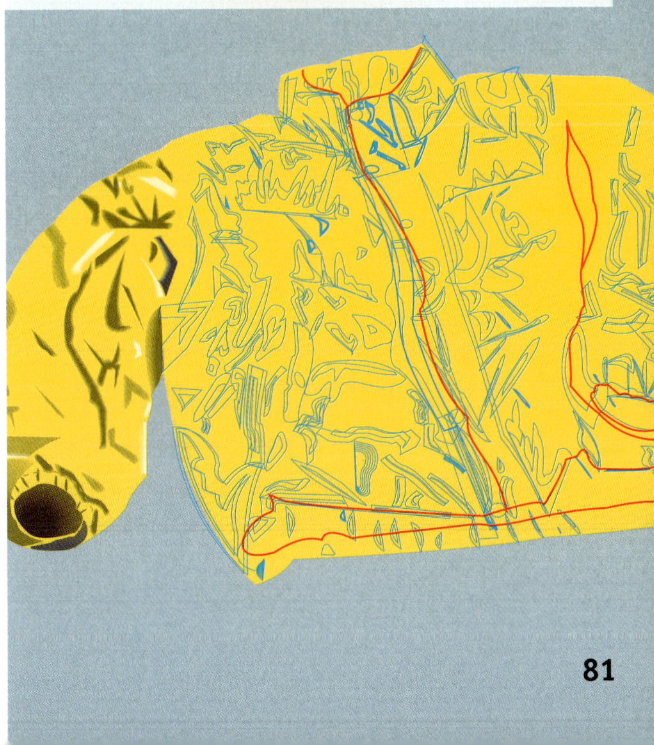

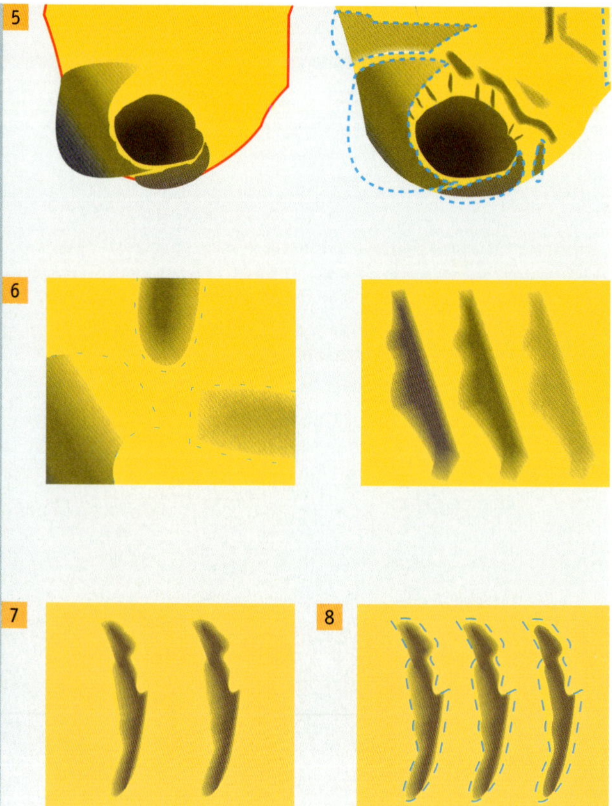

Detailfülle – vor allem Geduld gefordert.

5 Objekte, die mit der Außenform abschließen sollen, werden – wie immer in solchen Fällen – größer angelegt und *innen eingesetzt*.

6 Objekte, die sich weich mit der Jackenoberfläche verbinden sollen, müssen selbst als Außen- oder Endfarbe die Grundfarbe der Jacke enthalten. Der Übergang ist dabei um so weicher, je geringer der Kontrast innerhalb des *Verlaufs* oder der *Mischung* angelegt ist.
Weiterhin bestehen die am Anfang dieses Kapitels dargestellten Regulierungsmöglichkeiten. Für *Mischungen* sind es unter anderem die folgenden im *Objektinspektor:*

7 Eine Erhöhung der *Mischungsstufen* führt zu weicheren Übergängen.

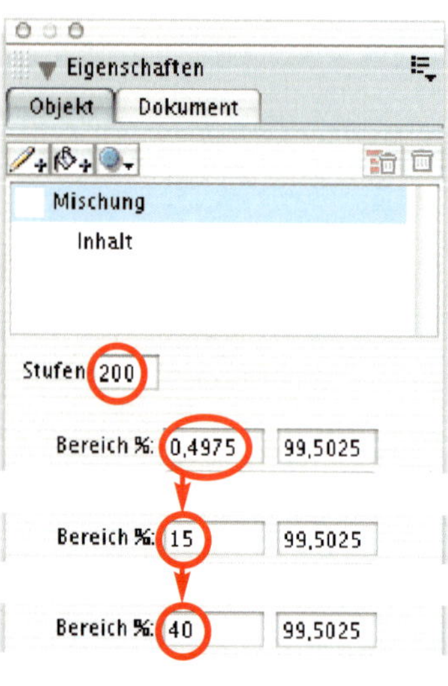

8 Die zunächst gleichmäßige Anordnung der *Mischungsstufen* kann durch numerische Eingabe unter *Bereich %* verschoben werden.
Durch die hier vorgenommene Einstellung ist der sichtbare Bereich der Grundfarbe am Rand der *Mischung* vergrößert worden, weil die erste Mischungsstufe erst bei 15 beziehungsweise 40 Prozent der gesamten Mischungslänge platziert ist. Bei dem höheren Wert ist allerdings wieder eine deutliche Kantenbildung zu erkennen, in diesem Fall innerhalb der Mischung.

Diese Basisinformationen sollten ausreichen, um mit einer Durchführung des Projekts beginnen zu können. Die folgende Darstellung exemplarischer Detaillösungen soll Ihre Arbeit unterstützen. In dem hier gewählten Bildausschnitt (**a**) sind für das ganze Projekt bedeutsame gestalterische und technische Probleme zu bewältigen:

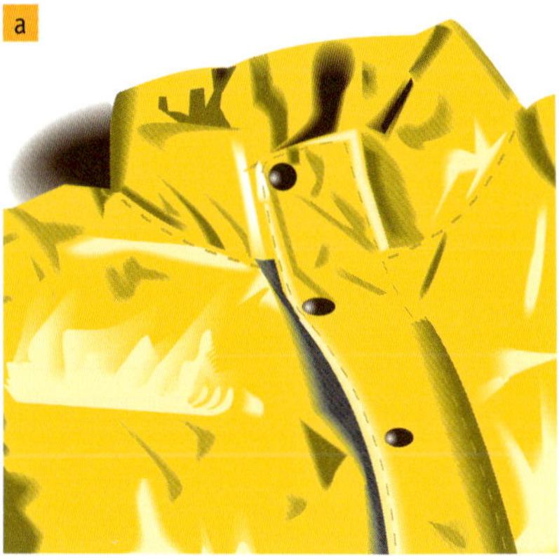

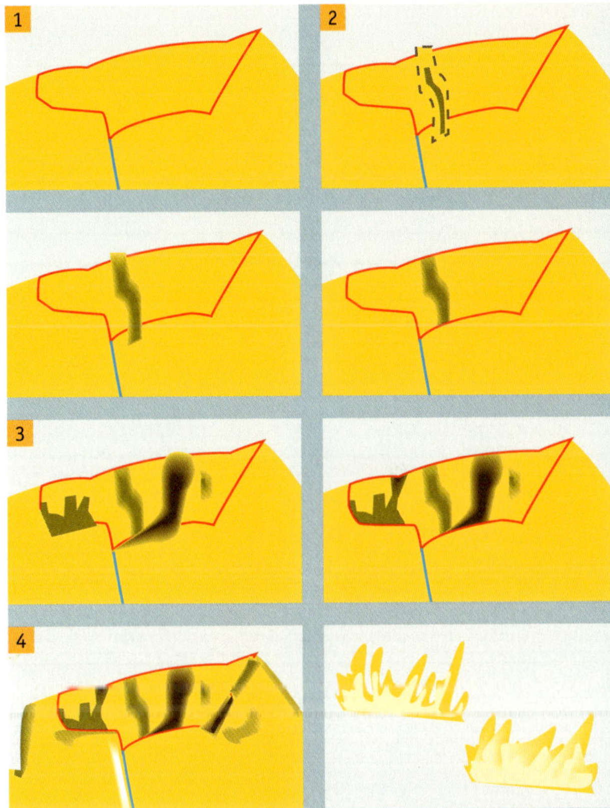

- die Wirkung der Materialoberfläche,
- die räumliche Darstellung,
- die Entscheidungen zum Einsatz der jeweiligen Mittel.

1 Für die Kragenöffnung können Sie einen geschlossenen, mit der Grundfarbe gefüllten *Pfad* anlegen, in den später die Oberflächenelemente *innen eingesetzt* werden. Er braucht im oberen Bereich nicht der Jackenkontur folgen, wenn er am Ende in diese *innen eingesetzt* wird und die Objekte dadurch beschnitten werden.

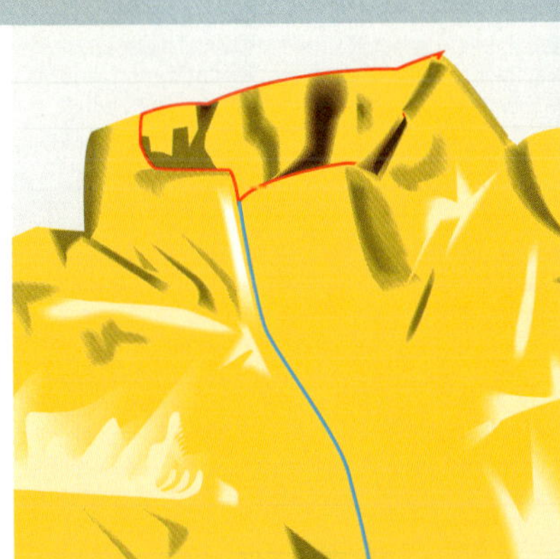

2/3 Fertigen Sie zur Darstellung der ersten Falte eine Mischung an und *setzen* Sie sie *innen* in den *Pfad ein*. Verfahren Sie ebenso mit den im Krageninnern liegenden Nachbarobjekten.

4 Weitere Elemente stellen eine optische Verbindung zwischen Krageninnen- und -außenseite her und werden deshalb auf der Kragenkontur platziert. – Setzen Sie die an der Außenkontur liegenden Elemente *innen ein*.
Die hier zur Darstellung der Falten und Wölbungen angefertigten Elemente sind ausschließlich *Mischungen:* Sie bieten die Möglichkeit, das wechselnde Erscheinungsbild der verschiedenen Oberflächensituationen entsprechend umzusetzen – bis hin zur malerischen Auflösung.

5 Für die Knopfleiste kann ein weiterer geschlossener, gefüllter *Pfad* hergestellt werden. *Mischungen*, die als Licht oder Schatten die Kante betonen sollen, werden *innen* in diesen *eingesetzt*. Der schwarze Schatten links – ebenfalls eine *Mischung* – wird zwischen Jacke und Knopfleiste platziert (Stapelreihenfolge).

6 Zur Andeutung der Nähte können *Pfade* mit gestricheltem Linienstil erzeugt werden. Die Knöpfe sind hier durch Ellipsen mit *radialen Verlaufsfüllungen* dargestellt. Der unterschiedliche Grad ihrer Rundung unterstreicht den Eindruck der gewölbten Oberfläche.

Die weiteren Partien der Jacke lassen sich ebenfalls mit den beschriebenen Mitteln und Vorgehensweisen herstellen.

Wegen der freien Formbarkeit der *Mischungspfade* eignen sich *Mischungen* zur Darstellung beliebiger Oberflächen insgesamt sehr gut: So unterschiedliche Materialien wie Stoff, Stein, geknautschtes Papier, lackierte Karosserie- oder Kunststoffteile können durch die gezielte Anwendung der vorgestellten Mittel grafisch umgesetzt werden.

Text als Grafik

VI

Verläufe auf Schriften anwenden

Wie man Schrift in Szene setzt

Textmasken

Wie man mit Text Masken bilden kann

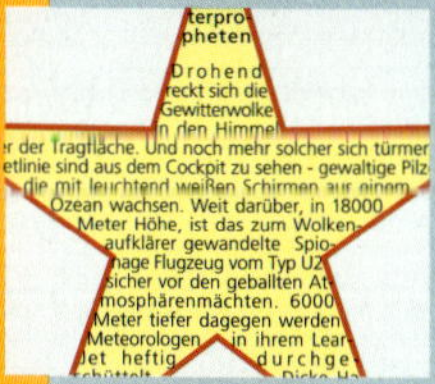

Text entlang und innerhalb eines Pfades

Formsatz und wie kommt der Text in die Flächen?

Wenn Text Grafik in Szene setzt

Und wie läuft der Text um die Flächen herum?

Eingebundene Grafiken und wie es funktioniert

Text mit Grafik

Spationieren oder unterschneiden?

Text im Internet: Welche Problematik existiert hier?

Verläufe auf Schriften anwenden

FreeHand kann Verläufe nicht auf normalen Text anwenden. Das ist typografisch auch nicht sinnvoll, denn Schrift sollte lesbar und schnell erfassbar sein. Trotzdem braucht man manchmal Schrifteffekte, zum Beispiel als Eyecatcher auf Plakaten oder bei Überschriften. Da FreeHand nur bedingt Effekte mit Schriften erzeugen kann, ist es notwendig, aus der Schriftinformation eine Pfadinformation zu machen.

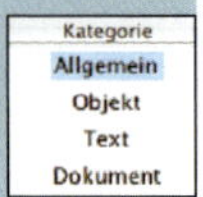

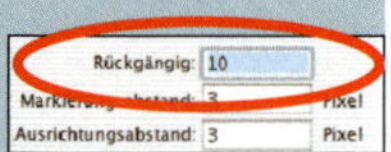

Erstellen Sie hierzu Ihren Text und wählen Sie unter *Text > In Pfade konvertieren*. Ist der Text einmal konvertiert, kann der Vorgang nicht mehr rückgängig gemacht werden, jedenfalls nicht, wenn man normal mit der Illustrationserstellung fortfahren möchte. Ansonsten haben Sie natürlich die Möglichkeit, innerhalb der voreingestellten Schritte zum Widerrufen der Bearbeitung das Umwandeln rückgängig zu machen.

Gehen Sie folgendermaßen vor:

1 Markieren Sie den Text, der umgewandelt werden soll, mit dem *Auswahl-* oder *Teilauswahl*-Werkzeug (↖ oder ↖) oder platzieren Sie den Textcursor mit dem *Text*-Werkzeug (A) im Textcontainer.

Achtung: Es wird immer der gesamte Textcontainer konvertiert und nicht nur eine Textpassage. Soll nur ein Teil eines Textes konvertiert werden, so muss er zuvor in einen eigenen Container kopiert werden.

2 Wählen Sie anschließend aus dem Menü *Text > In Pfade konvertieren* (⇧ - ⌘ - *P*) aus. Der gesamte Text ist nun eine Gruppierung von Pfaden und Verbindungen (**1**).

Wenn Sie die Gruppierung mit *Gruppierung aufheben* (⇧ - ⌘ - *U*) in einzelne Pfade auflösen, werden bestimmte Zeichen Verbindungen darstellen, zum Beispiel Zeichen wie *O, D* oder *P*, also alle Zeichen, die in irgendeiner Form Bereiche besitzen, die zu Hintergründen durchsichtig erscheinen (**2**). Diese Zeichen müssen dann, falls notwendig, mit *Modifizieren > Teilen* (⇧ - ⌘ - *J*)

1

2

3

4

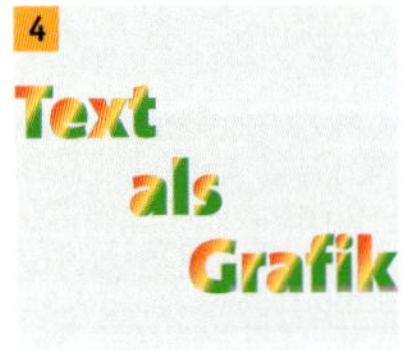

zusätzlich bearbeitet werden. Spätestens jetzt ist der Weg frei, um mit allen Einzelpfaden zu arbeiten.

- Wenn die Textzeichen einen Verlauf bekommen sollen, ist das Teilen von verbundenen Pfaden nicht ratsam, denn nur verbundene Pfade bekommen einen gemeinschaftlichen Verlauf (**3**).
- Bei nicht verbundenen Pfaden bekommt jeder Einzelpfad seinen eigenen Verlauf (**4**). Somit sollten Sie alle Zeichen des Verlaufstextes erst einmal mit *Modifizieren > Verbinden* (⌘-*J*) verbinden.

Die Beispiele **5–7** zeigen eine Situation, bei der nur ein Teil des Textes einen Verlauf bekommen soll und der Originaltext als Schatten den Verlaufstext unterlegt. Gehen Sie folgendermaßen vor:

1 Kopieren Sie die Textpassage (⌘-*C*) und setzen Sie sie in einen eigenen Textcontainer ein (⌘-*V*) (**5**).

2 Konvertieren Sie den Textcontainer in Pfade.

3 Nun muss der Textpfad mit *Modifizieren > Verbinden* (⌘-*J*) zu einer gemeinschaftlichen Verbindung gemacht werden, damit Sie den Pfaden anschließend den Verlauf zuweisen können. Es ist nicht unbedingt notwendig, die Gruppierung vorher zu widerrufen. Auch eine Gruppe kann zu einer Verbindung werden (**6**).

4 Ziehen Sie nun den Verlaufstext bei dem ursprünglichen Text an die richtige Stelle. Leicht versetzt wirkt dann das Original als Schatten (**7**).

- Auch unterschiedliche Verläufe innerhalb eines Textes sind denkbar. Die Herangehensweise ist dieselbe wie zuvor erklärt. Allerdings müssen die Verlaufssituationen mehrfach an unterschiedlichen Stellen untergebracht werden. Somit avanciert das Ganze dann zu einer Fleißarbeit.

In der nebenstehenden Variation ist zusätzlich zu den diversen Verlaufssituationen an zwei Stellen die Linsenfüllung eingesetzt worden, die in dem gezeigten Beispiel einen sehr schönen Reliefcharakter bekommt, wie er auch in der Automation des *Prägen*-Werkzeuges benutzt wird. Besitzen sowohl das oben liegende Linsenobjekt als auch das darunter liegende Objekt jeweils einen Verlauf, können sehr schöne Farbeffekte entstehen, die jedoch im Allgemeinen nicht vorhersehbar sind.

5
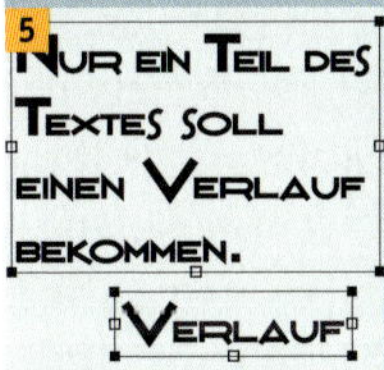

6

7
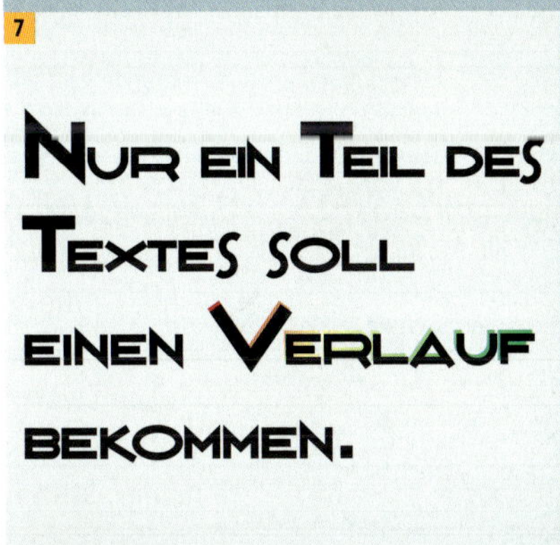

Variation
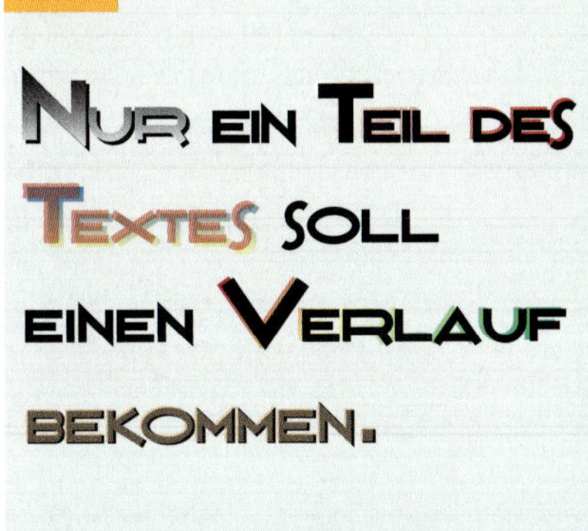

Textmasken

Bilder oder Grafiken können nicht nur durch Pfade, sondern auch durch Text, der in Pfade konvertiert wurde, maskiert werden. Hiermit kann zum Beispiel der Effekt erzeugt werden, der ein Schweben von Text über einem Bild simuliert. Die Herangehensweise ist hier der vorherigen Beschreibung vom Verlaufstext ganz ähnlich. Auch bei der Maskenerstellung ist es notwendig, den Text, nachdem er geschrieben wurde, in Pfade zu konvertieren. Ist das geschehen, muss auch hier eine Verbindung der einzelnen Pfade mit *Modifizieren > Verbinden* ([⌘]-*J*) erzeugt werden. Platzieren Sie nun den Text an der Stelle der Grafik oder des Bildes, an der er als Maske stehen soll. Markieren Sie Grafik oder Bild und kopieren Sie es oder schneiden Sie es aus. Anschließend müssen Sie das Maskenobjekt erneut markieren und den Befehl *Bearbeiten > Innen einfügen* ausführen. Stellt sich heraus, dass die Maske doch nicht hundertprozentig an der richtigen Stelle steht, kann sie jederzeit verschoben werden, sofern die Option *Inhalt* im Bedienfeld *Transformieren* deaktiviert ist.
Um den im Bild Maske gezeigten Effekt zu erstellen, gehen Sie folgendermaßen vor:

1 Erstellen Sie sich den gewünschten Text (**1**).
2 Wandeln Sie diesen Text mit dem Befehl *Text > In Pfade konvertieren* in Pfade ([⇧]-[⌘]-*P*) um.
3 Verbinden Sie alle Pfade der Gruppe zu einem gemeinschaftlichen Verbindungselement ([⌘]-*J*) (**2**).
4 Importieren Sie das gewünschte Bild oder die Grafik und stellen Sie es an der gewünschten Position in der Ebenenhierarchie unter den Text (**3**).
5 Schneiden Sie nun das Bild oder die Grafik aus.
6 Klonen Sie die Verbindung (ein Klon steht immer oberhalb des Originals und ist nach dem Vorgang das aktive Element) ([⇧]-[⌘]-*D*).
7 Fügen Sie das Bild aus der Zwischenablage mit *Bearbeiten > Innen einsetzen* ([⇧]-[⌘]-*V*) in die geklonte Verbindung ein (**4**).

1
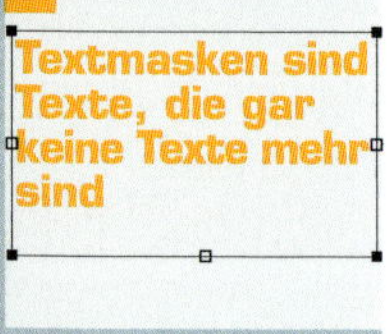

2
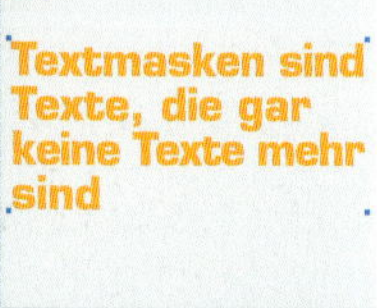

3

4

5
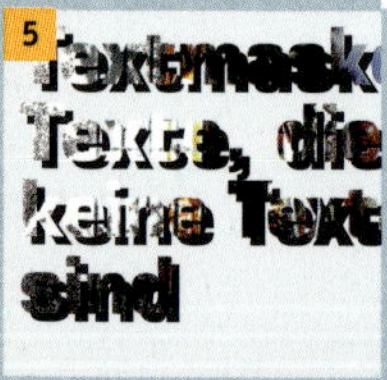

6

Maske 1

8 Markieren Sie die Originalverbindung (man kann durch übereinanderliegende Elemente einer Ebene durchklicken, wenn man beim Klicken die [ctrl]-Taste gedrückt hält) und verschieben Sie sie um ein paar wenige Millimeter z. B. mit den Cursortasten in vertikaler und horizontaler Richtung. Färben Sie die Verbindung anschließend z. B. mit Schwarz ein (**5**).
9 Behalten Sie die Auswahl der Originalverbindung bei und fügen Sie mit dem Befehl *Bearbeiten > Spezial > Im Hintergrund einsetzen* das Bild erneut ein (**6**).
10 Als zusätzlichen Effekt können Sie noch eine farbige Fläche mit eingestellter Linsenfüllung in die Verbindung zusätzlich einfügen. Normalerweise reicht es aus, das Einfügeobjekt zu markieren, um anschließend mit *Bearbeiten > Innen einfügen* ([⇧]-[⌘]-*V*) das Objekt aus der Zwischenablage an oberster Hierarchie in den Inhalt aufzunehmen. Damit der Effekt noch besser sichtbar wird kann der oben aufliegenden Verbindung auch noch ein dünner Strich zugewiesen werden (**Maske 1**).

Manchmal kann der gewünschte Erfolg jedoch aus unterschiedlichen Gründen ausbleiben. Dann existiert noch eine zweite Möglichkeit den Inhalt um ein oder mehrer Objekte gezielt (*präzise Positionierung!*) zu erweitern. Markieren Sie das Inhaltsobjekt vor oder hinter dem das zusätzliche Objekt eingefügt werden soll, mit einem Auswahl-Werkzeug. Halten Sie dabei die [⌥]-Taste gedrückt. Wählen Sie dann unter *Bearbeiten > Speziell > Im Vordergrund einsetzen/Im Hintergrund einsetzen* aus. Der Klon aus der Zwischenablage wird dann exakt hinter oder vor dem Original eingesetzt.
Der Schatten des Textes kann auch zu beiden Seiten sichtbar sein, zusätzlich sogar noch mit weicher Kante (**Maske 2**). Die Schritte **1–9** sind hierbei identisch. Der letzte Schritt wird jedoch in abgewandelter Form durchgeführt.

A

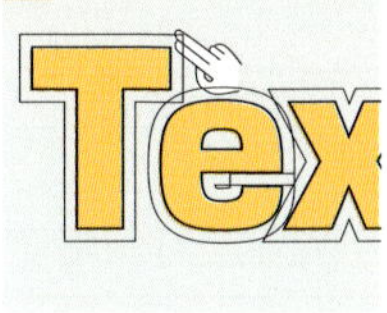

B

C

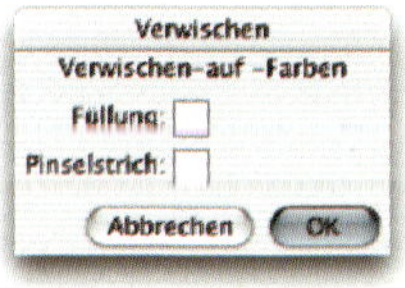

1 Markieren Sie die Originalverbindung und benutzen Sie das Xtra *Verwischen* (*Fenster > Symbolleisten > Xtra-Werkzeuge*).
2 Stellen Sie es so ein, dass Fläche und Strich jeweils zu Weiß verwischen. Ziehen Sie dann mit dem Werkzeug bei gedrückter Maus- und [⌥]-Taste von der Mitte der Originalverbindung in Richtung links, rechts, oben oder unten (**A**). Hiermit wird ein weicher Schatten erzeugt. Leider kann dieser Schatten nicht zu Transparent verlaufen (**B**). Je nachdem, wie weit Sie mit der Maus ziehen, entsteht ein sehr ausgeprägter weicher Schatten.
3 Heben Sie die Grupierung auf und fügen Sie das Bild oder die Grafik in die oben liegende Originalverbindung mit *Bearbeiten > Innen einsetzen* ([⇧]-[⌘]-*V*) ein (**C**).

Maske 2

Text entlang und innerhalb eines Pfades

Text in der Horizontalen zu schreiben, ist sicher typografisch sinnvoll. Wie sieht es aber aus, wenn man aus den althergebrachten Normen ausbrechen und Texte an regelmäßigen beziehungsweise unregelmäßigen Formen ausrichten möchte? FreeHand bietet mit der Befehlsstruktur *An Pfad anfügen* das nötige Werkzeug. Wichtig sind hierbei zwei unterschiedliche Elemente. Das erste Element ist natürlich der Text, der zuvor mit dem Textwerkzeug erzeugt werden muss. Das zweite Element ist ein beliebig geformter Pfad, an dem der Text später entlanglaufen kann. Die zu benutzenden Pfade können dabei offen oder geschlossen sein.

Es ist möglich, zwei Zeilen eines Textes zu nutzen. Die erste Zeile wird dabei normalerweise oberhalb des Pfades geschrieben und die zweite unterhalb. Bei geschlossenen Pfaden hat das sogar den Effekt, dass der Text der zweiten Zeile nicht auf dem Kopf steht, sondern normal lesbar ist. Bei offenen Pfaden ist damit zu rechnen, dass der Text unter dem Pfad nicht vollständig zu sehen ist. Bei geschlossenen Pfaden wird das erst der Fall sein, wenn es eine dritte Zeile gibt. Die einzelnen Zeilen werden dabei durch einen *Umbruch* erzeugt. Auf der Tastatur geschieht das mit einem *Return* (↩). FreeHand kann hier auch per Befehl ein Zeilenende einfügen (*Text > Sonderzeichen > Zeilenende*).

Das erste Beispiel zeigt, wie beim Erstellen eines Pfadtextes vorgegangen werden muss.

1 Erstellen Sie einen beliebigen Text und zeichnen Sie den Pfad dazu (**1**).

2 Wählen Sie beides – Text und Pfad – mit einem Auswahl-Werkzeug aus (**2**) und aktivieren Sie anschließend den Befehl *Text > An Pfad anfügen* (⇧-⌘-Y) (**3**).

Der Pfad ist nach der Verbindung der beiden Komponenten, wenn er deaktiviert wird, vorerst unsichtbar. Um ihn sichtbar zu machen, öffnen Sie das Bedienfeld *Objekt* (⌘ -I) und aktivieren unter den Pfadeigenschaften die Option *Pfad einblenden*. Ist er sichtbar, kann er jede beliebige Farbe, Strichart und -stärke annehmen (**3b**).

1

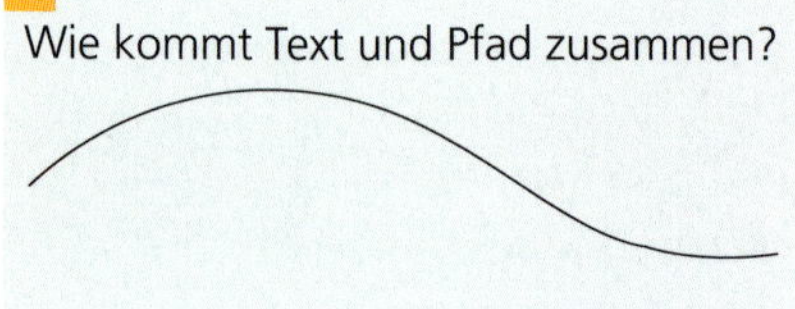

2

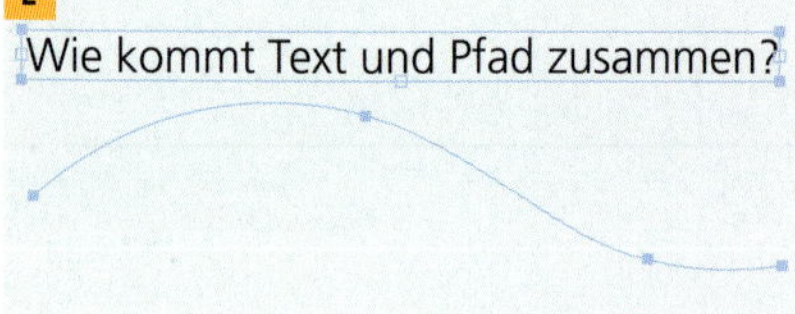

3

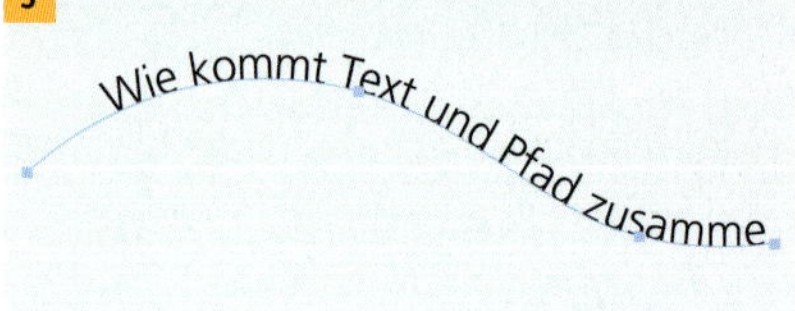

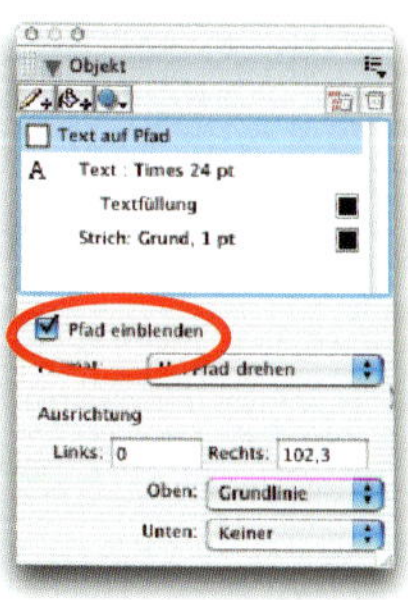

3b

- Text und Pfad sind nun zu einer Gemeinschaft zusammengewachsen. In diesem Zustand besitzt das Objekt besondere Möglichkeiten. Diese bestehen darin, dass der Text am Pfad ausgerichtet werden kann. Die Lage des Textes zum Pfad kann somit verändert werden.
- Soll der Text an einer anderen horizontalen Position platziert werden, wie er standardmäßig einnimmt, so muss man ihn mit einem Auswahl-Werkzeug markieren (Achtung: keinen Doppelklick auf den Text machen) (**A**). Am Anfang, dem Ende, der Mitte oder an beiden Seiten des Textes (je nach Textausrichtung) erscheint nun ein kleines Dreieck (beim Blocksatz erscheinen zwei Dreiecke, jeweils eins an einem Ende), an dem man den Text jetzt greifen und am Pfad entlangschieben kann (**B**).
- Der Text kann zum Beispiel *Um Pfad drehen* (**4**), *Vertikal* auf dem Pfad stehen (**5**), sich *Horizontal neigen* (**6**) oder *Vertikal neigen* (**7**).
  Zusätzlich kann sich der Text mit seinen typografischen Merkmalen wie *Grundlinie* (**8**), *Oberlänge* (**9**), *Unterlänge* (**10**) am Pfad ausrichten. Die Einstellung *Keine* verhindert die Sichtbarkeit des Textes am Pfad. Die Optionen lassen sich im Pop-up-Menü *Oben* und *Unten* sowohl für Text einstellen, der «auf» einem Pfad entlangläuft, als auch für Text «unter» einem Pfad.
- Die Optionen für *Unten* sind nur dann relevant, wenn der Text aus zwei Zeilen besteht, wobei die zweite Zeile durch ein *Return* (⏎) am Zeilenende definiert wird. Ab dieser Position rutscht der Text dann unter den Pfad (**11**). Wird das *Return* nicht eingegeben, steht der Text im unteren Bereich auf dem Kopf (**12**).
- Manchmal wird es notwendig, den Text oder den Pfad im Nachhinein zu bearbeiten. Zum Beispiel dann, wenn der Text zu dicht an der Pfadkontur steht. Hier muss ein Grundlinienversatz eingestellt werden. Möglicherweise ist das aber nur beim oberen Text notwendig. Sie können dazu entweder in das Textwerkzeug wechseln und den Text damit markieren, oder Sie machen mit einem Auswahl-Werkzeug einen Doppelklick auf den Text. Dann wird automatisch in das Textwerkzeug gewechselt, und die Einfügemarke blinkt im Text. Stellen Sie als Nächstes für den markierten Text den entsprechenden Grundlinienversatz ein. Achten Sie auch darauf, dass der Text, der im

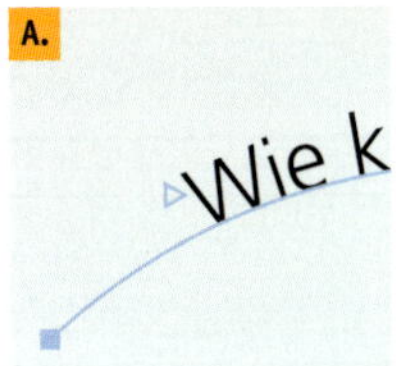

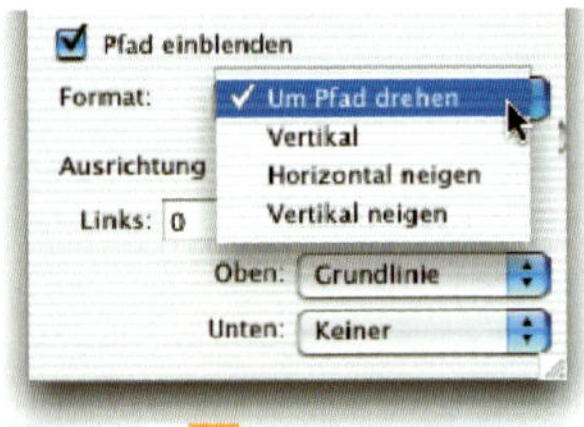

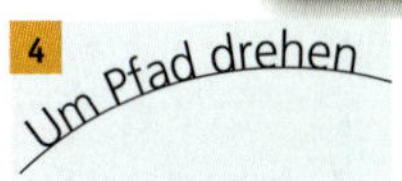

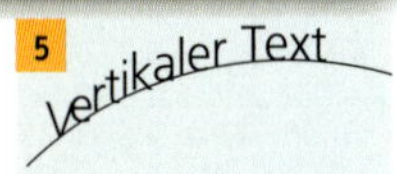

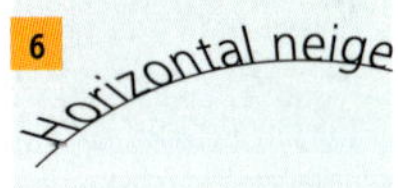

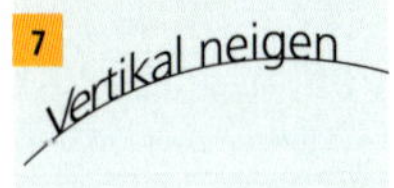

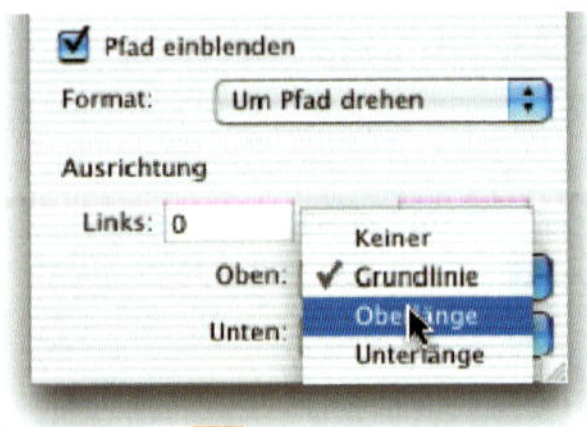

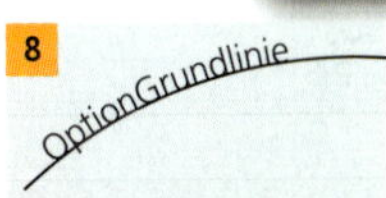

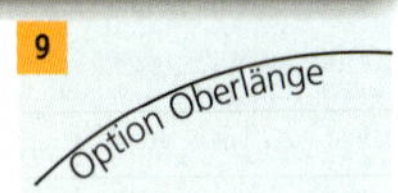

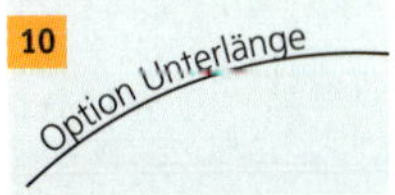

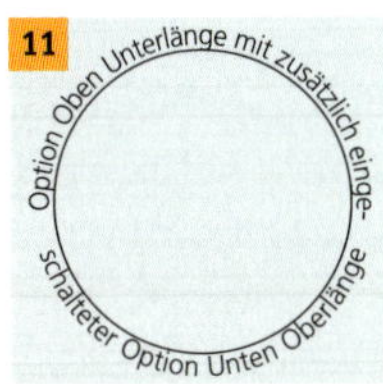

13

14

A

B

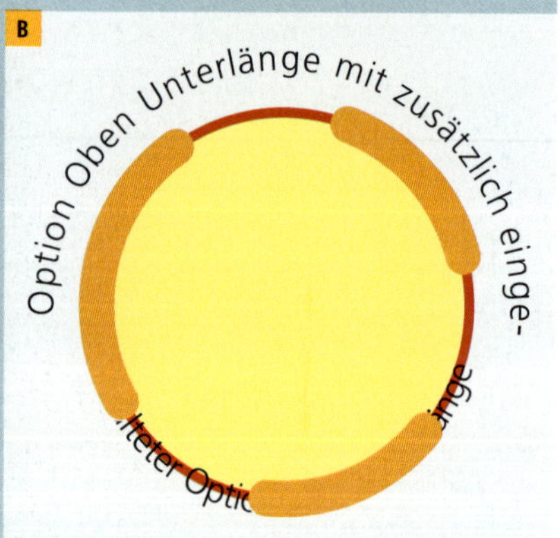

unteren Bereich des Pfades steht, eventuell einen negativen Versatz bekommt (**13**).

- Soll nicht der Text, sondern der Pfad verändert werden, halten Sie beim Markieren des Pfades mit dem Auswahl-Werkzeug die ⌥-*Taste* gedrückt. Nun können Sie den Pfad bearbeiten. Zum Beispiel kann der Pfad jetzt eine andere Farbe, andere Strichbreite/-art oder eventuell auch Flächenfarbe bekommen (**14**). Striche und Flächeninformationen müssen diesem Pfadtext im Bedienfeld *Objekt* per Eigenschaft *Strich* bzw. *Füllung* zugewiesen werden. Wenn Sie es über das Bedienfeld *Farbfelder* versuchen, wird die Farbe des Textes verändert, oder der Text bekommt eine Kontur.

- Strich und Füllung der Pfadfläche sind nur sichtbar, wenn im Bedienfeld *Objekt* die Option *Pfad einblenden* aktiviert ist.

- Der Text des Pfadtextes steht in der Objekthierarchie immer über dem Pfad (**A**). Soll das nicht der Fall sein, sollten Sie den Originalpfad vorher klonen, um ihn nach der Verbindung von Text und Pfad nach oben zu stellen (**B**). Das Duplikat verdeckt dann den Text.
- Soll der Text wieder vom Pfad getrennt werden, kann das mit *Text > Vom Pfad lösen* geschehen. Die einzelnen Objekte existieren dann wieder in ihrer ursprünglichen Form.

Formsatz und wie kommt der Text in die Flächen?

Textcontainer sind normalerweise rechteckig. Das muss aber nicht immer so sein. Prinzipiell kann in FreeHand jede beliebige Form Text aufnehmen. Der Befehl dazu kann, entweder bevor oder nachdem der Text geschrieben wurde, gegeben werden. Werden eine beliebig geformte Fläche und ein entsprechender Text erstellt, kann der Text mit *Text > Textfluss im Pfad* in die Fläche hineinbefördert werden. Der Originaltextcontainer verschwindet dann.
Am besten wird das Resultat, wenn als Textausrichtung Blocksatz verwendet wird, da sich der Text dann an allen Kanten einer Fläche gleichermaßen orientiert.

- Je besser die Silbentrennung, die Blocksatzeinstellung und je kleiner die Textgröße, desto besser das Ergebnis. Der Text kann auch direkt in die Fläche hineingeschrieben werden, wenn zuvor auf die Fläche der Befehl *Text > Textfluss im Pfad* (⇧ - ⌘ - *U*) angewendet wurde. Gehen Sie folgendermaßen vor:

1 Ziehen Sie am besten fürs Erste eine Grundform auf, einen Kreis, ein Vieleck oder einen Stern.

2 Importieren oder erstellen Sie einen Text von ausreichender Länge, um die Fläche der Form mit Text zu füllen (**1**).

3 Markieren Sie beide Objekte und führen Sie den Befehl *Text > Textfluss im Pfad* (⇧ - ⌘ - *U*) aus (**2**).

4 Stellen Sie, falls noch nicht geschehen, für den Text *Blocksatz* ein. Der Text wird bei weitem besser im Objekt untergebracht werden können als im *Flattersatz* (*Links-* oder *Rechtsbündig* und *Zentrierter Satz*).

5 Achten Sie darauf, dass eine Silbentrennung auf den Text angewendet wird (Bedienfeld *Objekt Texteigenschaft > Absatz > Silbentrennung*). Auch *Hängende Sonderzeichen*, in derselben Rubrik des *Textinspektors* zu finden, kann den Fluss des Textes in der Fläche verbessern. Es werden beispielsweise Satzzeichen wie *Punkt*, *Komma*, *Doppelpunkt*, *Semikolon* und natürlich *Binde-* und *Trennstriche* außerhalb des Textcontainers oder der -fläche untergebracht. Optisch entstehen dann im Randbereich des Textes keine Löcher.

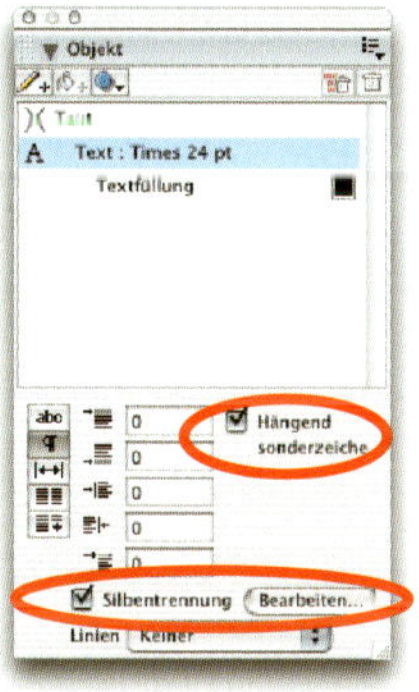

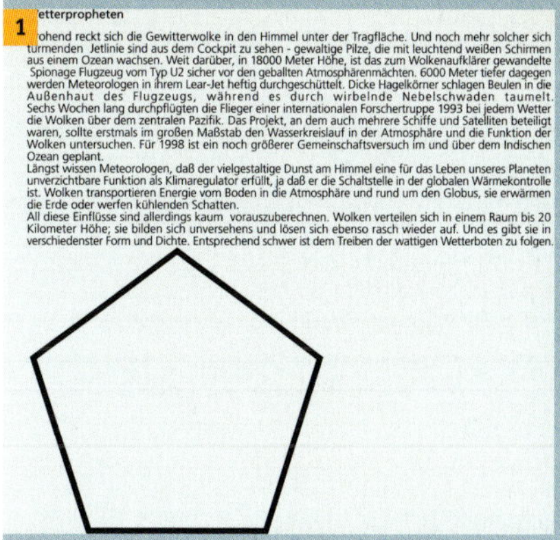

1

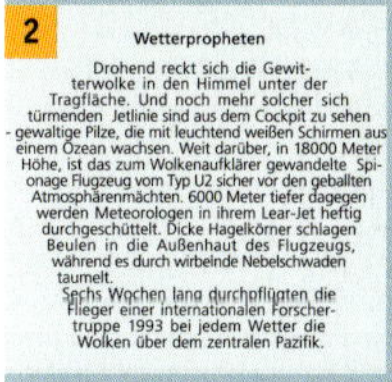

2

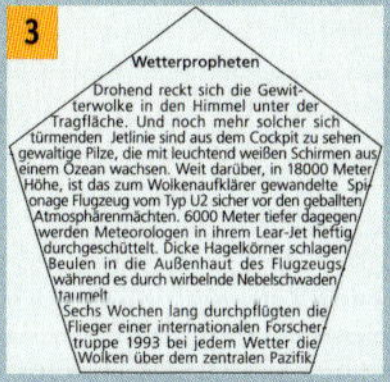

3

Bei Objekten, bei denen *Textfluss im Pfad angewendet* wurde, kann wie beim *Text auf einem Pfad* die Pfadkontur im Bedienfeld *Objekt* ein- oder ausgeblendet werden. Auch hier gilt: Soll dem Objekt eine neue Kontur (Strich) oder eine neue Fläche zugewiesen werden, muss das im entsprechenden Bedienfeld durch die Option *Rahmen anzeigen* geschehen (**4 + 5**).

Im Bedienfeld *Objekt* kann jede beliebige Eigenschaft zugewiesen werden, sogar doppelte Pfadstriche (**6**) und Effekte (**7**). Hierzu muss dem Pfad einfach nur über die dort zu findenden Schaltflächen ( )eine weitere Strich-, Füll- oder Effekteigenschaft zugewiesen werden.

4

5

zu 6

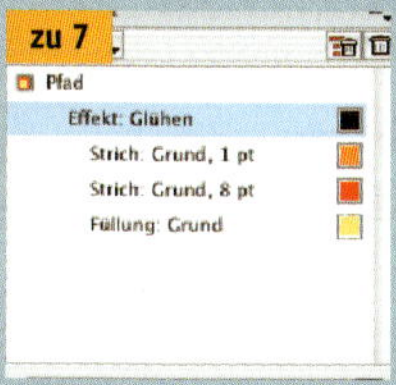

zu 7

6

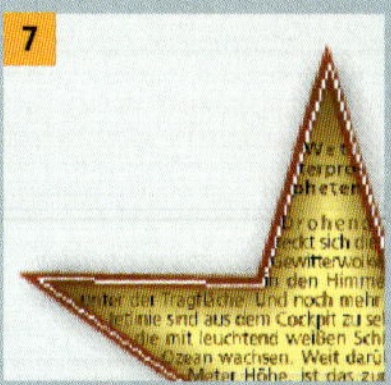
7

Transparenzen bereiten auf allen PostScript-basierten Ausgabegeräten Probleme und können dort nicht ausgegeben werden.

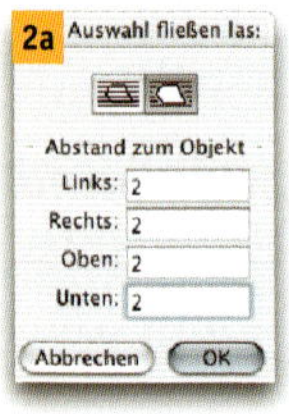

Wenn Text Grafik in Szene setzt

Es kommt vor, dass Bilder oder Grafiken in einen Text eingebaut werden und der Text dabei nicht über, unter oder auf der Grafik laufen soll, sondern um sie herum. FreeHand bietet mit der Funktion *Um Auswahl fließen lassen* eine gute Funktion hierfür. Auch Bilder machen FreeHand hier wenig Probleme. Bilder werden in dieser Funktion automatisch umflossen (vorausgesetzt, sie ist aktiviert).

Und wie läuft der Text um die Flächen herum?

FreeHand unterscheidet bei dieser Funktion zwischen dem Objekt, das oben, und dem, das unten liegt. Auf das obere Objekt ist die Funktion *Um Auswahl fließen lassen* anzuwenden. Das untere umfließt demzufolge das obere.

1 Erzeugen Sie ein Textobjekt und ein Grafikobjekt.

2 Stellen Sie das Objekt, das umflossen werden soll, mit dem Befehl *Ansicht>Anordnen>In den Vordergrund stellen* (⌘-*F*) an die oberste Stelle in der Objekthierarchie (**1**).

3 Rufen Sie nun das Dialogfeld *Text>Textfluss um Auswahl* (⌥-⌘-*W*) auf und aktivieren Sie das Symbol *Umfließen* (**2a**).

Standardmäßig ist *Nicht umfließen* eingestellt.

4 Stellen Sie den Abstand ein, in dem der Text das Objekt umfließen soll. Nach Betätigen der Schaltfläche *OK* wird die Funktion auf Text und Objekt angewandt (**2b**).

5 Möglicherweise fließt der Text noch nicht nach Ihren Vorstellungen um das Objekt. Wahrscheinlich ist noch *Blocksatz* und *Silbentrennung* einzustellen. Machen Sie hierzu die nötigen Angaben im Bedienfeld *Objekt* unter den Texteigenschaften (**3**).

6 Es können auch mehrere Objekte von einem Text umflossen werden (**4**). Somit ist die Funktion nicht eingeschränkt. Es können jederzeit weitere Objekte in diese Situation aufgenommen werden.

- Gruppierungen, Mischungen können nicht mit der Funktion *Um Auswahl fließen lassen* belegt werden. Wird es dennoch versucht, meldet FreeHand einen Fehler. Bei verbundenen Objekten gibt es keine Probleme. Wird dieser Befehl auf eine Verbindung angewendet, fließt der Text sowohl um das Objekt herum als auch in die durchsichtigen Überlagerungsbereiche (**5**).

Bilder müssen nicht allein sein

Wie schon auf der vorigen Seite erwähnt, hat FreeHand beim Umfließen von Bildern kein Problem. Der Text kann genauso wie bei Pfaden um die äußere Form des Bildes herumlaufen. Der Abstand kann ebenso frei gewählt werden.

1 Stellen Sie eine ähnliche Situation her wie im vorherigen Beispiel, jedoch mit einem importierten Bild.

2 Nun muss für das Bild im Dialogfeld *Um Auswahl fließen lassen* ein entsprechender Abstand eingestellt werden.

Der Text wird, wie bei einem gewöhnlichen Pfad, an den äußeren Kanten des Bildes herumlaufen (**6**).

- Auch hier gilt: Je besser Sie den Blocksatz und die Silbentrennung eingestellt haben, desto besser fließt der Text um das Bild (**8**).
- Soll der Text an einigen Stellen über das Bild laufen, muss zum Teil nach der Methode vorgegangen werden, die im nächsten Abschnitt erklärt wird. So können sehr schöne Farbeffekte erzeugt werden, zum Beispiel weiße Schrift auf dunklem Grund (**7**).

Variable Formen für Bilder

Wurden Bilder in Adobe Photoshop freigestellt und sollen in FreeHand von einem Text umflossen werden, stößt man auf ein Problem. Bilder sind aus Pixeln zusammengesetzt, deren Größe und Farbigkeit in Abhängigkeit zu sehen ist von Auflösung und Farbtiefe, sie unterliegen anders als Vektorgrafiken diversen Einschränkungen, was Ausdehnung und Durchsichtigkeit betrifft. Bilder besitzen zum Beispiel, anders als Vektorgrafiken, immer eine rechteckige Ausdehnung, egal, ob in Adobe Photoshop oder einem anderen Bildbearbeitungsprogramm eine Freistellung durch einen Beschneidungspfad erzeugt wurde oder nicht. Entsprechend wird sich auch der Befehl *Textfluss um Aus-*

5

6

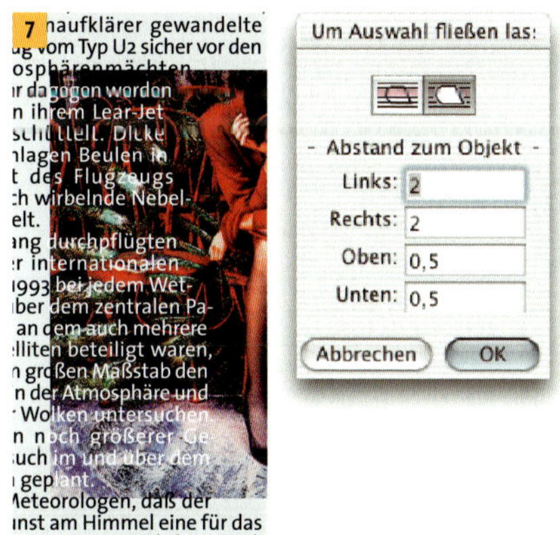

7

8

1

Wetterpropheten
Drohend reckt sich die Gewitterwolke in den Himmel unter der Tragfläche. Und noch mehr solcher sich türmenden Jetlinie sind aus dem Cockpit zu sehen - gewaltige Pilze, die mit leuchtend weißen Schirmen aus einem Ozean wachsen. Weit darüber, in 18000 Meter Höhe, ist das zum Wolkenaufklärer gewandelte Spionage Flugzeug vom Typ U2 sicher vor den geballten Atmosphärenmächten. 6000 Meter tiefer dagegen werden Meteorologen in ihrem Lear-Jet heftig durchgeschüttelt. Dicke Hagelkörner schlagen Beulen in die Außenhaut des Flugzeugs, während es durch wirbelnde Nebelschwaden taumelt.

Sechs Wochen lang durchpflügten die Flieger einer internationalen Forschertruppe 1993 bei jedem Wetter die Wolken über dem zentralen Pazifik. Das Projekt, an dem auch mehrere Schiffe und Satelliten beteiligt waren, sollte erstmals im großen Maßstab den Wasserkreislauf in der Atmosphäre und die Funktion der Wolken untersuchen. Für 1998 ist ein noch größerer Gemeinschaftsversuch im und über dem Indischen Ozean geplant. Längst wissen Meteorologen, daß der vielgestaltige Dunst am Himmel eine für das Leben unseres Planeten unverzichtbare Funktion als Klimaregulator erfüllt, ja daß er die Schaltstelle in der globalen Wärmekontrolle ist. Wolken

2a

2b

wahl an den rechteckigen Ausdehnungen der Bilder orientieren, selbst wenn nur bestimmte Teile des Bildes sichtbar sind (**1**). Um trotzdem die sichtbaren Teile des Bildes mit Text umfließen zu lassen, muss in FreeHand ein Pfad in Form der sichtbaren Pixel des Bildes erzeugt werden. Hierfür gibt es zwei Möglichkeiten.

Möglichkeit 1: Erstellen Sie mit dem Stiftwerkzeug einen entsprechenden Pfad um den Pixelbereich (**2a**). Achten Sie darauf, dass ausreichend Pfadpunkte gesetzt werden, da mit den Pfadpunkten hinterher der Verlauf des Textes um das Bild reguliert werden kann (**2b**). Achten Sie ferner darauf, dass dieser Pfad nicht ausschließlich mit Eckpunkten erzeugt wird, da mit Kurvenpunkten in vielen Situationen eine homogenere Linie erzeugt werden kann.

Möglichkeit 2: Sie können den in Adobe Photoshop erstellten Beschneidungspfad nutzen. Voraussetzung hierfür ist allerdings, dass Sie das Programm Photoshop besitzen. Starten Sie das Programm Adobe Photoshop und öffnen Sie die Bilddatei. Führen Sie den Befehl *Datei > Exportieren > Pfade Illustrator* aus und geben Sie neben dem Namen der Zieldatei auch den entsprechenden Pfad an, der exportiert werden soll. Die entstehende Datei kann anschließend in FreeHand mit dem Befehl *Datei > Öffnen* ([⌘] - *O*) direkt geöffnet werden. Der Pfad, der in dieser Datei enthalten ist, erscheint vorerst unsichtbar, da Adobe Photoshop für Pfade keine Strichfarben und -konturen vergibt (**ai/1**). Der Pfad kann jedoch sofort sichtbar gemacht werden, wenn nach Ausführen des Befehls *Bearbeiten > Auswählen > Alles* ([⌘] - *A*) für die Auswahl im Strichinspektor eine Farbe und Strichstärke vergeben wird (**ai/2**). Anschließend kann er kopiert und – nach dem Einfügen im Zieldokument – als Pfad für die Konturenführung benutzt werden.

Gehen Sie folgendermaßen vor:

1 Importieren Sie ein entsprechendes Bild mit Beschneidungspfad.

2 Platzieren Sie es am besten hinter dem Text.

3 Erstellen Sie vor dem Text nach einer der beiden zuvor beschriebenen Möglichkeiten einen Pfad (**2a + 2b**).

4 Stellen Sie für den Pfad im Dialogfeld *Um Auswahl fließen lassen* einen entsprechenden Wert für den Textabstand zum Objekt ein (**3**).

- Achten Sie darauf, dass die Situation der umflossenen Grafik oder des Bildes, nachdem es fertig ist, auf jeden Fall gruppiert wird. Tun Sie das nicht, ist die Gefahr des versehentlichen Verschiebens zu groß. Fehler rächen sich im Allgemeinen. Ist erst einmal eine Gruppierung erstellt, ist auch das Verschieben oder anderweitige Transformieren kein Problem mehr. Wird es notwendig, in die Gruppierung einzugreifen, weil Sie eventuell das umflossene Objekt verändern wollen, ist das jederzeit möglich. Durch Drücken der ⌥-Taste beim Markieren kann man so jedes Einzelobjekt einer Gruppierung markieren.

Übrigens

Pfade, die in Adobe Photoshop erstellt wurden und im Adobe-Illustrator-Format abgespeichert wurden, können auch anderweitig nützlich sein. Die mit Adobe Photoshop erstellten Dateien mit Beschneidungspfad haben einen großen Nachteil. Um sie auf einem Ausgabegerät wie einen Drucker auf Papier zu bringen, müssen diese Geräte PostScript-fähig sein. Die meisten Tintenstrahldrucker leisten das nicht, sie werden erst PostScript-fähig durch Zusatzsoft- oder -hardware. Der im Adobe-Illustrator-Format abgespeicherte Pfad ermöglicht nun, ein dazugehöriges Bild, das zum Beispiel im TIF-Format gespeichert wurde, mit diesem in FreeHand MX zu maskieren. Wurde der Pfad in Adobe Photoshop erstellt und als «**.ai**» gespeichert, ist das Prozedere folgendes:

1 Öffnen Sie die Adobe-Illustrator-Datei mit FreeHand MX. Der in Adobe Photoshop erstellte Pfad ist wie unter **Möglichkeit 2** beschrieben unsichtbar. Die dargestellten Beschnittzeichenstellen zeigen die Begrenzung des dazugehörenden Bildes an und sind so im Dokument platziert, dass die linke unter Ecke des Bildbereiches im Nullpunkt der Datei liegt (**4/5**).

2 Importieren Sie das zum Pfad gehörige Bild und platzieren Sie es über das Bedienfeld *Objekt* an der Position **x:0** und **y:0** (**6**).

3 Schneiden Sie nun das Bild aus.

4 Markieren Sie den zwischen den Schnittmarken gelegenen Pfad und wählen Sie unter *Bearbeiten > Innen einfügen* aus. Das Bild ist nun freigestellt (**7**). Der Einfügepfad kann gleichzeitig als Umfließenpfad genutzt werden.

ai/1

ai/2

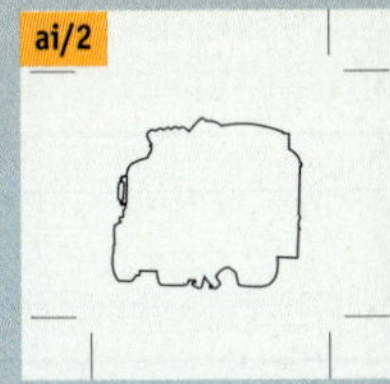

3

terpropheten
Drohend reckt sich die Gewitterwolke in den Himmel unter der Tragfläche. Und noch mehr solcher sich türmenden Jetlinie sind aus dem Cockpit zu sehen - gewaltige Pilze, die mit leuchtend weißen Schirmen aus einem Ozean wachsen. Weit darüber, in 18000 Meter Höhe, ist das zum Wolkenaufklärer gewandelte Spionage Flugzeug vom Typ U2 sicher vor den geballten Atmosphärenmächten. 6000 Meter tiefer dagegen werden Meteorologen in ihrem Lear-Jet heftig durchgeschüttelt. Dicke Hagelkörner schlagen Beulen in die Außenhaut des Flugzeugs, während es durch wirbelnde Nebelschwaden taumelt.
Sechs Wochen lang durchpflügten die Flieger einer internationalen Forschertruppe 1993 bei jedem Wetter die Wolken über dem zentralen Pazifik. Das Projekt, an dem auch mehrere Schiffe und Satelliten beteiligt waren, sollte erstmals im großen Maßstab den Wasserkreislauf in der Atmosphäre und die Funktion der Wolken untersuchen. Für 1998 ist ein noch größerer Gemeinschaftsversuch im und über dem Indischen Ozean geplant.
Längst wissen Meteorologen, daß der vielgestaltige Dunst am Himmel eine für das Leben unseres Planeten unverzichtbare Funktion als Klimaregulator erfüllt, ja daß er die Schaltstelle in der globalen Wärmekontrolle ist. Wolken transportieren Energie vom Boden in die Atmosphäre und rund um den Globus, sie erwärmen die Erde

4

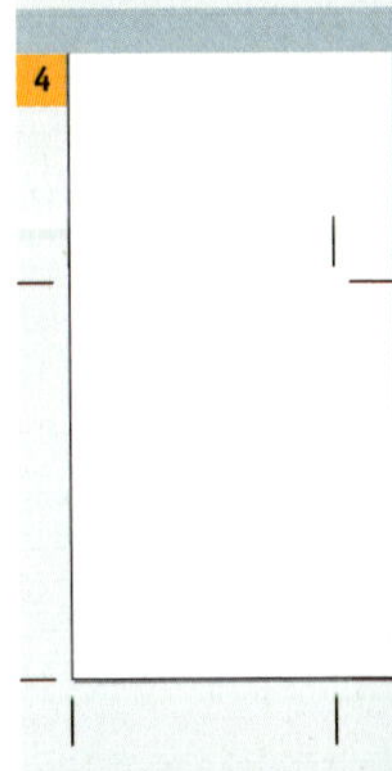

5

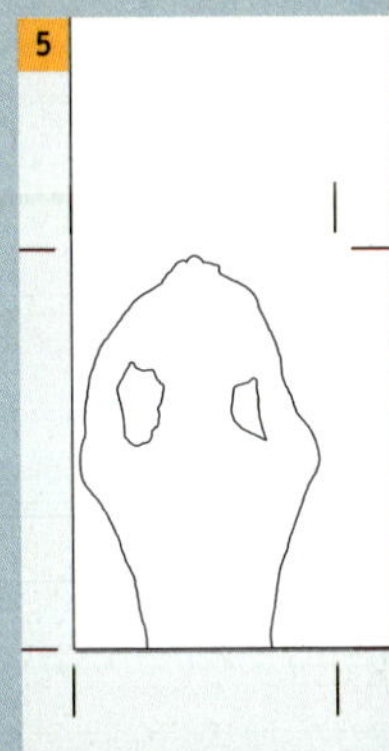

6

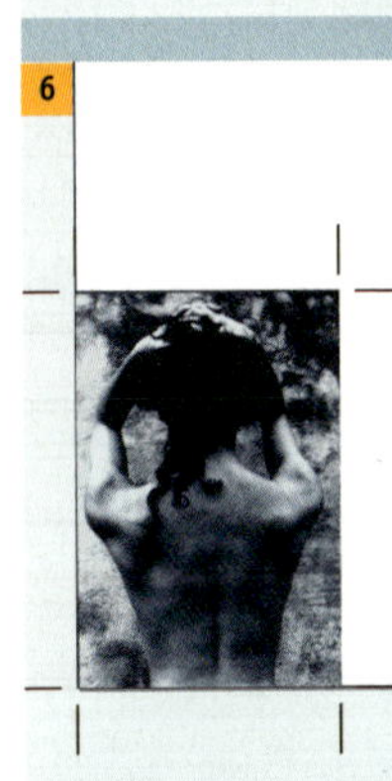

7

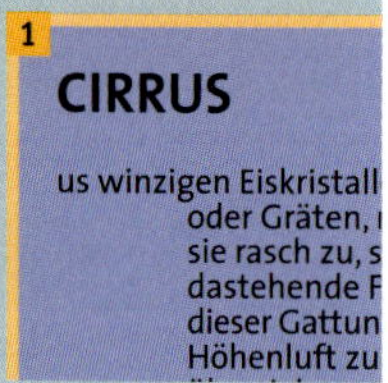

Bildverankerung im Text

Manchmal werden vor Absätzen innerhalb von Mengentexten so genannte Initiale gesetzt. Initiale sind besonders prachtvoll gestaltete oder einfach nur vergrößerte Großbuchstaben. Häufig wird hier jedoch nicht auf ein vergrößertes Zeichen zurückgegriffen, sondern es werden Bilder von möglicherweise sehr alten oder besonders schmuckvoll geformten Initialen benutzt. Bilder können jedoch nicht nur als Initialen, sondern auch als erklärende Bildinformation in den Text eingefügt werden. Das Bild oder die Grafik muss von Ihnen nicht nur einfach an einer Stelle der Illustration platziert werden, sondern direkt in den Text. Dadurch können sie, falls der Text neu umbrochen wird beziehungsweise weiterläuft, mit dem Text mitlaufen. Bilder oder Grafiken, die in einen Text eingefügt wurden, werden von FreeHand wie Text mit Sonderstatus behandelt. Sie verlieren dadurch jedoch nicht ihre Grafikeigenschaften. Wird solch eine Grafik aus dem Text wieder ausgeschnitten und in das FreeHand-Dokument eingefügt, ist es wieder eine normale Grafik. Um ein Bild oder eine Grafik in einen Text einzufügen, gehen Sie folgendermaßen vor:

1 Importieren Sie das entsprechende Bild (⌘ – *R*) oder erstellen Sie eine adäquate Grafik.

2 Schneiden Sie das Objekt aus (⌘ – *X*) oder kopieren Sie es (⌘ – *C*).

3 Platzieren Sie den Textcursor an der gewünschten Stelle des Textes (**1**).

4 Fügen Sie ein Bild oder eine Grafik aus der Zwischenablage in den Text ein (⌘ – *V*) (**2**).

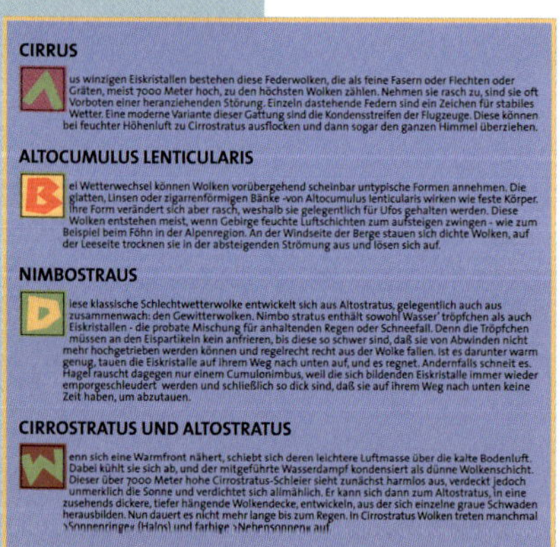

Im Texteditor werden Grafiken, die im Text eingefügt sind, als Sonderzeichen, nämlich Bullets (dicke runde Punkte), dargestellt. Diese Sonderzeichen sind nur eine bildliche Darstellung der Grafikelemente und haben mit den echten Sonderzeichen außer dem Aussehen nichts gemeinsam. Wird mit der Tastenkombination ⌥ – Ü ein Bullet erzeugt, zeigt sich im normalen Text also kein Grafikelement.

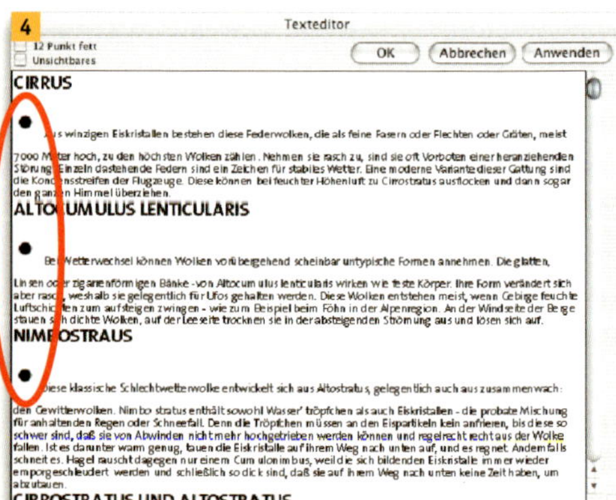

5 Wahrscheinlich sind an dem Bild- oder dem Grafikobjekt noch einige Feineinstellungen vorzunehmen. Hierzu zählen zum Beispiel Bildgröße, Grundlinienversatz und Erstzeileneinzug (**3**).

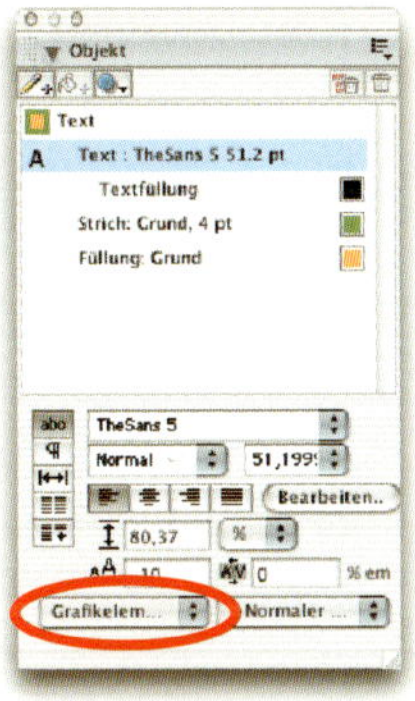

- Bildelemente oder Grafiken, die in einem Text als Grafik eingefügt wurden, werden im Bedienfeld *Objekt* unter den Textattributen (abc) als *Grafikelement* aufgeführt, wenn man sie mit dem Cursor markiert. Auch der *Texteditor* (⇧ - ⌘ - *E*) stellt diese Elemente in besonderer Weise dar. Es wird hier ein Sonderzeichen verwendet, das *Bullet* (**4**). Das *Bullet* ist ein Zeichen, das auf der normalen Tastatur mit dem Tastenkürzel ⌥ - *Ü* erzeugt wird. Das Sonderzeichen, das zur Darstellung der Grafik benutzt wird, hat jedoch mit dem normalen Schriftzeichen *Bullet* nichts zu tun, denn es dient nur als Stellvertreter. Auch ein normales Bild, zum Beispiel ein *TIF-Bild*, wird hier von FreeHand nicht anders behandelt als eine Grafik. Es wird zum Schriftzeichen, sobald das Bild in den Text eingefügt ist.

- Wie schon zuvor erwähnt, muss für den Text eventuell noch die eine oder andere Formatierung vorgenommen werden, wenn ein Grafikelement in den Text aufgenommen wurde. Zum Beispiel besitzt es im Allgemeinen einen anderen, meist größeren Zeilenabstand. Die Position zum normalen Text stimmt voraussichtlich nicht, und das Zeichen steht wahrscheinlich nicht vollständig frei, sodass ein Einzug für den Text definiert werden muss. Gehen Sie folgendermaßen vor:

1 Fügen Sie die Grafik in den Text ein und wechseln Sie in das Bedienfeld *Objekt*. Aktivieren Sie dort den Bereich *Text > Textattribute* (abc). Tragen Sie hier für den *Grundlinienversatz* (A -10) einen Wert ein.

Soll das Zeichen angehoben werden, muss der Wert positiv sein. Soll es abgesenkt werden, muss er negativ sein.

2 Der Text sollte möglicherweise einen Einzug bekommen, sodass das Bildzeichen frei steht. Wechseln Sie dazu in den Bereich *Text > Absatz* (¶). Geben Sie hier für den *linken Einzug* einen positiven Wert ein (20), zum Beispiel *plus 20*, und einen negativen für *beginnen bei* (-20), zum Beispiel *minus 20*.

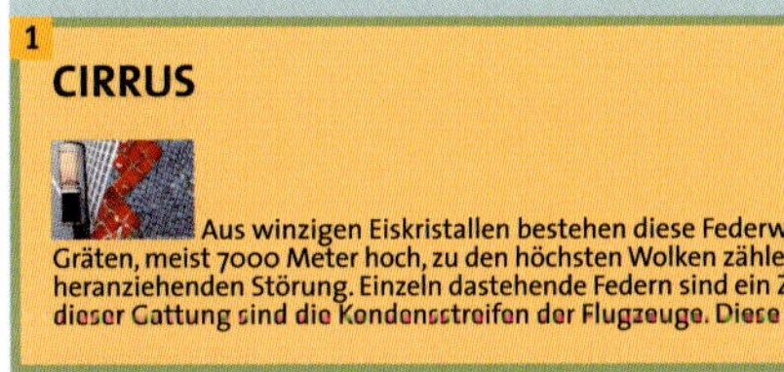

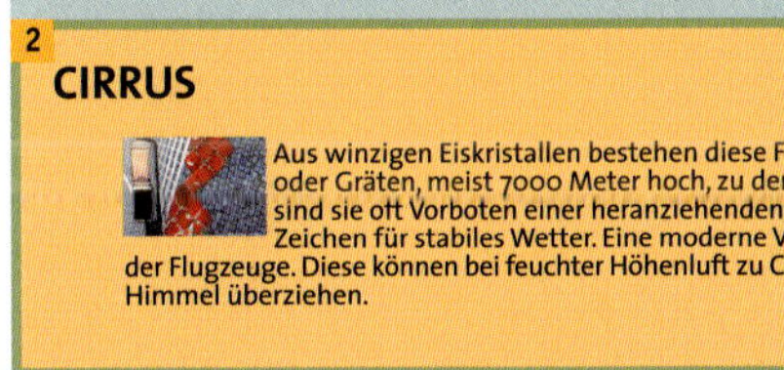

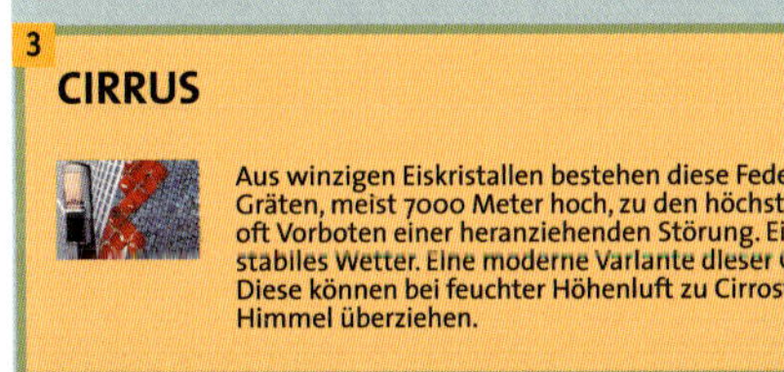

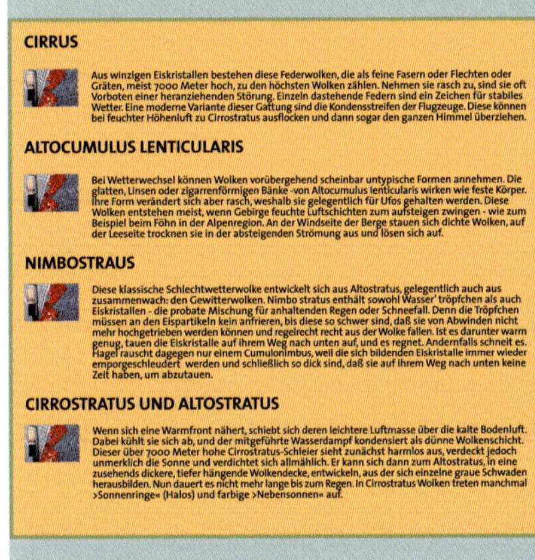

Text transformieren

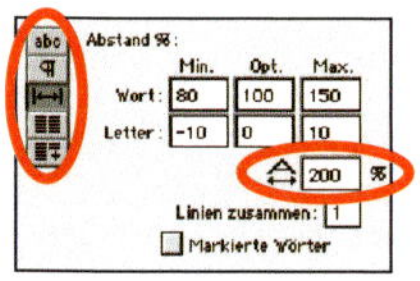

Das Transformieren von Schriftinformationen dient sicherlich nicht der Lesbarkeit der Textelemente. Trotzdem kommt es vor, dass Texte vergrößert oder verkleinert werden sollen. FreeHand stellt, wie auch andere Grafikprogramme, die Möglichkeit der Schriftgradänderung zur Verfügung. Ein zusätzliches horizontales Skalieren kann im Bedienfeld *Objekt* im *Bereich > Text > Abstand* eingestellt werden. Dann hört es aber mit den Texttransformationen auch schon auf. Mit gutem Grund. Weitere Transformationen würden warscheinlich jedem Schriftsetzer den Magen umkehren. Selbst das «In-die-Breite-» oder «In-die-Länge-Ziehen» von Texten bringt einen schon an die Grenzen des typografisch Machbaren. Trotzdem sollen hier die Möglichkeiten dieses Programms vorgestellt werden. Doch man sollte sich bewusst sein, dass man mit diesen Möglichkeiten Texte in Bereiche hineinzerrt, in denen sie nicht zu Hause sind.

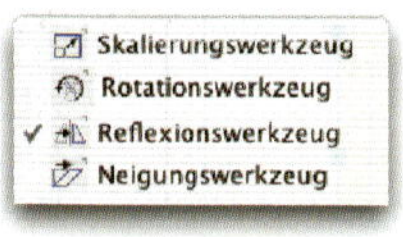

Text kann genauso wie andere Objekte mit dem Bedienfeld *Transformieren* oder den einzelnen Transformationswerkzeugen, wie *Drehen* (**1**), *Spiegeln* (**2**), *Skalieren* (**3**) und *Neigen* (**4**), transformiert werden. Die prinzipielle Handhabe der Befehlsstruktur unterscheidet sich hier nicht. Der kleine Unterschied besteht darin, dass beim Text die Transformationen wieder entfernt werden können. Sind auf einen Text ein oder mehrere Transformationsbefehle angewandt worden, entfernt der Befehl *Text > Umwandlungen entfernen* diese wieder. Textformatierungen werden hierbei nicht entfernt. Auch kann man Transformationen nicht als Text- oder Grafikformat anlegen. Sobald Text auf die eine oder andere Art transformiert wurde, steht der Befehl *Text > Umwandlungen entfernen* zur Verfügung. Nachdem die Transformationsinformation entfernt wurde, ist der Erfolg der Aktion ein normaler Textcontainer (**5**).

Typografische Veränderungen sind trotz Transformationen möglich; d. h., der Text kann jederzeit markiert und mit einem anderen typografischen Merkmal wie Schriftgröße, Schriftart und -stil versehen werden. Auch Textformatierungen sind möglich. An der Situation der Transformation wird hier nichts verän-

1

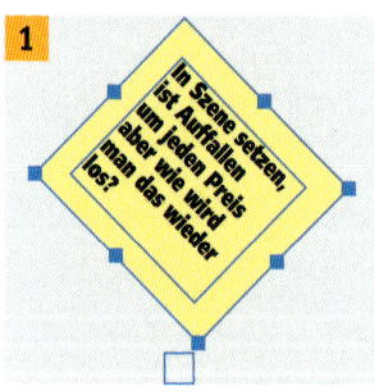

2

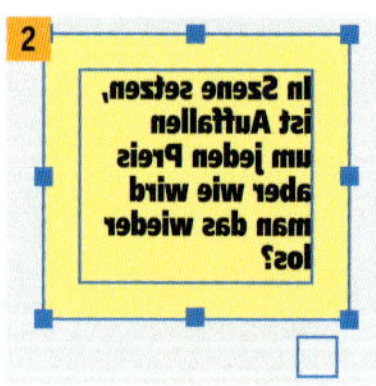

3

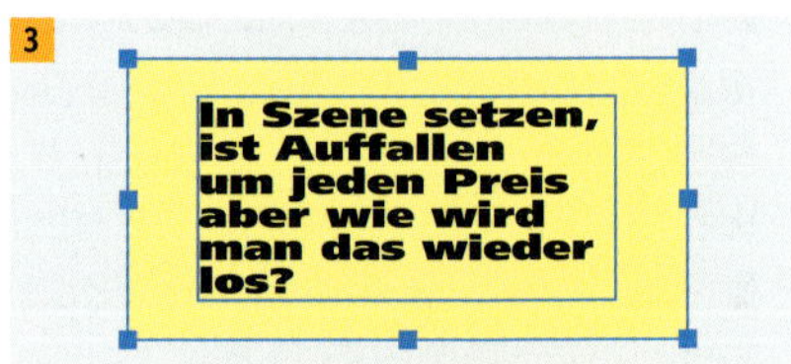

5

Befehl Text > Umwandlungen entfernen

4

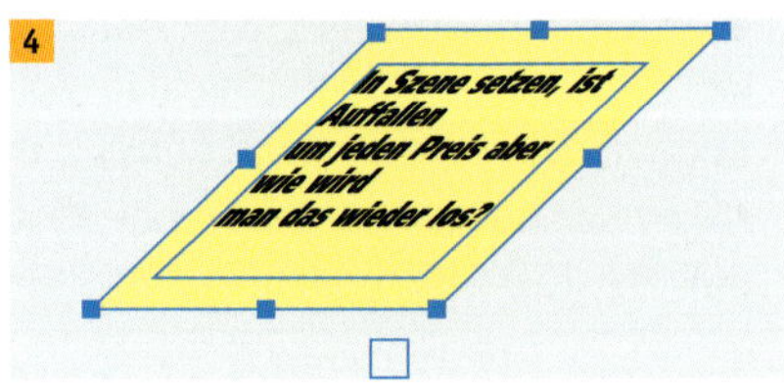

dert. Der eigentliche Inhalt wird hierbei also nicht verändert, sondern nur das Aussehen.

Text spationieren und unterschneiden

Texte werden von Haus aus nicht unbedingt optimal erstellt. Gerade Truetypeschriften, die man mittlerweile zuhauf aus dem Internet bekommen kann, besitzen einen relativ schlechten Zeichenausgleich; d. h., einzelne Zeichen stehen in Bezug zu anderen mehr oder weniger «*zu weit*» entfernt oder «*zu nah*» aneinander. Eine klassische Situation stellen die Zeichen *T* und *e* dar. Das Zeichen *T* besitzt hierbei einen sehr starken Überhang, und das *e* ist, da es einen Kleinbuchstaben darstellt, dem mit seiner Masse nicht gewachsen. Um einen optisch ausgewogenen Abstand der Zeichen zu erreichen, müssen diese Zeichen manuell zueinander gebracht werden. Dieser Vorgang wird als *Zeichenausgleich* oder auch *Unterschneidung* bezeichnet. Werden nicht nur einzelne Zeichen zueinander gebracht, sondern eine Gruppe von Zeichen, dann wird dieser Vorgang als *Spationieren* oder *Bereichsunterschneidung* bezeichnet. Die Maßeinheit, mit der FreeHand diesen Vorgang verwaltet, heißt «*em*» (*Geviert*). Es können Werte von plus 1000 bis minus 1000 Prozent *em* eingegeben werden. 100 Prozent entsprechen hierbei einem *em*. Höhere Werte als plus 30 oder minus 30 Prozent *em* kommen in der Praxis nicht vor, beziehungsweise sie entsprechen irregulären Schriftwerten. Höhere Werte werden – wenn überhaupt – nur für Effekte benutzt, wie zum Beispiel das Ineinanderfügen von Zeichen (**9**).

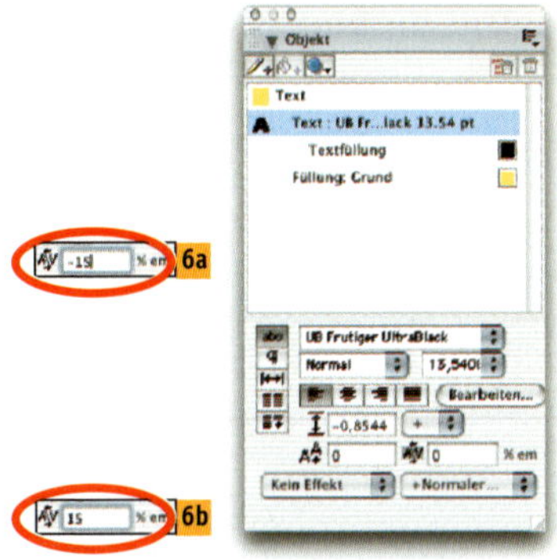

***em**: Ein **em** ist eine Maßeinheit, die auf einem Geviert basiert. **100 Prozent em** entsprechen einem Geviert. Traditionell entspricht ein Geviert der Kegelhöhe einer Schrift, also dem Schriftgrad. Wenn eine Schrift zum Beispiel 10 Punkt breit ist, entsprechen **100 Prozent em** 10 Punkt.*

Gehen Sie folgendermaßen vor:

1 Stellen Sie den Textcursor zwischen die beiden zu unterschneidenden Zeichen (**7**).

2 Öffnen Sie das Bedienfeld *Objekt* und geben Sie im Bereich *Text > Textattribute* im Eingabefeld *Unterschneidung* einen negativen Wert ein (**6a**) und bestätigen Sie mit einem Return (⏎). Die Zeichen werden näher zueinander kommen (**8**).

10

Es handelt sich um eine Bereichsunterschneidung, wenn das Symbol vor dem Eingabefeld dunkel hinterlegt ist.

1

2

3

4

5

Geben Sie statt eines negativen einen positiven Wert ein (**vorherige Seite 6b**), werden die Zeichen weiter auseinander rücken (**10**).

Bereichsunterschneidung

Sollen nicht einzelne Zeichen aneinander gerückt werden, sondern ganze Wörter, handelt es sich nicht um eine *Unterschneidung*, sondern eine *Bereichsunterschneidung* (*Spationierung*), und es muss folgendermaßen vorgegangen werden:

1 Markieren Sie den gesamten Bereich, den Sie unterschneiden wollen (**1**).

2 Öffnen Sie das Bedienfeld *Objekt* und geben Sie im Bereich *Text > Textattribute* im Eingabefeld *Bereichsunterschneidung* einen positiven Wert ein (**2**) und bestätigen Sie mit einem Return (↵).

Alle Zeichen werden stärker auseinander gerückt (**3**).

- Geben Sie stattdessen einen negativen Wert ein (**4**), werden alle Zeichen enger zusammengerückt (**5**).

Textstile definieren

Sollen mehrere der zuvor genannten Textmerkmale gemeinschaftlich auf einen Text angewandt werden, bietet FreeHand MX mit den Formaten eine ähnliche Möglichkeit wie QuarkXPress mit den Stilvorlagen oder Adobe InDesign mit den Absatz- und Zeichenformaten. Die Stile können Textformatierungen wie Unterschneidungen, Einzüge, Ausrichtungen und natürlich auch Schriftart, -stil und -größe gesammelt definieren. Nachdem ein Format definiert wurde, kann es anschließend sehr schnell auf beliebige Texte angewendet werden. Ein Nachteil der Formate besteht darin, dass sie ausschließlich absatzorientiert arbeiten. Wurde von Ihnen im Text eine Zeile jeweils mit einem Return umbrochen, haben Sie damit auch immer einen neuen Absatz definiert. Per Definition ist ein Absatz nämlich der Bereich eines Textes, der von einem Return zum nächsten geht.

- Es gibt in FreeHand MX keine Möglichkeit, zeichenorientierte Formate zu definieren. Wenn Sie in FreeHand MX einzelne Zeichen oder Wörter typografisch verändern wollen, muss das manuell geschehen.

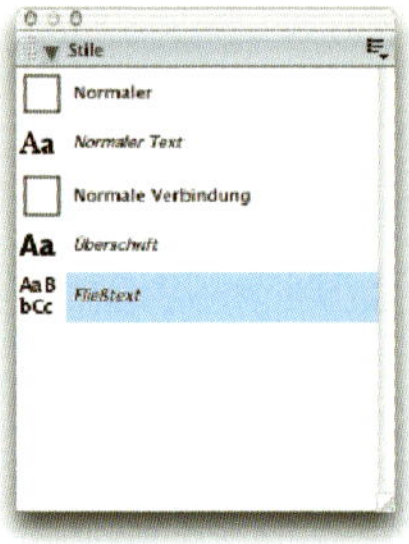

Trotzdem stellen die Formate eine grandiose Möglichkeit dar, schnell und einfach Texte zu verändern. Alle Texte, auf die ein Format angewendet wurde, können durch Ändern des Formates automatisch umgestaltet werden.

Gehen Sie folgendermaßen vor, um ein Textformat zu definieren:

1 Erstellen Sie mit dem Textwerkzeug einen Text oder importieren Sie Text mit dem Befehl [⌘] - *R* (*Datei > Importieren*).

2 Formatieren Sie einen Absatz des Textes in der Art, die Sie sich vorgestellt haben. Durch die manuelle Vorgehensweise können Sie recht schnell Änderungen anbringen.

3 Achten Sie darauf, dass die Texteinfügemarke anschließend im formatierten Text platziert ist.

4 Öffnen Sie nun das Bedienfeld *Stile* unter *Fenster > Stile*.

5 Klappen Sie das Pop-up-Menü *Optionen* auf, das im oberen Teil des Bedienfeldes existiert, es besteht aus einem kleinen schwarzen Pfeil, neben dem etwas geschrieben steht. Legen Sie mit dem Befehl *Neu* einen neuen *Stil* an. FreeHand MX erkennt selbständig, dass es sich um einen Textstil und nicht um einen Grafikstil handelt. Der neue Textstil heißt vorerst *Stil-1* (die Zahl wird mit jedem weiteren Format größer).

6 Machen Sie nun einen Doppelklick auf den neuen Stil. Sie können dem Stil nun einen beliebigen Namen geben. Wählen Sie anschließend im selben Pop-up-Menü den Befehl *Stilverhalten…* für der neue *Stil* aus, lässt sich der Stil verändern. Das Dialogfeld *Stile bearbeiten* öffnet sich und lässt nun Einstellungen zu. Nach Verlassen des Dialogfeldes mit *OK* werden die Einstellungen automatisch auf den Text, in dem die Einfügemarke platziert wurde, angewandt bzw. auf alle Textpassagen, denen zuvor der Stil zugewiesen wurde.

Auch andere Textpassagen können nun sofort mit diesem Format verändert werden. Markieren Sie den Text hierzu oder platzieren Sie die Texteinfügemarke und klicken Sie anschließend im Bedienfeld *Stile* mit der Maus auf das entsprechende Format.

Text im Internet nutzen

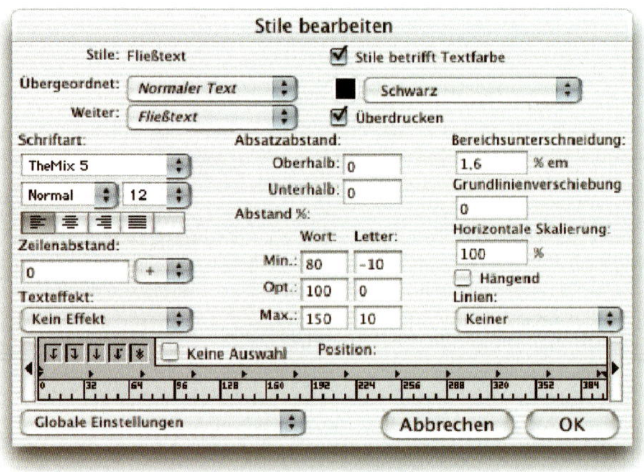

All diese Möglichkeiten, mit Text umzugehen, bieten immense Möglichkeiten der Gestaltung. Diese Gestaltungsmöglichkeiten stoßen jedoch an ihre Grenzen, wenn mit Pixeln gearbeitet werden soll. Typografische Informationen sind in erster Linie Vektorinformationen, die auf der Seitenbeschreibungssprache PostScript basieren. Somit haben diese Informationen mit den Pixeln, die das Internet verbreiten kann, kaum etwas zu tun. Internetbrowser stellen Text in der Regel mit so genannten Standardschriften dar. Fordert man den Browser auf, besondere Textformatierungen anzuzeigen, wird er das nicht tun, weil er sie nicht kennt.

- Es existieren in den Programmiersprachen, die zur Bildung von Internetinformationen zuständig sind, mittlerweile so genannte Stylesheets, die auch «normale Formatierungen» erzeugen können. Dennoch stoßen auch die Stylesheets an ihre Grenzen, wenn die in den vorherigen Abschnitten dargestellten Effekte gezeigt beziehungsweise in eine Homepage eingefügt werden sollen. Die einzige Möglichkeit, solche Informationen für das Internet aufzubereiten, damit sie am Monitor angezeigt werden können, ist, hiervon Pixelbilder zu erzeugen. Dazu blättern Sie im Buch bitte weiter zum Kapitel Web-Grafiken.

  Eine weitere Möglichkeit, Schriften im Internet anzuzeigen, die nicht mit Stylesheets generierbar sind, stellt das Programm Macromedia Flash dar. Flash ist ein vektororientiertes Programm, das Animationssequenzen für das Internet oder Intranet erzeugen kann. Diese basieren, ähnlich den Vektoren in FreeHand MX, auf Pfaden.
- Auch Schriften bestehen eigentlich aus Pfaden, sie sind einfach nur etwas anders verpackt. Der PostScript-Code verhindert es, in diese Pfadinformation direkt einzugreifen.

  Das Erzeugen von Flashanimationen stellt jedoch ein Problem dar. Browser, die die Flashanimationen anzeigen sollen, müssen mit einem so genannten Plug-in erweitert werden, Shockwave Flash. Nur mit dieser Erweiterung ist es möglich, die zuvor beschriebenen Flashdaten zu nutzen. Aber auch Flash wird bei der einen oder anderen Texteffektsituation an seine Grenzen stoßen, und somit sind Sie wieder bei der Pixelbilderzeugung gelandet. Internetrelevante Pixelbild-Formate sind GIF-Dateien und JPEG-Dateien. Im Kapitel Web-Grafiken wird ausführlich darüber geredet.

Zeichnen oder nachzeichnen lassen

Scans als Vorlagen

Signet nachbauen

Handarbeit überzeugt mit Qualität

Die Nachzeichenfunktion

Lässt sich mit der Automatik Arbeit sparen?

Effekte mit der Nachzeichenfunktion

Einmal Pixel und zurück

Pixelgrafik vektorisieren

In der täglichen Praxis werden Sie oft vor der Aufgabe stehen, Pixelgrafiken zu vektorisieren: Sie erhalten Prospekt und Briefpapier, die originalen Druckvorlagen sind jedoch verschollen. – Es werden oft Signets großer Firmen und Marken benötigt, die als Sponsoren auftreten und in Anzeigen und auf Plakaten ihr Signet sehen wollen. Deren Grafikabteilung ist gerade nicht erreichbar. – Auf Verpackungen werden vorgeschriebene Symbole und Piktogramme eingesetzt (denken Sie an Warn- und Recyclinghinweise).

Für Illustrationen bilden gescannte Handzeichnungen ebenfalls gute Ausgangspunkte.

Zunächst sollten Sie Überlegungen zu Aufwand und Nutzen anstellen. In vielen Fällen genügen Scans in guter Qualität (deren Auflösung Sie aus der Rasterweite des geplanten Drucks und erforderlichen Skalierungen berechnen).

Für exakte Grafiken und die damit verbundene Arbeit sprechen folgende Punkte:

- Sie werden die Illustration mehrfach einsetzen.
- Sie soll eine optimale Qualität aufweisen.
- Das Druckergebnis soll in verbindlichen Farben erscheinen.
- Sie soll ohne Qualitätsverlust beliebig skalierbar sein.

Signets bekannter Firmen sind als Vektorgrafiken handelsüblich. Fragen Sie Ihren Software-Händler, bei dem Sie auch Schriftfonts bekommen. Finanzieller Einsatz kann sich lohnen, wenn Sie Ihre Arbeitszeit für die Vektorisierung kalkulieren.

Es gibt spezielle Software, die auf das Nachzeichnen von Pixelbildern spezialisiert ist. Dort finden Sie aufwendigere Einstellungen und mehr Parameter. – Eine verbreitete Anwendung ist das Programm Streamline der Firma Adobe.

FreeHand bietet eine Vektorisierungsfunktion an. Diese erzeugt Zeichenwege mit vielen Punkten, sodass hierbei meist mehr Arbeit anfällt als beim Nachbau mit den Zeichenfunktionen des Programms.

Es kann trotzdem lohnend sein, sich etwas ausführlicher mit dieser Funktion zu befassen. Für illustrative Zwecke lassen sich durchaus reizvolle Ergebnisse erzielen. Dabei bietet der Einstellungsdialog gute Möglichkeiten, die Resultate zu optimieren. Auch zum Aufrauen meist starr anmutender Vektorgeometrien lässt sich die Funktion gut einsetzen.

Vorlagen scannen

Brauchbare Scans sollten für diese Aufgabe optimiert werden. Das kann mehrere Probescans oder einige Handgriffe in der Bildbearbeitung erfordern.
Zunächst sollten Sie Auflösungen wählen, die Ihr Scanner ohne Interpolation leistet (optische oder physikalische Auflösung). Sie beträgt bei preiswerten Flachbettscannern meist 300 oder 600 Bildpunkte pro Zoll.
Für Signets lesen Sie die Vorlage kontrastreich mit Graustufen oder als Strichzeichnung ein. In Graustufenbildern lassen sich Konturen meist besser erahnen als in Strichvorlagen, deren Ränder durch den extremen Kontrast gezackt sind (obere Abbildungen).
In farbigen Darstellungen ist der Kontrast oft geringer. Die Farben der Grafik werden ohnehin im Programm definiert. Außerdem lässt es sich auf grauen Vorlagen besser mit farbigen Linien arbeiten (Mitte).
Für den Einsatz als Illustration sind farbige Scans natürlich sinnvoll. Die *Nachzeichnen*-Funktion erstellt daraus farbige Zeichenwege (unten).

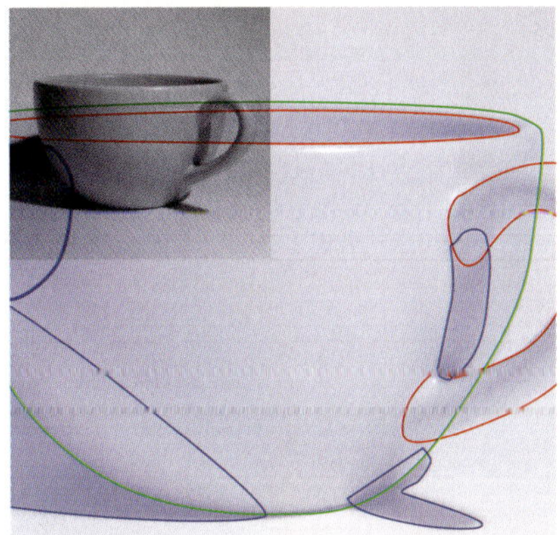

Nachzeichnen

Bei geometrischen Formen wie Piktogrammen und Signets ist Nachbauen mit den Zeichenwerkzeugen kaum zu umgehen, wenn Scans qualitativ ungenügend sind. Die *Nachzeichnen*-Funktion des Programms ist zu ungenau und erfordert zu viel Nacharbeit.

- Legen Sie die gescannte Vorlage auf die Hintergrundebene, um diese abgedimmt zu sehen. Für die Arbeit auf Vordergrundebenen kann die Verringerung des Kontrastes in der Bildbearbeitung hilfreich sein (in FreeHand: Auflegen einer weißen Fläche mit transparenter Linsenfüllung).
- Arbeiten Sie mit farbigen Linien auf grauen Vorlagen. Für die Arbeit mit farbigen Kontrasten tönen Sie das Bild (Ziehen einer Farbmarke auf die Vorlage).
- Sperren Sie die Bildvorlage gegen Verschiebungen. Besser sperren Sie gleich die Vorlagenebene, dann ist der Scan erst gar nicht markierbar. – Bei nicht gesperrten Objekten: FreeHand kann Objekte auf bereits markierten Flächen nicht aktivieren. Da ist die Tabulator-Taste hilfreich (*Aufheben aller Markierungen*).

Ein Signet nachbauen

- Importieren Sie die gescannte Vorlage auf die Hintergrundebene und fixieren Sie diese in der Ebenenpalette.
- Wählen Sie Linien- und Füllungsformate in der Voreinstellung des Programms, um nicht jeden neu entstehenden Pfad einstellen zu müssen: Heben Sie alle Markierungen durch Klicken auf eine freie Stelle oder Drücken der Tabulator-Taste auf. Stellen Sie nun im Bedienfeld *Objekt* den Linientyp *Grund*, die Breite *Haarlinie* und die Farbe *Rot* ein. Löschen Sie eventuelle Flächenattribute.
- Bei der Arbeit mit der Zeichenfeder sollten Sie in geschlossenen Pfaden «denken», um das Zusammenstückeln kurzer Pfade zu vermeiden. Legen Sie komplette Pfade an, wobei die Ankerpunkte noch nicht korrekt sein müssen. Sie werden anschließend korrigiert.
- Wenn Grafiken aus geometrischen Formen bestehen, bauen Sie diese auch aus geometrischen Elementen auf. Diese verschmelzen Sie mit dem *Einheit*-Befehl. Innenflächen konstruieren Sie als Objekte und vereinigen sie mit der Gesamtform (*Öffnung* oder *Verbinden*).

A Die Zeichen können aus Flächen entstehen (*Vereinigen*).

B Linien in der Mitte können ebenfalls in Flächen gewandelt werden. – Dieser Weg wird beschritten.

1 Linien erhalten die erforderliche Stärke. Ist sie gefunden, kann mit ihr gearbeitet werden (leichter auf der Vorlage positionierbar als dünne Mittellinien). Das Beispiel ist jedoch mit schmalen Linien leichter erkennbar.

2 Die Linien erhalten runde Enden (Bedienfeld *Objekt*).

3 Der Halbbogen entsteht aus einem Kreis (im linken und rechten Punkt trennen).

4 Geschobene Endpunkte passen den Bogen der Vorlage an.

5 Der Bogen wird gespiegelt (mit Kopie). Beide Teile verbinden und den Zeichenweg schließen.

6 Kopien der Buchstaben L und O werden exakt waagerecht verschoben (Hilfslinie nutzen oder mit ⇧-Taste bewegen) linksbündig ausgerichtet (*Bedienfeld Ausrichten*).

7 Der Buchstabe O wird an beliebiger Stelle getrennt.

8 Die Endpunkte werden nach oben bewegt. – Die Pfade erhalten ihre Breite und Endungen. Mit der Xtra-Funktion *Strich erweitern* entstehen Flächen. Kombinierte Zeichen werden vereinigt.

Auch hier werden Grundformen genutzt. Die Kreise für den zweiten runden Buchstaben entstehen durch Klonen, um wirklich gleiche Größen und Stärken zu erhalten.

1 Wählen Sie zunächst das Oval-Werkzeug und zeichnen Sie den linken Buchstaben nach. Dazu setzen Sie das Werkzeug im Schnittpunkt der gedachten Begrenzungen links und oben an. Nun ziehen Sie bei gedrückter [⇧]-Taste den Kreis. Falls die Schätzung des Mittelpunktes leichter fällt, setzen Sie in der Mitte an und ziehen den Kreis bei gedrückten [⇧]- und [⌥]-Tasten.

2 Den Innenkreis können Sie ebenfalls mit dem Werkzeug zeichnen und zentrieren. Einfacher ist die Skalierung eines Duplikats um den Mittelpunkt: Klonen und Ziehen eines Eckanfassers bei gedrückter [⌥]-Taste. (Im Beispiel hat der rechte Buchstabe ähnliche Formen, sodass er aus einem Duplikat des Rings entstehen kann.)

3 Heben Sie die Gruppierung der Kreise auf und markieren Sie die oberen und rechten Punkte. Nach der Teilung löschen Sie die Viertelbögen.

4 Verbinden Sie beide Teile.

5 Schließen Sie die Form (*Geschlossen*-Option des Bedienfeldes *Objekt*).

Der Ring des Signets ist weniger als ein Viertel geöffnet. An dieser Stelle bietet sich folgende Möglichkeit:

6 Den Ring und ein Duplikat (*Klonen*) drehen Sie um den gleichen Winkel links- und rechtsherum. Wegen der Öffnung befinden sich die Markierungszentren nicht auf den Kreiszentren. Die Ringe haben sich durch die Drehung entfernt. Richten Sie beide mit dem Bedienfeld *Ausrichten* aus. Wählen Sie die Option *Zentriert*, damit sich die Objekte in der Mitte entgegenkommen. Andernfalls liegen Sie nicht mehr auf der Höhe des geklonten rechten Objektes.

Wahrscheinlich finden Sie folgende Methode eleganter:

A Erstellen Sie eine Linie. Ein Ankerpunkt bekommt die Koordinaten des Kreismittelpunktes.

B Der zweite Linienpunkt bekommt die gleiche y-Koordinate, damit die Linie waagerecht ist.

C Er wird geklont und um die Mitte gedreht. Der andere Endpunkt dreht sich im Gegensinn um den Mittelpunkt. Schließen Sie die Form und öffnen Sie damit die Kreise.

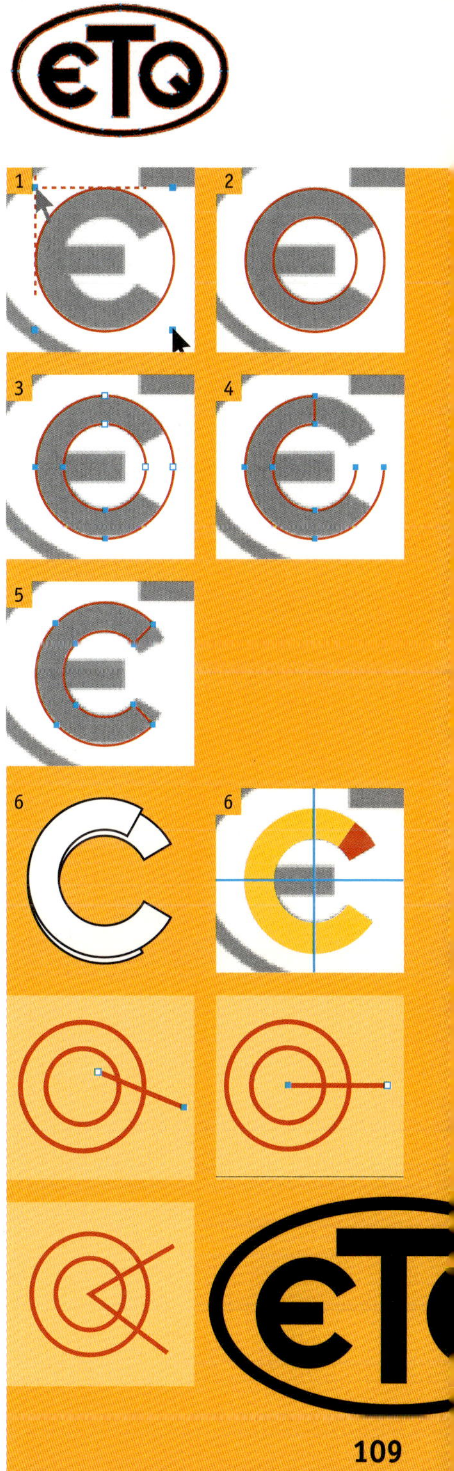

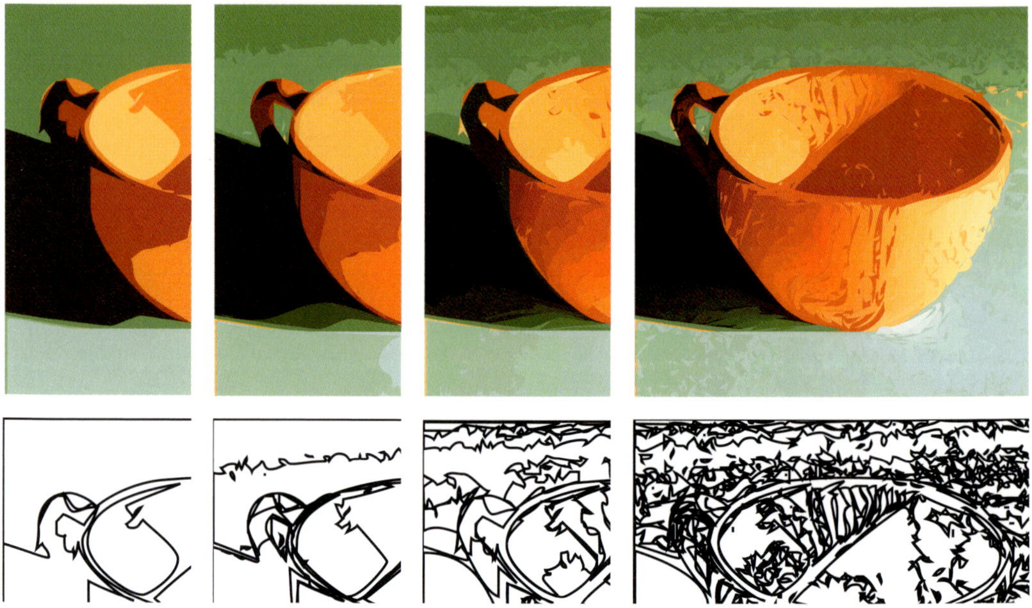

Die wichtigste Einstellung des *Nachzeichnen*-Werkzeugs betrifft die Farbanzahl. Sie bestimmt die Menge der erkannten Zeichenwege mit – einen pro Farbe; Vektorentechnik eben.

Die farbigen Abbildungen sind mit 8, 16, 32 und 168 Farben nachgezeichnet worden. Alle anderen Einstellungen blieben unverändert. Die Zeichenwege entstehen gefüllt, ohne Linie.

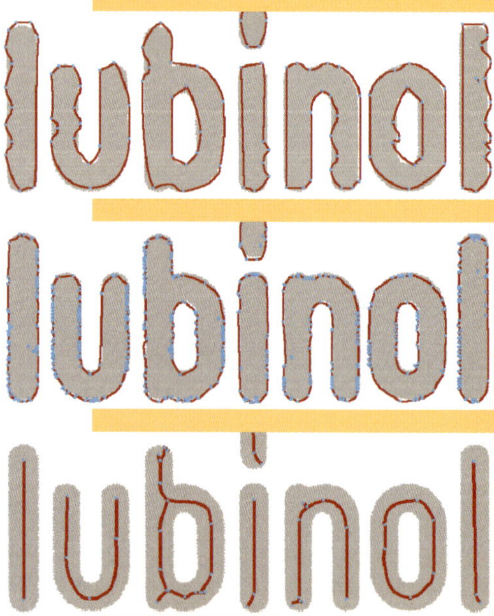

Die *Nachzeichnen*-Genauigkeit bestimmt die Zahl der Punkte, aus denen sich die Zeichenwege zusammensetzen. Die *Konformität* verschiebt die Balance zwischen größerer Abweichung (was grafische Reize bieten kann) und mehr Punkten (deutlich erschwerte Nachbearbeitung).
Die oberen Ergebnisse sind mit der Methode *Kontur* entstanden. Darunter wurde die *Mittellinie* gesucht, die für derart konstruierte Grafik mit konstanter Flächenbreite gute Ausgangspunkte bilden kann (siehe vorige Seiten). Allerdings lässt die Genauigkeit zu wünschen übrig; für konstruktive Vorlagen ist die *Nachzeichnen*-Funktion nicht einsetzbar.

Gescannte Skizzen lassen sich gut mit der Mittellinien-Methode nachziehen. Dazu sollten die Scans starke Kontraste aufweisen und in den Strichen nicht zu gekörnt sein (Tonwertkorrektur in der Bildbearbeitung).

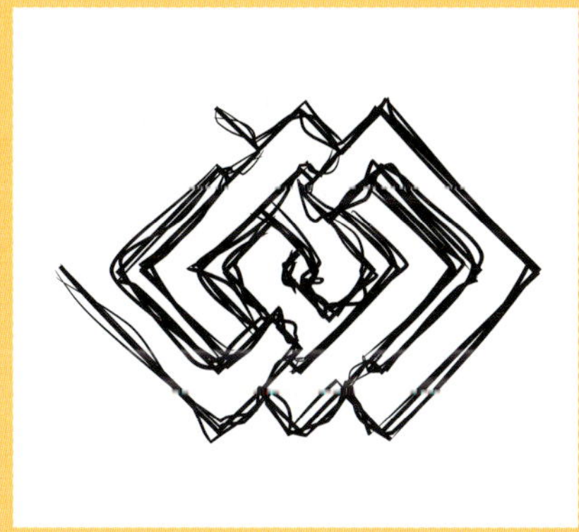

Die Vektorgrafik sollte lebendiger wirken. Dazu wurde der Weg in umgekehrter Richtung beschritten: Die Grafik wurde in ein Pixelbild gewandelt *(Modifizieren > In Bild konvertieren)*. Das wurde nachgezeichnet. Die Pfade erhielten den Stil *Entwurf*, aus dem der grafisch ohnehin fragwürdige *Weichzeichnen*-Effekt entfernt wurde (wie alle Pixel-Effekte erzeugt er Transparenz, die im EPS-Format Probleme verursacht).
Die farbige Darstellung entstand mit der Methode *Mittellinie/Kontur*. Die Umrisse sind wie mit Markern skizziert; die einfarbigen Füllungen dagegen wirken noch starr.

Auch hier wurden die Pfade in ein Pixelbild gewandelt, das dann nachgezeichnet wurde.

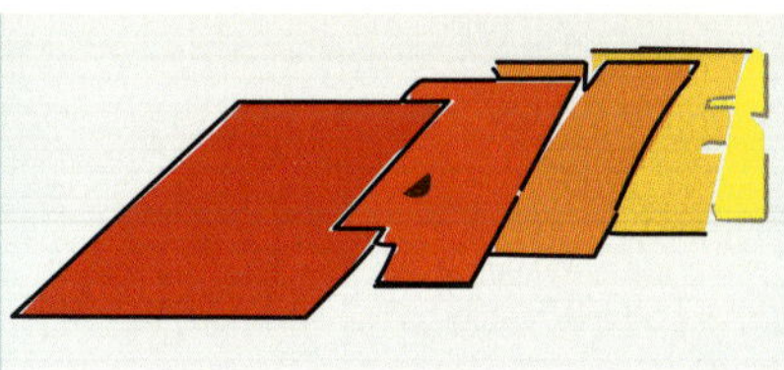

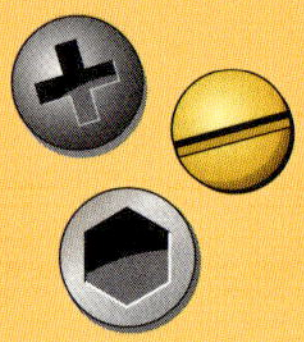

SONY

Freehand

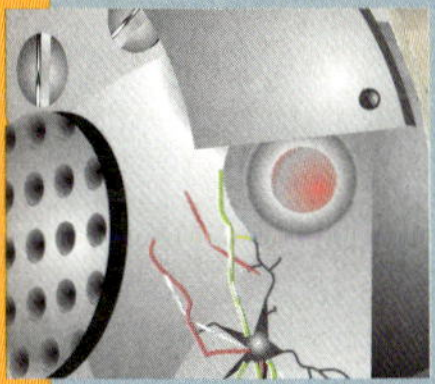

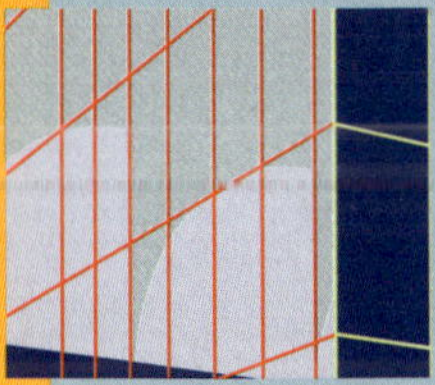

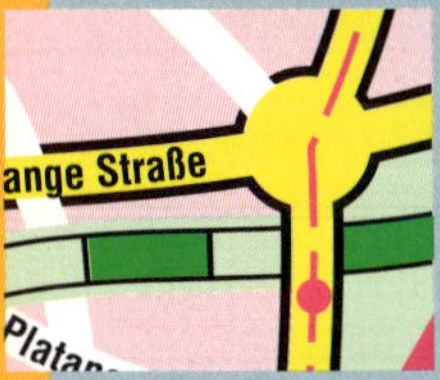

Arbeitsbeispiele

Methoden wirkungsvoller Gestaltung

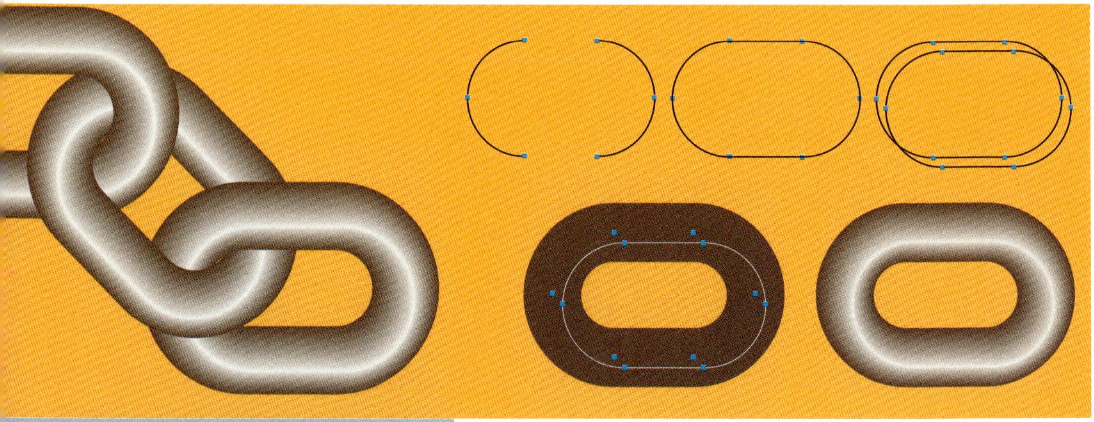

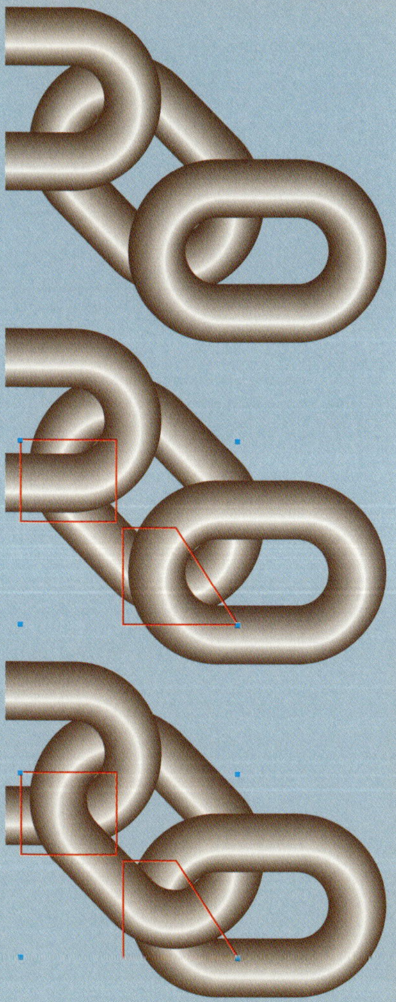

3D-*Fälschung!*

FreeHand arbeitet flächenorientiert. Deshalb können sich Objekte nicht gleichzeitig vorne und hinten befinden, wie zum Beispiel sich durchdringende Kettenglieder. Darstellbar sind sie trotzdem: Als lineare Grundform werden zwei versetzte Kreishälften *verbunden* und *geschlossen*. Der entstandene Pfad wird *dupliziert*, der hintere dunkel mit großer Linienstärke, der vordere hell und mager eingestellt. Über eine *Mischung* entsteht das metallische Kettenglied, das mit zwei Kopien der Abbildung entsprechend angeordnet wird. Jetzt folgt der eigentliche «3D-Trick» (der auch auf den abgebildeten «Würfel» übertragbar ist): Das hinten liegende Objekt muss in bestimmten *Ausschnitten* vorne liegend erscheinen. Es wird zunächst in die *Zwischenablage kopiert*. Die *Ausschnitte* werden als *Pfade* angelegt. Zum Abschluss müssen nur die Kopie aus der Zwischenablage *innen eingefügt* und die Linien der *Ausschnitte* gelöscht werden.

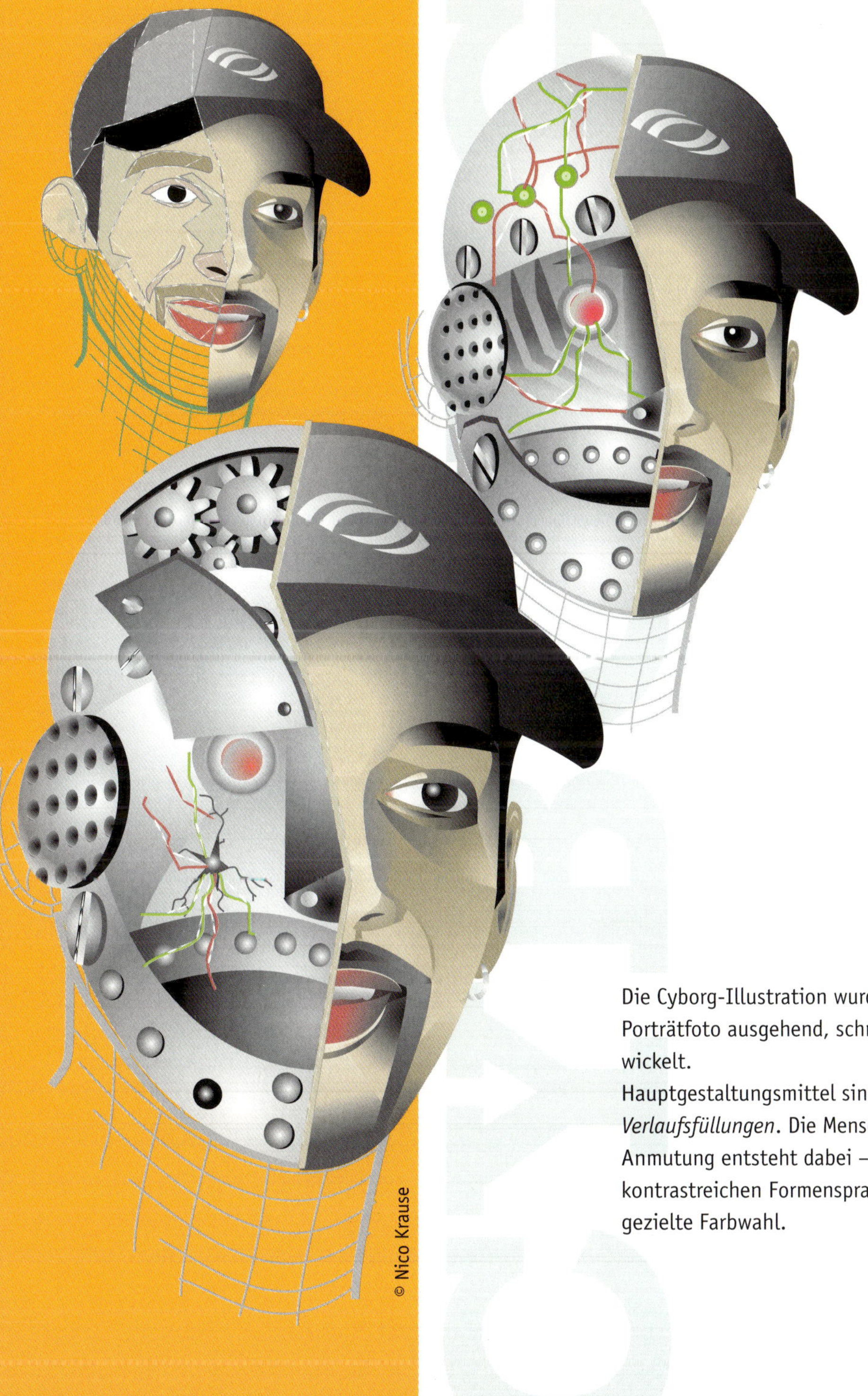

Die Cyborg-Illustration wurde, von einem Porträtfoto ausgehend, schrittweise entwickelt.
Hauptgestaltungsmittel sind mehrstufige *Verlaufsfüllungen*. Die Mensch-Maschine-Anmutung entsteht dabei – neben der kontrastreichen Formensprache – durch gezielte Farbwahl.

Proben aus dem Vektorlabor

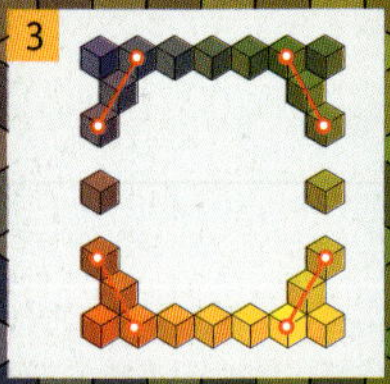

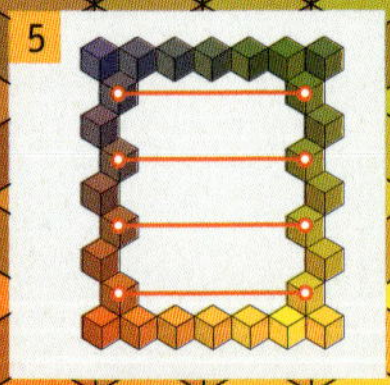

FreeHand erzeugt Zwischenfarben für Mischungsobjekte. Das können Sie zur Definition von Verlaufsfarben nutzen: Weisen Sie zwei Objekten die Endfarben zu und mischen Sie diese. Stellen Sie im Bedienfeld Objekt die Zahl der Stufen auf die benötigten Zwischenfarben. Wählen Sie nun den Befehl Xtras > Farben > Alle Farben definieren. Löschen Sie die Objekte.

Die Elemente (einfarbige Füllung, kein Verlauf) sind verschieden, sodass die Kachelfüllung nicht in Betracht kommt. Die Farben der vier Ausgangsobjekte wurden zugewiesen. Alle weiteren Farben sind durch Mischungen entstanden.

A Gehen Sie von vier Objekten mit je drei Vierecken aus. Erstellen Sie dazu ein Objekt (siehe Kapitel *Geometrisches Arbeiten*) und bewegen Sie Duplikate um ein Vielfaches der Breite und Höhe. In der Höhe versetzen Sie das Objekt um das Zwölffache der Kantenlänge, in der Breite multiplizieren Sie die Kantenlänge mit 10,3926 (trigonometrische Verkürzung). Durch diese Verkürzung entstehen Ungenauigkeiten, die mit schwarzen Umrissen kaschiert werden, um Lücken zwischen den Farbflächen zu vermeiden. – Möchten Sie keine sichtbaren Umrisse haben, weisen Sie ihnen die Farbe der Füllung zu. – Bestimmen Sie andere Farben für die Duplikate und gruppieren Sie die Würfel jeweils (ist für die Mischungen notwendig).

1 Mischungen mit fünf Stufen erstellen die waagerechten Zwischenobjekte.

2 Dreistufige Mischungen erzeugen senkrechte Objekte.

3 Einstufige Mischungen über Eck legen die Zwischenebenen an.

4 Zwei Stufen zwischen den inneren Objekten schließen die Lücken.

5 Zwischen den inneren Objekten fehlen vier Stufen.

6 Die Zwischenzeilen füllen Sie fünfstufig.

Gruppieren Sie alle Objekte und spiegeln Sie die Gruppe als Kopie (Bedienfeld *Transformieren > Spiegeln*). Die Spiegelachse führt dabei durch Außenpunkte (wie auch bei den folgenden Arbeitsgängen). Die beiden Gruppen spiegeln Sie erneut als Kopie, dann alle vier. Fahren Sie fort, bis Sie genügend Fläche geschaffen haben.

VIII

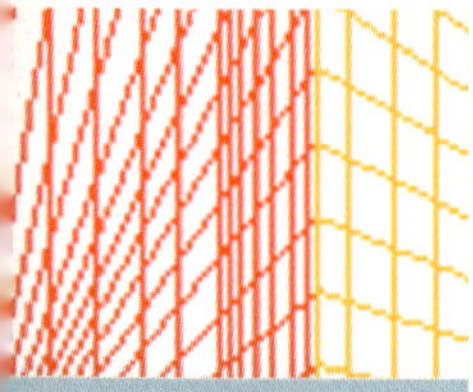

Raumkonstruktionen

Unterschiedliche Hilfen für recht wirkungsvolle Raumkonstruktionen bieten das *Perspektivraster* im Zusammenspiel mit dem *Perspektive*-Werkzeug und das *Extrudieren*-Werkzeug (FreeHand ist aber kein CAD-Programm).

Bei eingeblendetem *Perspektivraster* (*Ansicht* > *Perspektivraster* > *Einblenden*) können mit dem *Perspektive*-Werkzeug Objekte markiert und mit Hilfe der *Pfeiltasten* in das Raster «eingehängt» sowie perspektivisch im Raster bewegt werden. Mit dem Werkzeug ist es außerdem möglich, die Position der Fluchtpunkte und die Höhe des Rasters zu verändern. Raumkörper müssen im *Perspektivraster* aus Elementen aufgebaut werden *(Beispiel rechts)*.

Über *Ansicht* > *Perspektivraster* > … können *Rastereinstellungen* (zum Beispiel *Anzahl der Fluchtpunkte, Rastergröße und -farbe)* vorgenommen und markierte Objekte wieder aus dem Raster freigegeben werden.

Das *Extrudieren*-Werkzeug bietet dagegen die Möglichkeit, *Objekte* und *Pfade* manuell in raumkörperliche Projektionen mit einem Fluchtpunkt zu verwandeln. Das *extrudierte* Objekt kann sowohl im *Objekt*-Bedienfeld bearbeitet werden (zum Beispiel *Position, Länge, Oberfläche, Lichtquellen)* als auch manuell mit Hilfe eines *Griffes*. Sollen mehrere *extrudierte Objekte* in einer zusammenhängenden Räumlichkeit erscheinen, ist es sinnvoll, mit Hilfslinien einen Fluchtpunkt festzulegen, auf den die *Extrudiergriffe* der Objekte gezogen werden *(Beispiel unten)*. *Perspektive*-Werkzeug und *Extrudieren*-Werkzeug sind am selben Objekt nicht kombinierbar.

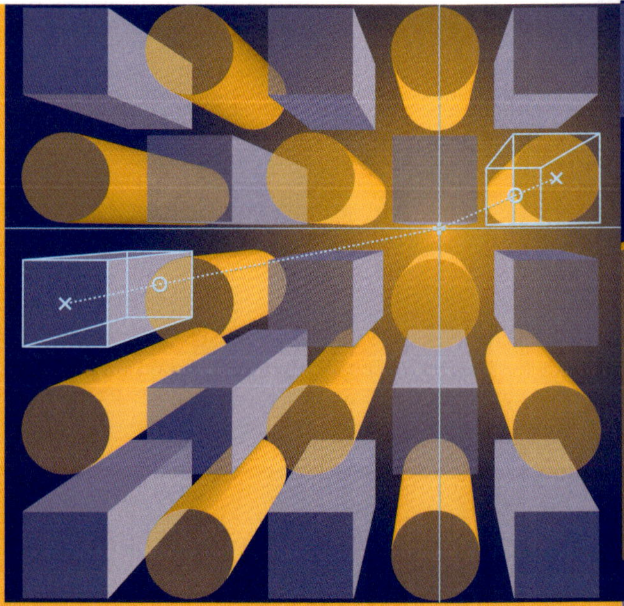

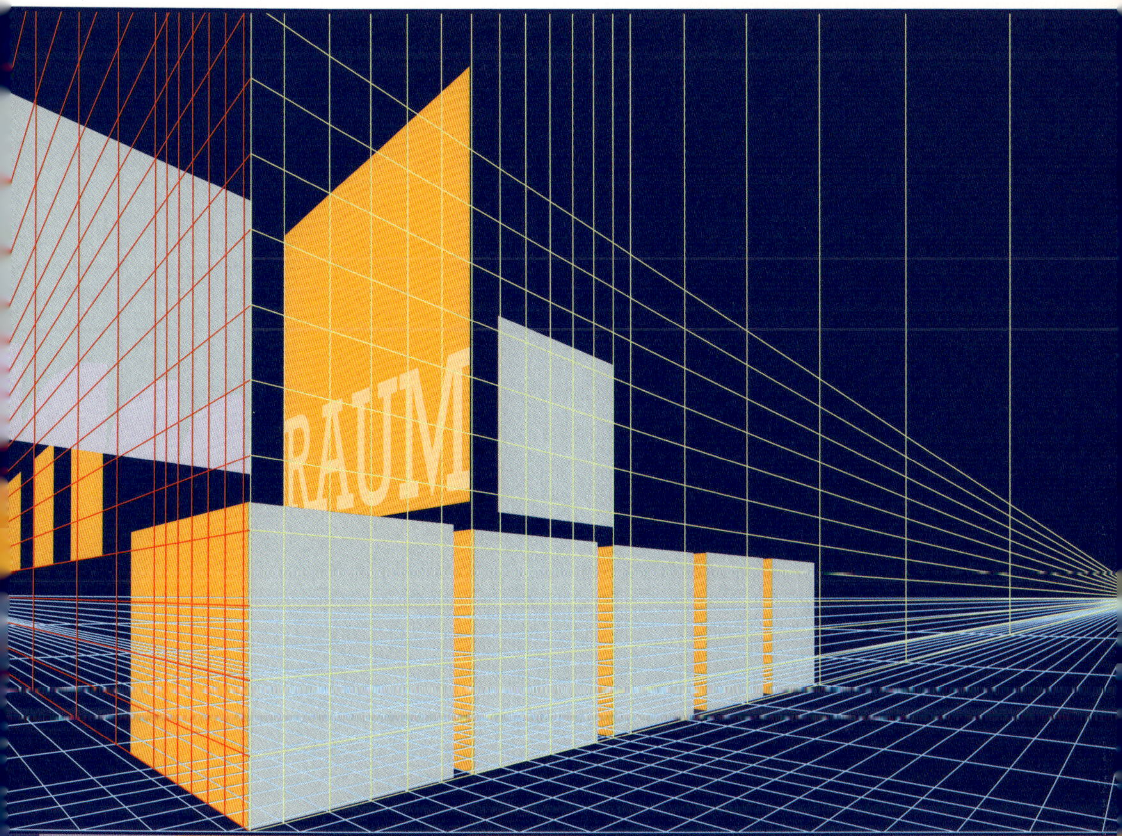
RAUM

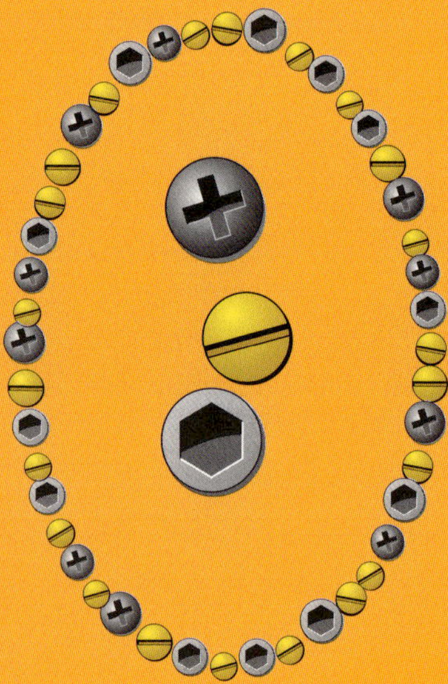

Grafiken am Pfad ausrichten

Grafiken können Sie auf einfache Weise am Pfad ausrichten, wenn Sie den Befehl *Text > An Pfad anfügen* nutzen. Zuvor müssen Sie den Objekten zum Textstatus verhelfen: Kopieren Sie ein Element und fügen Sie es in einen Textrahmen ein, während die Textmarke blinkt. Anschließend fügen Sie weitere Elemente ein oder erzeugen weitere «Zeichen» mit den Befehlen *Kopieren* und *Einfügen*. In der Zwischenablage sollte nur ein Element liegen, sonst erzeugt FreeHand ein starres Mehrfachobjekt. Einzelne Grafikobjekte vervielfachen Sie besser im Textstatus.

FreeHand behandelt die Objekte als Text. Der Textcursor aktiviert die Zeichen, denen Sie typografische Maße zuweisen können: *Schriftgröße, Zeichenabstand, Grundlinienversatz* ... Die untere Objektkante wird am Pfad angeordnet. Durch die Rotation um den Pfad erhalten die Zeichen unterschiedliche Abstände zueinander, was Sie an den blauen Objekten sehen.

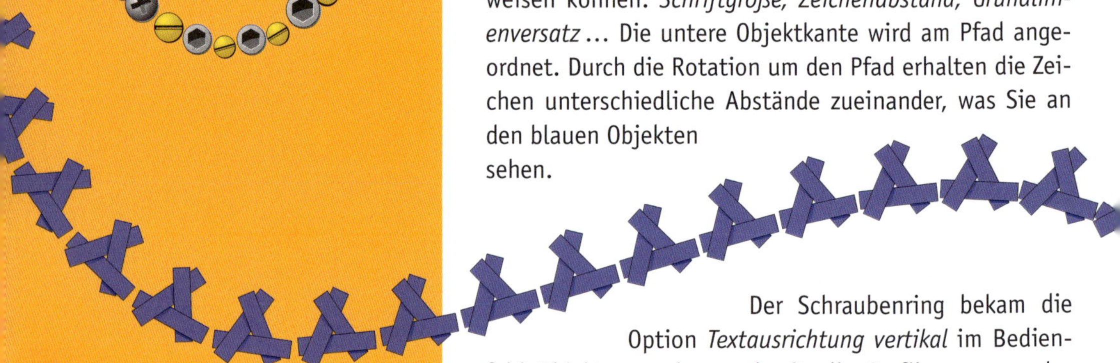

Der Schraubenring bekam die Option *Textausrichtung vertikal* im Bedienfeld *Objekt* zugewiesen, damit alle Grafiken wegen des «Lichteinfalls» die gleiche Ausrichtung haben.

Die Glieder des Maßstabs weisen einen negativen Wert für die Bereichsüberschneidung auf (Bedienfeld *Objekt > Zeichenoptionen*), damit sie sich überdecken.

Grafikobjekte müssen einzeln per Zwischenablage wieder aus dem Textzusammenhang genommen werden.

Unregelmäßigkeiten

FreeHand bietet einige Funktionen an, die der glatten Vektorästhetik entgegenwirken. Hier sind *Xtra-Werkzeuge* und *Effekte* eingesetzt worden.

1 Das *Xtra-Werkzeug Biegen* knickt die Tangenten der Ankerpunkte und dreht sie nach außen. Das Zentrum ist die Stelle, an der Sie die Maustaste drücken. Ziehen Sie senkrecht bei gedrückter Maustaste, um die Wirkung zu steuern. Je größer die Entfernung zum Zentrum ist, desto stärker ist die Änderung. – Die Zahl der Griffe lässt sich nach einem Doppelklick auf das Werkzeug-Symbol ändern.

2 Das *Xtra-Werkzeug Vergröbern* ändert ebenfalls den Verlauf des Pfades zwischen den Ankerpunkten. Auch hier erreichen Sie die Werkzeugeinstellung mit einem Doppelklick auf das Symbol. – Effekte lassen sich per Regler anpassen (Bedienfeld *Objekt* bei markiertem Effekt). Sie sehen die Änderung sofort am Objekt. Außerdem verändern Effekte Objekte nicht, sondern sind weitere Eigenschaften. Somit lassen sie sich jederzeit «rückstandslos» entfernen. Sie können Effekte berechnen lassen (*Modifizieren > Attribute trennen*), was veränderte Pfade zur Folge hat.

3 Der Effekt *Ausgefranst* lässt sich in Stärke der Auslenkung und Zahl der Griffe variieren.

4 Der *Entwurfs*-Effekt hat hier mehrere Kopien erhalten.

5 Die *Krümmung* erfolgt nach innen (negativer Wert) oder nach außen. Dabei hat jedes Objekt ein Effektzentrum. Dieses lässt sich mit dem Cursor bewegen oder numerisch einstellen.

6 Diese Pfade sind mit Verläufen gefüllt worden. Das Bild erhielt eine Vorgabe für ein Linienraster (*Fenster > Halbtöne*). Das Raster wird in der Vorschau nicht berechnet (erst im Druck).

7 Die Zeichenwege wurden in ein Pixelbild mit geringer Auflösung (72 dpi) gewandelt (*Modifizieren > In Bild konvertieren*). Die *Nachzeichnen*-Funktion wandelte es in Pfade zurück. Beide Vorgänge bringen ihre Ungenauigkeiten ein; Rechtecke sind für beide Formate ein Heimspiel.

1

2

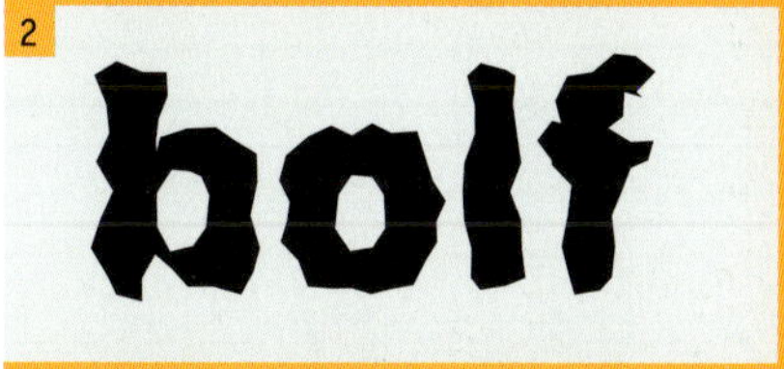

3

4

5

6

7

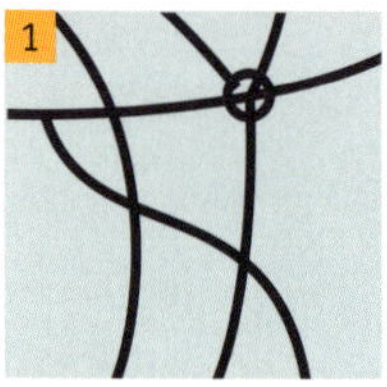

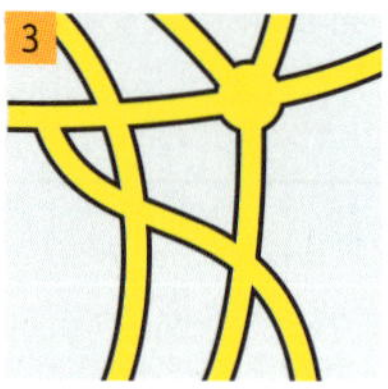

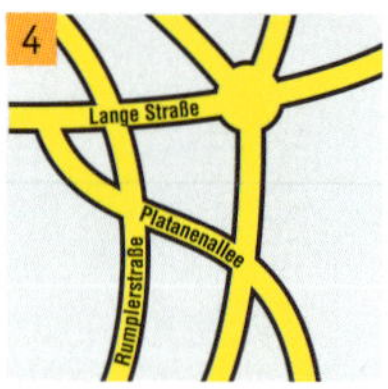

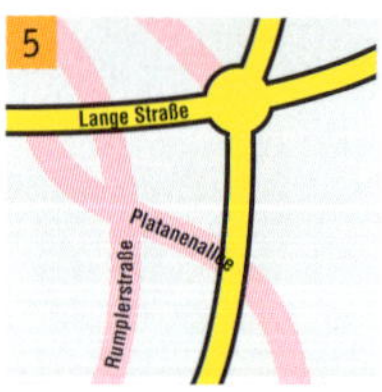

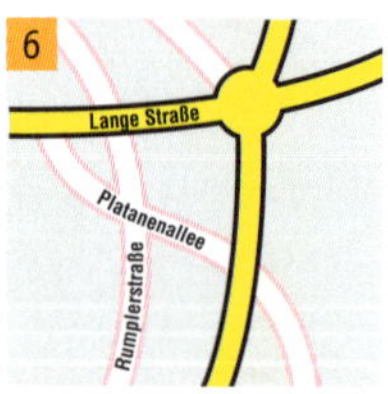

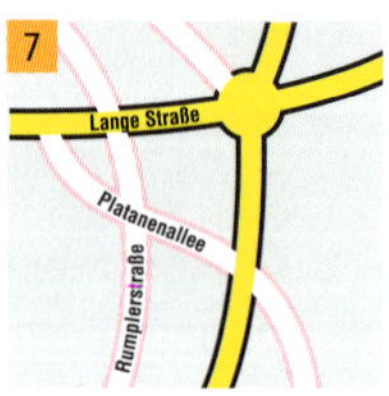

Mach dir einen Plan

Eine häufige grafische Aufgabe ist die Erstellung von Lageplänen. Hier bietet sich die Arbeit mit Ebenen an. Objekte mit gleichen Grafikattributen lassen sich leicht markieren und bearbeiten, wenn sie jeweils auf einer Ebene liegen.

1 Zeichnen Sie das Straßennetz mit offenen Pfaden.

2 Weisen Sie den Pfaden Linienstärken und Farben zu.

3 Duplizieren Sie die Ebene. Markieren Sie die Pfade auf der oberen Ebene. Ändern Sie die Linienfarbe und verringern Sie die Linienbreite um das Doppelte der Randstärke. Achten Sie bei unterschiedlich breiten Pfaden auf die gleiche Breitenabnahme. – Plätze sind geschlossene Pfade. Füllen Sie die oben liegende Kopie mit Farbe (Grundfüllung, im Beispiel gelb). – Die Auswahl aller Elemente einer Ebene gelingt mühelos, wenn die anderen Ebenen unsichtbar oder geschützt sind.

4 Duplizieren Sie die obere Ebene erneut. Die Texte sollen den Straßenkrümmungen folgen, deshalb werden sie mit den Pfaden verbunden *(Text > An Pfad anfügen)*. Falls der Text in der falschen Richtung läuft, müssen Sie ihn zunächst vom Pfad lösen. Erst dann lässt sich die Pfadrichtung umkehren (*Extras > Säubern > Richtung umkehren* oder Symbol in der *Xtra-Funktionen*-Leiste).

Die Korrektur der Lage erfolgt durch Verschieben des Symbols am Textanfang. Die vertikale Position ändern Sie mit dem Wert der *Grundlinienverschiebung* (ein negativer Wert «legt den Text tiefer»). Um nicht jeden Straßennamen einzeln zu formatieren, legen Sie einen typografischen Stil an. Oder Sie kopieren jeweils einen Text, fügen die Kopien an die Pfade und überschreiben Sie sie.

5/6 Wenn Sie verschiedenfarbige Straßen benötigen, legen Sie einige Pfade auf eine weitere Ebene und ändern Sie deren Farben. Zweifarbige Wege sind wieder leicht mit einer Ebenenkopie erstellt.

7 Außenlinien lassen sich durch Ändern der Ebenenfolge für Einmündungen leicht unterbrechen. Im Beispiel liegen die weißen Straßen über den schwarzen und unter den gelben (hellrote Pfade zuunterst).

8 Flächenmarkierungen liegen ganz unten. Mit der Zeichenfeder entstehen geschlossene, gefüllte Pfade. Die Zeichenarbeit kann grob ausfallen, da Sie die ganze Straßenbreite nutzen können.

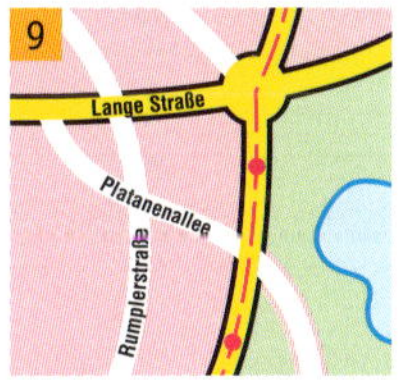

9 Ergänzungen liegen auf einer weiteren Ebene (es sei denn, sie sollen von bereits vorhandenen Objekten teilweise überdeckt werden).

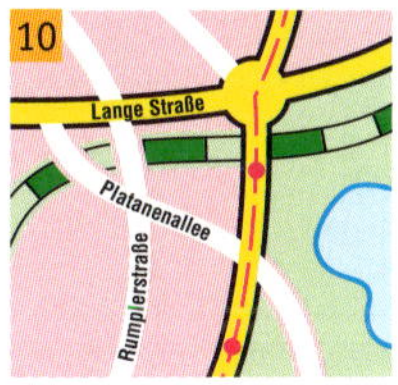

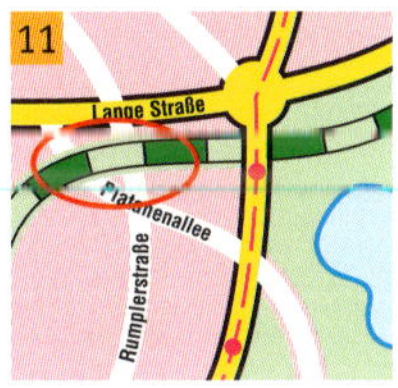

10/11 Objekte, die über und unter anderen gleichzeitig liegen, müssen kopiert und maskiert werden (im Beispiel: die Bahnlinie). Die komplette Linie liegt unter anderen Objekten (den weißen Straßen). Ein Duplikat (*Bearbeiten > Klonen* – wegen der identischen Position) wird in eine Fläche eingesetzt, die keine Linie und keine Füllung aufweist (im Beispiel mit rotem Rand dargestellt) und auf eine höhere Ebene gebracht wird. – Die Erstellung dieser Linie sehen Sie auf der folgenden Seite. – Falls Sie die Stadtquartiere als Objekte benötigen, wandeln Sie die Pfade mit der *Xtra-Funktion Strich erweitern* in Flächen (**A**). Akzeptieren Sie dabei den vorgeschlagenen Wert; er entspricht der aktuellen Breite in Millimetern.

Legen Sie eine Fläche unter die Objekte (roter Kreis; **B**). Markieren Sie alle Objekte (Straßen und Hintergrund). Wählen Sie nun mehrfach den Befehl *Modifizieren > Zusammenfassen > Öffnung*, ohne die Auswahl aufzuheben (**C**).

Wenn Sie es komfortabel mögen, zeigen Sie die Symbolleiste *Xtra-Funktionen* an und klicken mehrfach auf das

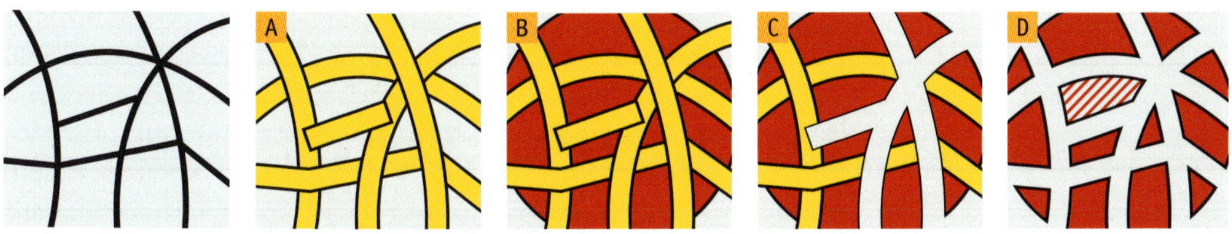

Öffnung-Symbol, ohne die Auswahl aufzuheben. Jeder Klick stanzt die noch markierte Form eine Ebene hinunter. – Nun lassen sich die Innenformen einzeln auswählen und mit grafischen Attributen versehen (**D**).

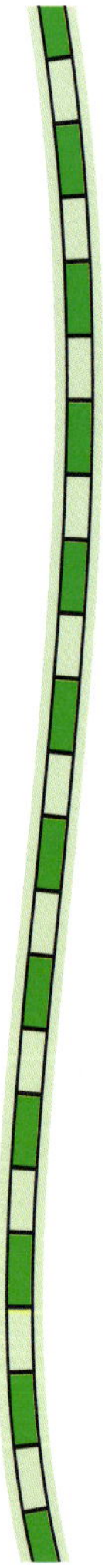

1

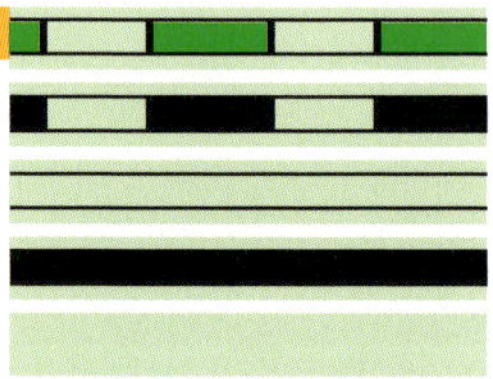

2

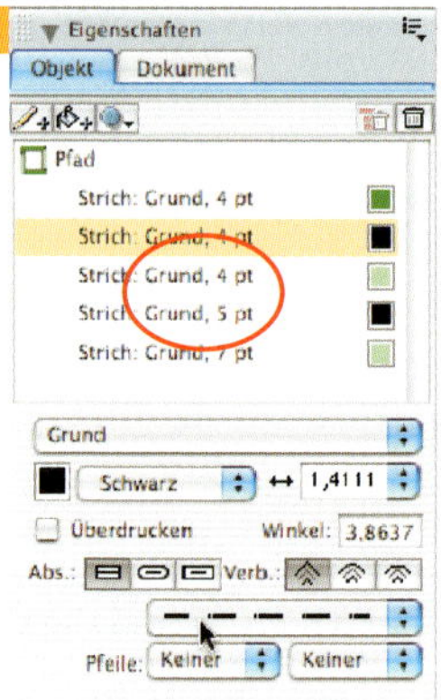

3

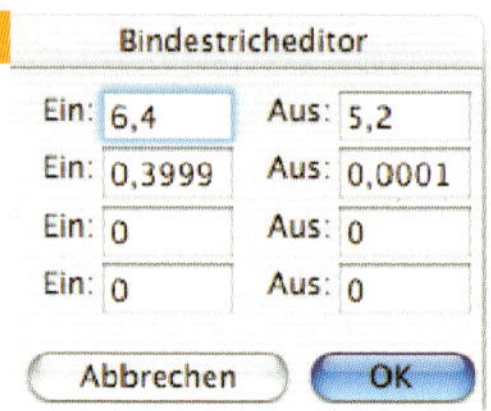

Die Bahnlinie besteht aus nur einem Pfad, dem mehrere Stilattribute zugewiesen wurden (**1**); kumulativ nach oben). Das ist eine neue Möglichkeit des Programms, die hierbei ihre Vorteile ausspielen kann: Das standgenaue Übereinanderlegen mehrerer Pfade entfällt, sodass Korrekturen an der Linienführung jederzeit möglich sind; alle Einstellungen lassen sich als Stil ablegen, um sie anderen Pfaden mit einem Mausklick anzuweisen.

Zeichnen Sie einen Pfad und legen Sie seine Attribute fest, wie sie im abgebildeten Objektfenster (**2**) erkennbar sind. Beginnen Sie mit der untersten, breiten Linie (hellgrüner Gleiskörper) und fügen Sie weitere Linienattribute hinzu. Auf der etwas schmaleren schwarzen liegen drei Linien mit gleicher Breite.

Deren unterste ist durchgehend hellgrün gefärbt. Die beiden oberen sind unterbrochenen Linien (*Bindestriche*): Rufen Sie zur Einstellung der schwarzen Linie den *Bindestricheditor* auf, indem Sie bei gedrückter ⌥-*Taste* eine Linie oder den Eintrag *Kein Bindestrich* aus dem Vorrat des *Objektfensters* wählen. Tragen Sie die abgebildeten Werte für Striche und Unterbrechungen ein (**3**).

Die oberste Linie (dunkles Grün) ist ebenfalls unterbrochen. Sie ist auf *Ein* = *6* und *Aus* = *6* eingestellt.

Definieren Sie die fertige Linie als Stil zur Übertragung auf weitere Pfade: Markieren Sie die fertige Linie und wählen Sie in den Befehlen des *Stile*-Fensters *Neu*.

In andere Dokumente setzen Sie eine Linie dieses Stils über die Zwischenablage ein. FreeHand definiert den Stil automatisch.

Übrigens: Lassen Sie sich von der fehlerhaften Darstellung komplexer Linien auf dem Monitor nicht täuschen, PostScript-fähige Geräte geben sie perfekt aus.

Denksportaufgabe des Tages: Warum sind die Straßen nicht mit Stilen erstellt? Genau – Kreuzungen sind nicht möglich.
Das gilt natürlich auch für die Bahnlinie. Aber hier hilft die Pflastertechnik: Bei abzweigenden Linien legen Sie ein Bahnhofssymbol auf die Weiche.

Farbe für Print und Web

IX

Farbsysteme im Druck

Prozess- und Volltonfarben

Raster

Farbwerte abstufen

Farben im Web

Hexadezimal kodiert

Farbbibliotheken

Eigene Farbvorräte anlegen

Auch auf digitalen Systemen erfordert der Umgang mit Farbe Verständnis für ihre Funktionsweise, das über die Handhabung der Programmfunktionen hinausgeht. Das gilt gerade für die Umsetzung farbiger Projekte auf Maschinen im Großseriendruck. Im Unterschied zu Multimedia und Internet trifft die Regel *What you see is what you get* im Druckbereich nicht zu. Technologische Zusammenhänge beeinflussen das Ergebnis wesentlich.
In diesem Kapitel sollen grundlegende Konzepte der Umsetzung von Farbe dargestellt werden, um die notwendigen Vorbereitungen im Programm zu klären. Im ersten Teil werden Farben für Printmedien betrachtet. Anschließend wird das Farbverhalten im Internet untersucht.

Farbsysteme im Druck

Für die Ausgabe farbiger Illustrationen sind zwei Strategien vorgesehen: Prozessfarben und Volltonfarben.
Der **Prozessfarbdruck** setzt sich aus vier standardisierten, transparenten Farben zusammen. Das sind Cyan, Magenta, Gelb und Schwarz. Aus den unterschiedlichen Intensitäten der Einzelfarben resultiert der Farbeindruck an der jeweiligen Stelle des Bildes. Alle vier Grundfarben können im Bereich von null bis einhundert Prozent abgestuft werden. Aus diesen Kombinationen ergibt sich eine Vielzahl mischbarer Farben.
Prozessfarben werden eingesetzt, wenn viele verschiedene Farben darzustellen sind: verschiedene Grafikelemente, Verläufe und farbige Fotovorlagen. Bei ihnen kann jeder Bildpunkt aus jeweils einer anderen Farbe bestehen. So werden Tausende verschiedener Farben benötigt.
Der **Volltonfarbdruck** setzt vom Hersteller fertig abgemischt Druckfarben ein. Diese werden in die Maschinen eingefüllt. Die grafischen Elemente können nur aus diesen wenigen Farben bestehen, die sich zu Weiß abstufen lassen (geringer Farbauftrag lässt die Papierfarbe hindurchsehen). Ihre Vorteile bestehen in hoher Farbtreue und Brillianz, da sie nicht den Ungenauigkeiten der Farbmischung im Druck unterworfen sind. Deshalb bieten sie sich für Signets und andere grafische Elemente an, die in der Wiedergabe eine gleich bleibende Farbqualität erfordern.

Wahl des Farbsystems

Die Entscheidung für das jeweilige System hängt im Wesentlichen von der Zahl der Farben ab: Jeder Farbdurchgang verursacht Kosten. Beim Prozessfarbdruck können mit vier Druckvorgängen alle Farben gemischt werden. Dagegen setzen die Volltöne pro Vorgang nur eine Farbe um. Deren Mischung untereinander bringt auch nur spezielle Tönungen hervor. Die begrenzte Anzahl erreichbarer Farben beschränkt ihren Einsatz auf Projekte mit besonderen Anforderungen.

Volltondruck aus zwei Farben (hier mit Prozessfarben simuliert)

Prozessfarben verwenden Sie
- bei der Wiedergabe von Fotovorlagen, weil diese nur mit Prozessfarben möglich ist,
- beim Einsatz von vielen Farben.

Für Volltonfarben spricht
- der Druck mit drei oder weniger Farben, der bewusst diese begrenzte Zahl der Farben und deren Abstufungen zu Weiß einsetzt,
- die genaue Wiedergabe von Farben, wie sie bei Signets und Logos notwendig sein kann,
- die Verwendung von Farben, die sich nicht aus Prozessfarben mischen lassen (Metalleffekte wie Gold und Kupfer, fluoreszierende und Neonfarben, Einsatz von Lacken für Farbkraft und Brillanz),
- die Konturenschärfe kleiner, farbiger Objekte, zum Beispiel Text.

Eine Kombination aus Prozess- und Volltonfarben kann bei aufwendigen Projekten erforderlich sein. Ein Projekt enthält Fotomaterial, verbindliche Farben für Grafikobjekte und Effekte wie Glanzlack: Die vier Prozessfarben und die Volltonfarben (Logofarbe und Lack) erfordern zusammen sechs Druckvorgänge. Die Produktionskosten erhöhen sich entsprechend.
Für optimale Ergebnisse müssen Sie zu Beginn der Arbeit bereits Klarheit über die Möglichkeiten des geplanten Farbsystems haben.

Farbdichte abstufen: Raster

Zur Realisierung unterschiedlicher Farbdichten in einem Druck werden Farben gerastert. Die gedruckten Rasterpunkte und die umgebenden Stellen des Papiers sollen als Fläche wahrgenommen werden. Im Idealfall ist die Rasterstruktur des Bildes nicht erkennbar, sondern es sind glatt verlaufende Flächen.

Die Farbabstufungen sind von Weiß zur vollen Farbe möglich. Bei null Prozent zeigt die Grafik die Farbe des Papiers, voller Farbauftrag druckt die gewählte Farbe. Die Zwischenstufen werden mittels unterschiedlich großer Rasterpunkte realisiert. An Stellen mit viel Farbe ist zwischen den Punkten wenig Papierfarbe sichtbar. Kleine Rasterpunkte dagegen bringen wenig Farbe auf das Papier, eine helle Tönung entsteht.

Im **Prozessfarbdruck** entstehen Bilder aus den Abstufungen der an diesem Prozess beteiligten standardisierten Einzelfarben. Jede Stelle weist Anteile der Farben Cyan, Magenta, Gelb und Schwarz auf. Diese werden als Mischresultat wahrgenommen, die Punkte sollten nicht erkennbar sein. Hochwertige Drucke werden die Farben mit kleineren, schlechter wahrnehmbaren Punkten aufs Papier bringen.

Die Größe der Rasterpunkte richtet sich nach den technischen Bedingungen des Drucks, im Wesentlichen nach der Qualität des eingesetzten Papiers. Glattes und festes Papier kann kleinere Punkte abbilden als saugfähiges. Das erscheint nicht so wichtig, wenn sich doch die Einzelfarben ohnehin mischen sollen. Wenn sich aber durch das Aufbringen der feuchten Farben und deren Einziehen in das Papier die Punktgrößen ändern, ändern sich die Anteile der Einzelfarben. Im Ergebnis entstehen falsche Mischungen, sichtbar zum Beispiel als Farbstich oder Fleckenbildung. – Dieser Effekt wirkt sich bei kleinen Rasterpunkten stärker aus.

Abstufungen jeweils einer **Volltonfarbe** werden in FreeHand als Farbtöne bezeichnet. Einhundert Prozent Farbe erzeugen eine durchgängige Farbfläche. Geringere Farbanteile werden ebenfalls als Rasterpunkte verschiedener Größe umgesetzt, zwischen denen die Papierfarbe (Weiß) sichtbar ist. FreeHand bietet für Farbtöne ein Mischfeld an (*Fenster* > *Bedienfelder* > *Farbtöne*).

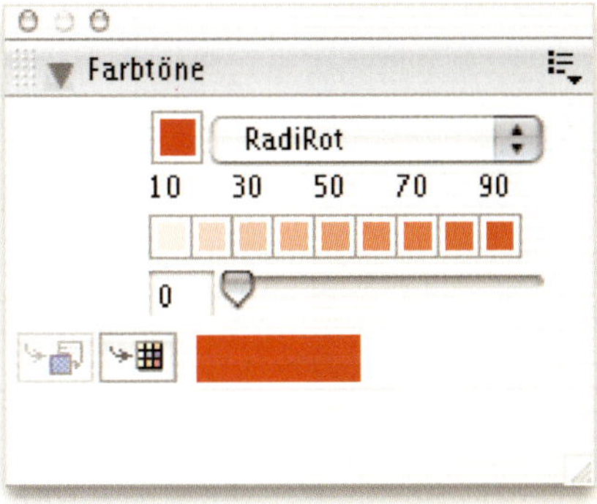

Die Rasterweite

Das Maß für die Feinheit des Druckrasters wird als Rasterweite oder Rasterfrequenz bezeichnet. Sie gibt die Zahl der Rasterlinien pro Zentimeter (Europa) beziehungsweise pro Zoll (USA) an. Die Rasterweite bezeichnet die Fläche eines Druckpunktes mit dem umgebenden Papier (Rasterzelle). Reihen dieser Zellen bilden die Rasterlinien oder -zeilen; auf die Breite dieser Zeilen beziehen sich die Maßeinheiten.

Die Größe des Punktes in der Zelle ergibt sich aus dem darzustellenden Farbanteil in dieser Fläche, der mit umgebendem Papierweiß als Farbton wahrgenommen wird.

Die Maßeinheiten sind Lcm (Linien pro Zentimeter) und lpi (lines per inch). Tageszeitungen werden in einem Raster von etwa 29 Linien pro Zentimeter gedruckt. Offsetdruck verwendet meist ein *sechziger Raster*, also eine Weite von 60 Linien auf einem Zentimeter.

Die Wahrnehmungsgrenze des Druckrasters liegt für das ungeschulte Auge etwa bei 80 Lcm. Feinere Raster werden als flächige Erscheinungen gesehen – was wünschenswert ist. Raster über 100 Lcm werden das Druckergebnis nicht weiter gehend verbessern, die technischen Probleme jedoch vergrößern.

Graustufenbild
1 *Raster von 10 Linien pro Zentimeter (entsprechen 25 lpi), runder Punkt im Winkel von 45°*
2 *Raster von 20 Linien pro Zentimeter (51 lpi), runder Punkt im Winkel von 45°*
3 *Raster von 40 Linien pro Zentimeter (102 lpi), runder Punkt im Winkel von 45°*

Vorwiegend werden runde Rasterpunkte eingesetzt. Andere Rasterformen dienen meist als grafische Effekte, die bei groben Rasterweiten gut sichtbar sind:

4 *Raster von 30 Linien pro Zentimeter, Linien im Winkel von 0°*

Rasterweiten (ungefähre Angabe)

Zeitungsdruck:	*29 Lcm = 74 lpi*
Einfaches, glattes Papier:	*48 Lcm = 122 lpi*
Gute Qualitäten im schnellen Druck:	*60 Lcm = 152 lpi*
Hochpräziser Druck:	*bis 80 Lcm = 203 lpi*

Die Umrechnung von Lcm in lpi ergibt sich aus dem Verhältnis von Zentimeter und Zoll: 1 Lcm = 2,54 lpi.

Überdrucken und Überfüllen

Druckfarben sind transparent und mischen sich. Das durchscheinende Papier ist in ihre Wirkung einbezogen. Die erforderliche Schichtdicke für opake Farben ließe sich auch nicht in der erforderlichen Druckgeschwindigkeit realisieren. Deshalb decken Objekte unter ihnen befindliche Farben nicht vollständig ab (**1**/**2**).

Bei der Überlagerung von Grafikobjekten soll nur die Farbe des oberen sichtbar sein. Untere Objekte müssen an dieser Stelle ausgespart werden (**3**/**4**). Andernfalls kommt es zur Mischung beider Farben (**5**/**6**). Eine bekannte Erscheinung: Gelbe Farbe auf blauem Grund mischt sich zu Grün.

Die gute Nachricht zuerst: Das Aussparen besorgt FreeHand automatisch. Das Programm geht stets davon aus, dass die obere Farbe allein sichtbar sein soll, und spart diese Form in darunter liegenden Objekten aus. – Wenn Sie übereinander liegende Farben mischen möchten, geben Sie diesen «Sonderfall» an: In den Bedienfeldern *Füllung* und *Linien* finden Sie jeweils die Option *Überdrucken* (**A**/**B**). Bei eingeschalteter Anzeige werden überdruckende Flächen und Linien markiert (**7**; *FreeHand* > *Einstellungen* > *Neuaufbau* > *Überdruckende Objekte anzeigen*).

Nun zum unerfreulichen Teil: Der Versatz bei den Druckvorgängen der Einzelfarben bewirkt Verschiebungen oben liegender Objekte gegenüber dem «Löchern» in unteren Flächen (**8**). Einerseits entsteht am Rand eine dunkle Stelle, auf die beide Farben gedruckt wurden, gegenüber wird eine unbedruckte Stelle die Papierfarbe «aufblitzen» lassen. Deshalb spricht man von «Blitzern».

Zur Vermeidung wählt man das kleinere Übel: einen dunklen Rand aus beiden Farben in der Breite des maximalen Versatzes (**9**). So kann keine Lücke unbedruckten Papiers sichtbar werden, die optisch störender ist als ein dunkler Rand aus beiden Farben.

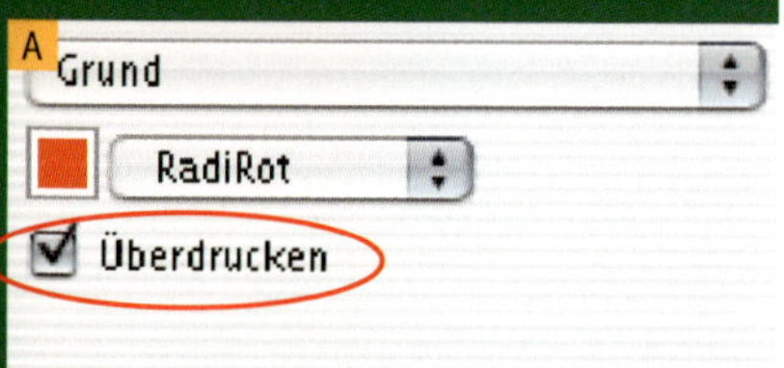

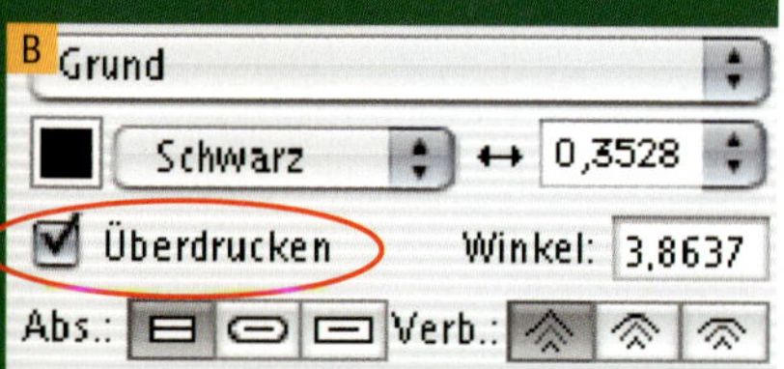

Wann kommt Über- und wann Unterfüllung infrage? Vorrang wird der Gestaltung eingeräumt. Dunkle Objekte bilden einen stärkeren Kontrast zum Papier, sie werden stärker wahrgenommen. Also sollten dunklere Formen unverändert bleiben. Über- und Unterfüllungen werden aus den jeweils helleren Farben bestehen: Liegt das hellere Objekt oben, sollte es das dunklere überfüllen (größer werden), liegt das hellere Objekt unten, wird die Aussparung kleiner (seine Farbe unterfüllt).
Sehr dunkle Objekte erhalten keine Über- oder Unterfüllungen. Sie erhalten die Eigenschaft *Überdrucken*: Unter ihnen wird nicht ausgespart, sondern die Farben addieren sich zum Gesamtfarbton.

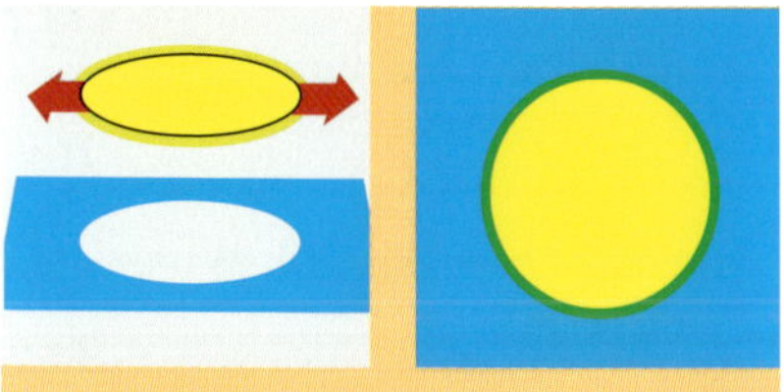

Die erste Möglichkeit: Oben liegende Objekte werden vergrößert, indem ihr Rand verbreitert wird. Man spricht von Überfüllung. – Aussparungen darunter sind unverändert.

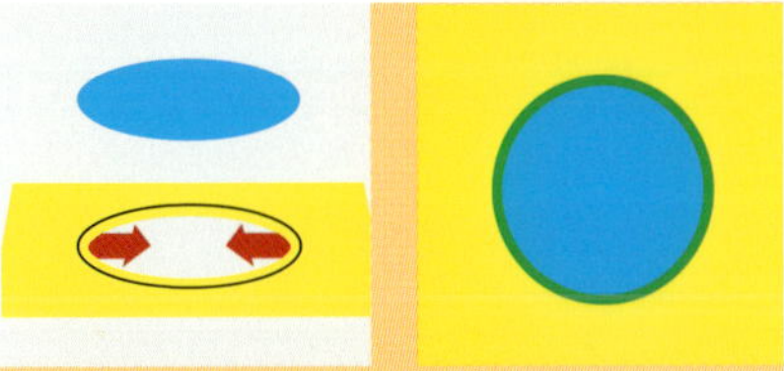

Die zweite Möglichkeit ergibt sich durch Verkleinerung der Aussparungen unten liegender Flächen. Farbe läuft nun unter die oberen Objekte: Man spricht von Unterfüllungen.

Der doppelte Überfüllungswert (Linien laufen zur Hälfte ins Objekt und zur Hälfte nach außen) ergibt die Stärke einer Linie in Objektfarbe und mit der Eigenschaft *Überfüllung*.

Da sich Aussparungen nicht einfach verkleinern lassen, bekommt das obere, dunkle Objekt einen hellen, überdruckenden Umriss: Der innere Linienteil überdruckt das Objekt.

Bei **Prozessfarben** sind keine Über-/Unterfüllungen notwendig, wenn die beteiligten Farbflächen gemeinsame Farben enthalten: Anteile jeweils einer Prozessfarbe werden in einem Vorgang gedruckt und können sich nicht gegeneinander verschieben. In diesem Fall kann es keine Blitzer geben.

Ein genereller Wert für Überfüllungen ist im Drucken-Dialog einstellbar (Datei > Drucken > FreeHandMX > Erweitert > Farbauszüge > Überfüllung). Überschreiben Sie den vorgeschlagenen Wert; die Maßeinheit ist Punkt. – Es wird stets überfüllt, unabhängig von beteiligten Farbwerten.

Als Richtwert für die Über- beziehungsweise Unterfüllung kann die Breite einer Rasterzeile gelten. Der tatsächlich erforderliche Wert hängt von technischen Gegebenheiten ab; fragen Sie in Ihrer Druckerei nach.

Raster lpi	*Rasterzeile mm*	*Punkt*
60	*0,42*	*1,2*
74	*0,34*	*1*
133	*0,2*	*0,54*
153	*0,17*	*0,47*
204	*0,13*	*0,35*

Verläufe und Mischungen

Verläufe sind auf dem Rechner zwar per Mausklick erstellbar, jedoch schwer aufs Papier zu bringen. Drucktechnische Probleme resultieren aus der Rasterauflösung: Jeder Rasterpunkt repräsentiert einen Farbwert, der in seinen Abstufungen begrenzt ist. Daraus resultieren die Verlaufsfarben, die nicht stufenlos herstellbar sind: Verläufe bestehen aus einfarbigen Streifen. Deren Breite sollte so gering wie möglich sein, um den Eindruck glatter Übergänge zu erzeugen. – Folgende Aspekte spielen für die Breite der Farbstufen eine Rolle:

Je größer der **Farbunterschied** ist, desto mehr Farbstufen sind auf den Verlauf zu verteilen. Bei geringen Farbunterschieden gibt es weniger Farbstufen.

Die Farbstufen sind auf die **Länge des Verlaufs** zu verteilen. Je länger der Verlauf ist, desto breiter werden die Stufen: Längere Verläufe wirken eher stufig.

Die **Rasterweite** der Objekte (Größe der Druckpunkte) beeinflusst die Zahl der Farbstufen umgekehrt proportional. Grobe Raster haben mehr Farbstufen (Bedienfeld *Halbtöne*).

Hohe **Druckerauflösungen** bewirken viele Farbstufen. Stellen Sie deshalb unbedingt den Wert des Ausgabegerätes im Bedienfeld *Dokument* ein!

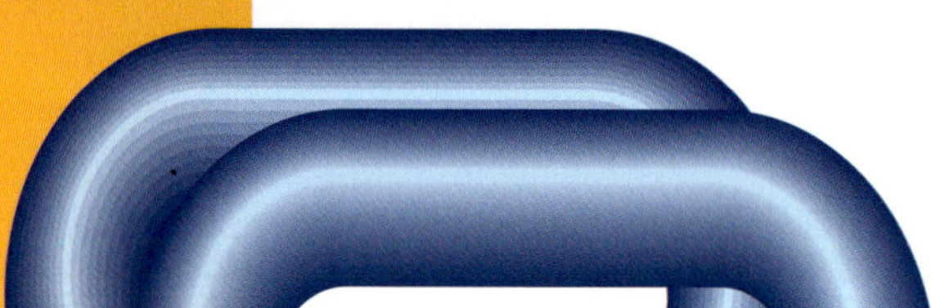

Bei der Arbeit mit Objektmischungen wählen Sie mit der Zahl der Objekte die Zahl der Farbstufen (Bedienfeld *Objekt* > *Stufen*).

Druckprobleme mit zweckmäßiger Gestaltung umgehen

Diese Aufzählung soll das Bewusstsein für Fehlerquellen schärfen, die sich durch leicht veränderte Gestaltung umgehen lassen. Solche Dinge sind gestalterisch meist ohnehin fragwürdig und aus den Verlockungen der Möglichkeiten entstanden.

- **Schmale Linien** (Haarlinien) auf Farbflächen lassen sich nur dunkel auf hellen Flächen drucken, da sie wegen ihrer geringen Breite nicht wirksam ausgespart werden können. Die Aussparung ist so breit wie die Linie, also ebenfalls sehr schmal. Durch die Registerungenauigkeit des Druckvorganges druckt die Linie sehr wahrscheinlich neben der Aussparung. Die übliche Überfüllen-Lösung lässt sich nicht anwenden, weil der überdeckende Bereich im Vergleich zur Linienstärke sehr groß sein müsste; er wäre eventuell breiter als die Linie selbst.

- **Dunkle Linien auf hellem Grund** lassen sich mit der Option Überdrucken realisieren. Dabei ändern sich die Linienfarben; sie werden dunkler. – Dieser Effekt ist geringer, je heller die Fläche und je dunkler die Linie ist. Das kommt wegen des besseren Kontrastes ohnehin der Gestaltung entgegen.

- **Text** kann keine Überfüllung erhalten. Dazu muss er in Zeichenwege konvertiert werden. (FreeHand stellt schwarzen Text immer überdruckend, was Sie nach dem *Konvertieren in Pfade* überprüfen können.)

- Für konvertierten Text gilt das Gleiche wie für schmale Linien. Die Überfüllung wird die Lesbarkeit **kleiner Schriften** (Zeichenwege) deutlich verschlechtern. Fragile Details kleiner Schriften verschwinden im dunklen Überfüllungsbereich. – Setzen Sie überdruckenden, dunklen Text auf hellen Flächen ein und erzeugen Sie somit Kontrast, also Lesbarkeit und Wirkung. Ihre Leser werden es Ihnen danken. – Auf dunklen Flächen arbeiten Sie mit weißem Text, da Weiß keine Druckfarbe ist, sondern Aussparungen in darunter liegenden Flächen bewirkt (Räume unbedruckten Papiers).

- Ein generelles Problem besteht in der Verwendung farbiger **Schrift in Prozessfarben**, auch auf weißem Grund. Die Einzelfarben werden leicht gegeneinander versetzt und verwischen die Konturen. Je kleiner die Buchstaben sind, desto größer ist das Problem. – Kleiner, farbiger Text ist ein Argument für Volltonfarben, weil der Text in einem Druckvorgang aufs Papier gebracht und somit konturenscharf abgebildet wird.

Checkliste: Farben für Print

- Bringen Sie alle eingesetzten Farben in die Palette (*Xtras > Farben > Alle Farben definieren*).
- Entfernen Sie die nicht verwendeten aus der Palette (*Xtras > Löschen > Nicht verwendete Farben*).
- Überprüfen Sie die nun verbliebenen Farben, ob diese Ihrem geplanten Farbsystem entsprechen (Prozessfarben sind kursiv eingetragen, Volltonfarben gerade). Alle Prozessfarben werden zusammen auf vier Auszügen separiert. Jede Volltonfarbe erzeugt einen Farbauszug!
- Haben Sie Verläufe eingesetzt? Überprüfen Sie die eingestellte Druckerauflösung im Bedienfeld *Dokument*.
- Haben Sie Objektmischungen eingesetzt, die einen glatten Verlauf ergeben sollen? Wie viele Stufen hat die Mischung/der Verlauf?
- Haben Sie drucktechnisch problematische Objekte eingesetzt (prozessfarbige Haarlinien und Texte, schmale Linien und kleinen Text auf Farbflächen)?
- Gibt es Elemente, denen eine spezielle Rastereinstellung zugewiesen werden soll?

Farben im Web: hexadezimal

Anders als im Printbereich werden die Farben im Web bestimmt durch Monitordarstellungen. Jeder Monitor stellt Farben etwas anders dar, und jedes Betriebssystem definiert Farben etwas anders. Das erste Problem lässt sich nur dadurch beheben, dass man den Monitor, an dem man arbeitet, so genau wie möglich anhand von festen Farbwerten abstimmt, kalibriert. Dafür gibt es so genannte Farbprofile, wie sie auch für den Printbereich benutzt werden. Den schwierigeren Part stellen jedoch die Betriebssysteme dar. Ob man unter Windows, Macintosh oder Unix arbeitet, jedes System hat leicht unterschiedliche Beschreibungen der RGB-Farben. Die Programme, die auf diesen Rechnersystemen installiert sind, arbeiten mit diesen Farben. Hätte man keine Standardbeschreibungen für den Webbereich entwickelt, würden Webseiten auf den unterschiedlichen Rechnersystemen, bedingt durch deren Farbbeschreibungen, unterschiedlich aussehen.
Es wurden 216 auf dem hexadezimalen Farbsystem basierende, genormte rechnerunabhängige Farbbeschreibungen entwickelt und als so genannte websichere Farben definiert. Alle Systeme und die dort laufenden Programme nutzen gleiche Farben, wenn sie auf diese websicheren Farbbeschreibungen zugreifen.

Hexadezimale Farben werden nicht nach dezimalen Beschreibungen definiert, wie es in normalen Einheitssystemen (Zentimeter, Zoll etc.) der Fall ist. Im dezimalen System basieren die einzelnen Werte auf durch 10 teilbare Werte (dezimal). Im hexadezimalen System basieren die Werte auf den Zuständen, die einzelne Pixel annehmen können. Die Zustände werden als Ja- oder Nein-Impulse definiert. Ein Computer benötigt dafür Nullen und Einsen. Da die einzelnen Bits für komplexe Rechenaufgaben nicht herangezogen werden können, werden jeweils 8 Bits zu einem Byte zusammengefasst.
Ein RGB-Rot wird hier nicht mit dem Farbwert R255-G0-B0 angegeben, sondern mit dem Code FF 00 00. Blau entspricht 00 00 FF und Grün 00 FF 00.

Folgende Codes regeln die Anteile einer jeweiligen Farbkomponente:

Code		**Anteil Farbe**
00	=	*0 %*
33	=	*20 %*
66	=	*40 %*
99	=	*60 %*
CC	=	*80 %*
FF	=	*100 %*

Entsprechend würden die einzelnen RGB-Farben wie folgt definiert werden:

	*Rot*	=	*FF 00 00*
	*Grün*	=	*00 FF 00*
	*Blau*	=	*00 00 FF*
	*Cyan*	=	*00 FF FF*
	*Magenta*	=	*FF 00 FF*
	*Yellow*	=	*FF FF 00*
	*Schwarz*	=	*00 00 00*
	*Weiß*	=	*FF FF FF*

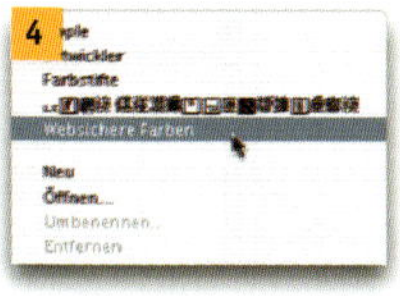

Das untere Bild stellt die Palette der Webfarben als Würfel dar. An den acht Ecken befinden sich jeweils die drei Grundfarben Rot, Grün und Blau, die Komplementärfarben Cyan, Magenta und Yellow und Schwarz und Weiß.

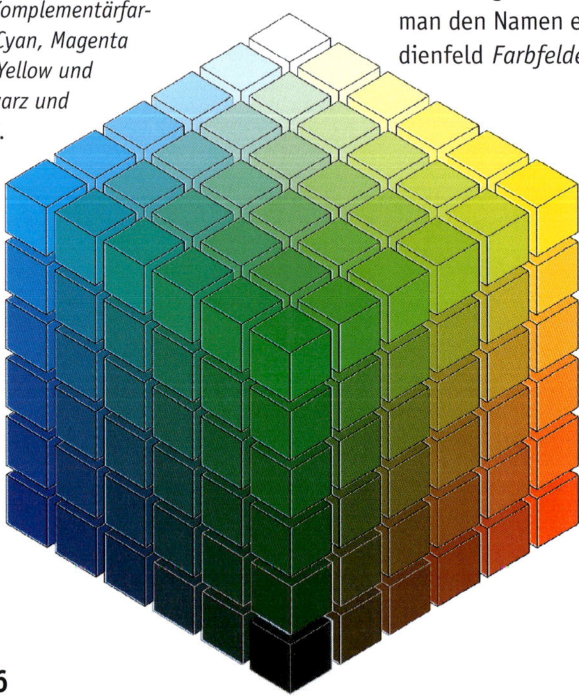

Illustrationen für das Web vorbereiten

Sollen Illustrationen für das Web erstellt werden, ist es genauso wichtig, sie im Vorfeld mit den richtigen Farben zu versehen wie bei Printgrafiken. Wählt man im Vorab nicht wenigstens RGB-Farben aus, kann es zu extremen Farbverfälschungen kommen. Besser noch, als RGB-Farben zu benutzen, wäre es, mit websicheren Farben zu arbeiten. FreeHand MX kann, wie viele andere Programme auch, auf websicheren Farbe zugreifen, und zwar an unterschiedlichen Stellen.

- Klickt man mit dem Mauszeiger in der Werkzeugleiste auf die *Farbfelder* für Strich- oder Füllungsfarbe, öffnen sich die so genannten *Color Cubes* (**1**) beziehungsweise *Farbfelder*, je nachdem, welche Wahl im nebenstehenden Popup-Menü (Pfeil im rechten oberen Bereich des Dialogfeldes [**2**]) getroffen wurde.
- Die Farben werden hier anhand ihrer Hexadezimal- und RGB-Werte angegeben. Bleibt man einen Augenblick mit dem Mauszeiger auf einer der Farben stehen, erscheint zusätzlich zum Namensfeld im oberen Bereich des Dialogfeldes am Cursor die Farbbeschreibung. Übrigens, auch wenn man das Namensfeld markieren kann, ist es doch nicht möglich, hier eine Änderung vorzunehmen. Möchte man den Namen einer Farbe ändern, so ist hierfür das Bedienfeld *Farbfelder* vorgesehen. Wurde die Farbe aus den *Color Cubes* erst einmal einem Objekt zugewiesen, kann man sie entweder per Drag and Drop aus dem Bedienfeld *Objekt* in das Bedienfeld *Farbfelder* hineinziehen, oder man überlässt bei mehreren Farben diese Arbeit dem Xtra *Alle Farben definieren* (*Xtras > Farben > Alle Farben definieren*).
- Durch Anklicken des Farbkreissymbols (**2**) innerhalb der *Farbfelder* für Strich- und Füllungsfarbe kommt man in ein weiteres Dialogfeld für Farben (**3**), in dem man über das Aufklappmenü *Palette* in den Bereich der websicheren Farben gelangt (**4**).

Die Farben lassen sich hier leider nur durch Zeigen und nicht durch Eingabe eines Hexadezimalcodes auswählen.

Farbbibliotheken

Eine weitere Möglichkeit, mit Webfarben zu arbeiten, stellen die Farbbibliotheken dar. FreeHand stellt im Bedienfeld *Farbfelder* die Bibliothek *Web-Safe-Library* zur Verfügung. Wie in den anderen Farbbibliotheken auch lassen sich hier die Farben einzeln, durch Eingabe des Namens oder Zeigen der Farbe auswählen (**1**). Der Name der Farben wird auch hier, genauso wie in den *Color Cubes*, per Hexadezimalcode plus RGB-Benennung angegeben.

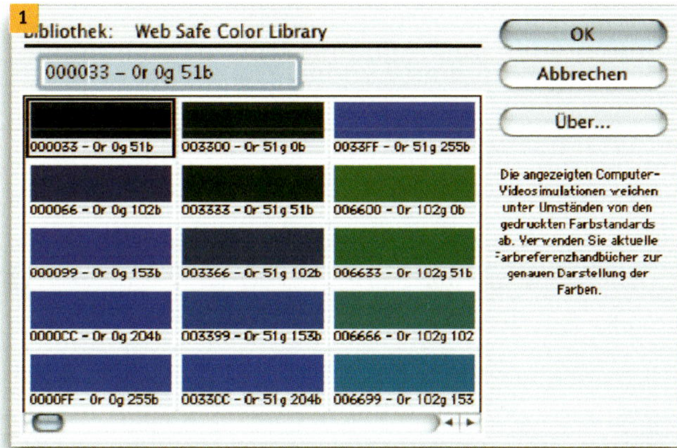

Es ist hier auch möglich, mehrere Farben auszuwählen. Die Vorgehensweise ist folgende. Nach Auswahl einer Farbe hält man die Shift-Taste (⇧-Taste) gedrückt und wählt dann weitere aus (**2**). FreeHand gibt im Namensfeld des Dialoges dann *Mult(i)* als Namen an. Farben, die in Bibliotheken ausgewählt wurden, werden im Dialogfeld umrandet dargestellt. Nach einem *OK* werden sämtliche markierten Farben in das Bedienfeld *Farbfelder* aufgenommen.

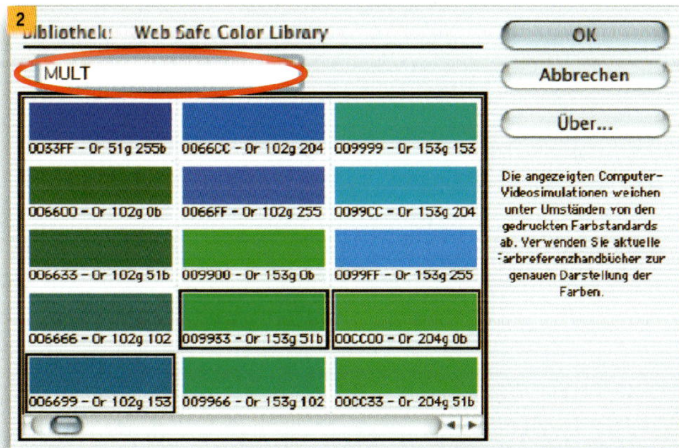

Bibliotheken mit Clips

FreeHand MX bietet in Zusammenarbeit mit Macromedia Flash MX auch Bibliotheken an, die Steuerelemente für Flashanimationen enthalten, zum Beispiel die Bibliothek *Navigation*. Auch die darin enthaltenen Elemente, die grundsätzlich SWF-Datei-

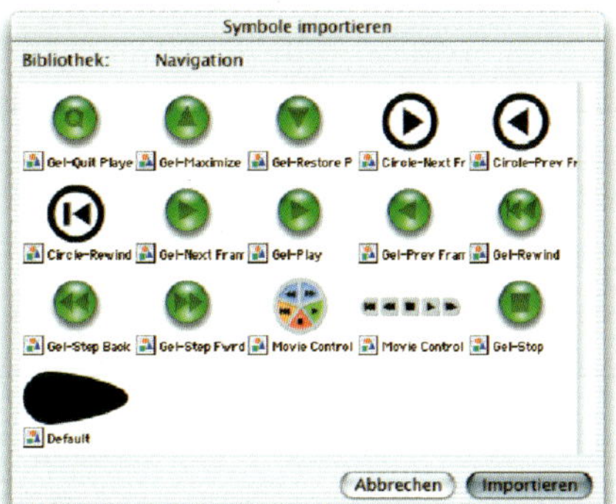

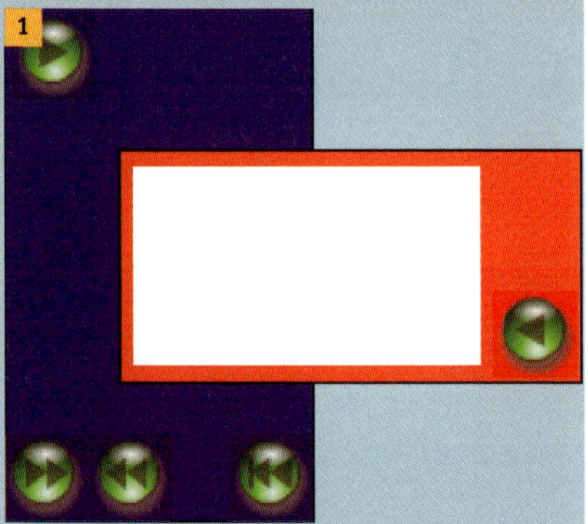

en darstellen, sind weboptimiert. Sehr gut beobachten kann man das, wenn man einmal solch einen Clip in eine Illustration einbindet (**1**) und anschließend als GIF abspeichert. Wird das GIF anschließend in einem Browser geladen, zeigt sich, dass die Farben der Clips absolut korrekt dargestellt werden (**2**).

- Übrigens, sollen im späteren GIF transparente Bereiche auftauchen, wie es in der Browserdarstellung (**2**) zu sehen ist, muss im GIF-Exportdialog unbedingt die Option *transparenter Hintergrund* eingestellt werden (**4**), sonst wird die Darstellung aussehen, wie es der zweite Browserscreenshot zeigt (**3**). Überhaupt sind im GIF-Exportdialog einige webfarbenrelevante Dinge zu beachten. Auch im Kapitel «Web-Grafiken» wird darauf hingewiesen.

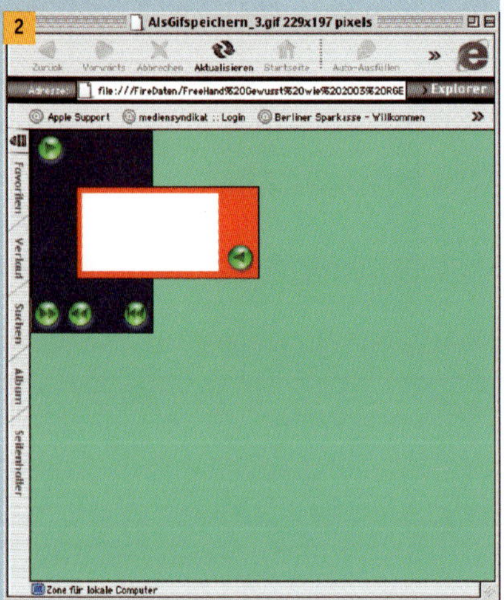

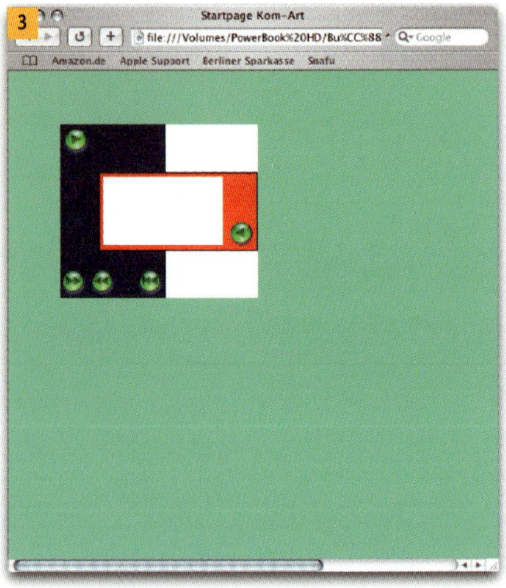

Die linke Browserdarstellung zeigt den Internetexplorer unter Mac OS 9, und die rechte Darstellung zeigt den Browser Safari 1.0 unter Mac OS X. In beiden Browsern ist das gleiche Anzeigeverhalten vorhanden.

- Kommen in der Illustration Verläufe vor, sollte unbedingt eine Option für *Mischen* eingestellt werden (**6**). Zur Auswahl stehen hier *Kein/e*, *Minimum*, *Moderat* und *Hoch*. Die Optionen bewirken ein Dithern von Farbübergängen. Dadurch werden sie im Browser besser aussehen (siehe auch Seite 167).
- Bei den *Paletten* sollte auf keinen Fall eine andere als *WebSnap Adaptive 16*, *WebSnap Adaptive 128*, *WebSnap Adaptive 256*, *WebSafe 216* oder *16*, *32* und *64 Farben* eingeschaltet werden, da diese auf die im Internet möglichen bzw. standardisierten Farben zurückgreifen (**6**; siehe auch Seite 166).

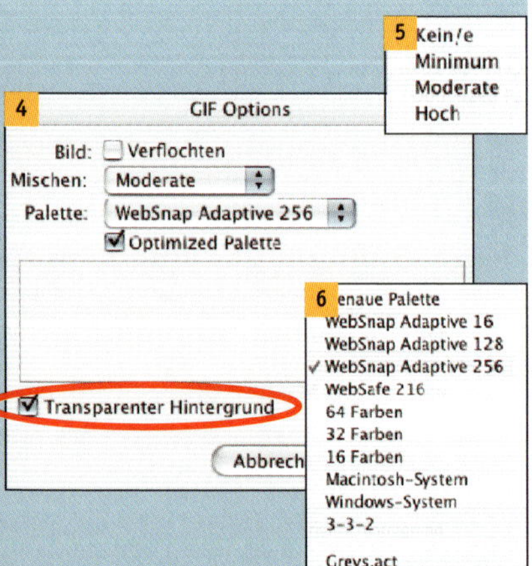

Dateien für den Druck optimieren X

Grafiken vereinfachen

Ausgabeprobleme vermeiden

Schriften

Konvertierter Text benötigt keine Zeichensätze

Importierte Bilder

Sinnvoller Umgang mit Bilddaten

Checkliste

Überprüfen und optimieren von Dateien

Warum vereinfachen?

In diesem Kapitel werden Anregungen zum Optimieren von FreeHand-Dateien gegeben, um Bearbeitungs- und Druckzeit zu sparen. Bei der hochauflösenden Ausgabe (Belichtung auf Film) können längere Rechenzeiten zusätzliche Kosten verursachen.

Die angesprochenen Punkte werden selten zu ernsthaften Problemen führen. Mit durchdachtem Aufbau und schlanken Daten kommen Sie jedoch schneller zum Ziel und werden mehr Freude an der Arbeit haben.

Zur Vermeidung von Ausgabefehlern sollten Sie allerdings einige Dinge beachten. – Sie finden am Ende des Kapitels eine Checkliste als Zusammenfassung sowie eine Übersicht häufiger Fehlermeldungen von PostScript-Geräten (diese Seiten sind am Rand blau-gelb gestreift).

Beim Erstellen einer Grafik müssen Sie bereits an den geplanten Einsatz der Illustration denken. Wenn Sie für die Bildschirmanzeige arbeiten (CD-ROM, Internet), können Sie dieses Kapitel überblättern. Sie werden Ihre Zeichenwege in Bildpunkte wandeln und bekommen, was Sie auf dem Bildschirm sehen: ausreichende Farbanzahl in Verläufen, gezackte oder geglättete Konturen. Beim Drucken jedoch spielen technische Zusammenhänge der Weiterverarbeitung eine große Rolle.

Art und Zahl der Ankerpunkte, eingesetzte Muster und Füllungen, importierte Grafiken und gedrehter Text bestimmen die Komplexität, die Ihr Ausgabegerät berechnen muss. Grafikobjekte, die im Druck unsichtbar sind, können die Ausgabe komplizieren. Verläufe sollen glatt im Druck erscheinen. Wie viele Farbstufen brauchen Sie dafür? Und wie verhält es sich mit den Überfüllungen? (Anmerkungen zur Arbeit mit Farben, Verläufen, Überfüllungen finden Sie im Kapitel *Farbe für Print und Web*.)

Diese Faktoren bestimmen wesentlich Druck-/Belichtungszeiten und die Fehlerwahrscheinlichkeit. Damit haben sie direkten Einfluss auf Terminplan und Budget.

Sicher werden Sie nicht jede kleine Illustration beim Abschluss der grafischen Arbeit aufwendig prüfen. Dazu ist im Arbeitsalltag meist keine Zeit. Sie sollten jedoch einige Punkte bereits während der Arbeit berücksichtigen, um problemlose Daten weitergeben zu können.

Objekte einfach gestalten

- Die Anzahl der Ankerpunkte entscheidet wesentlich über die Geschwindigkeit, mit der eine Datei ausgegeben wird. Deshalb sollten die Pfade nicht mehr Punkte enthalten, als ihre Gestaltung erfordert.
  Da sich mit wenigen Ankerpunkten bei Bézier-Kurven harmonische Linienführungen ergeben, kommt diese Anforderung ohnehin anspruchsvoller Gestaltung entgegen.

- Genaues geometrisches Arbeiten kommt dieser Forderung ebenfalls entgegen. Ein Beispiel: Um einen Viertelkreisbogen zu erzeugen, sollten Sie den Kreis nicht mit dem Messer trennen, sondern mit den vorhandenen Punkten arbeiten. Das Messer-Werkzeug führen Sie mit der Hand – trennen also ungenau; so erhalten Sie zu lange oder zu kurze Pfade (**1**). Die bessere Methode: Gruppierung des Kreises aufheben, Punkte mit Markierungsrahmen aktivieren und den Befehl *Modifizieren > Teilen* aufrufen (**2**).

- Besonders rechenintensiv sind Freistellungspfade (Masken). Das gilt für importierte Pixelbilder ebenso wie für die Maskierung von FreeHand-Objekten (innen eingefügte Inhalte).
  3 Der Freistellungspfad wurde aus wenigen Kurvenpunkten erzeugt.
  4 Pfade aus Eckpunkten erfordern viele Ankerpunkte und folgen nicht den Rundungen der freizustellenden Figur.

- Zahlreich ineinander verschachtelte Gruppierungen erfordern ebenfalls viel Rechenleistung vom Ausgabegerät. Setzen Sie Gruppierungen zweckmäßig ein.
  5/6 Mit etwas Erfahrung können Sie beim Erstellen der Pfade bereits einschätzen, wie Objekte sinnvolle Gruppen bilden. Dann können Sie bei der späteren Arbeit schneller und komfortabler zusammengehörige Objekte auswählen (im Beispiel gehören die Pfade einer Seite jeweils zu einer Gruppe, da sie gleiche Farben oder durchgehende Verläufe enthalten).

FreeHand bietet eine Gruppenhierarchie von zwanzig Stufen, dann ist die Schachtelungsgrenze erreicht. Um ein Objekt aus der Gruppe zu lösen, müssen Sie alle Gruppierungen aufheben, denen es angehört. Sie können es auch über die Zwischenablage herauslösen; beim Einsetzen ändert es aber seine Position (mit gedrückter ⌥-Taste markieren, *Ausschneiden*, *Einfügen*).
Selbst in komplexen Grafiken genügen meist zwei bis drei Gruppierungsstufen.

Aufwendige Hierarchien lassen sich besser in Ebenen verwalten. Ebenen sind Gruppierungen überlegen: Sie lassen sich unsichtbar stellen, sperren und vom Druckvorgang ausschließen.

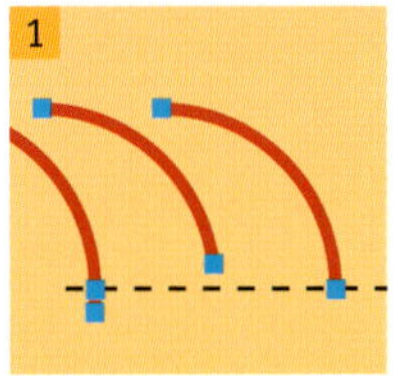
1

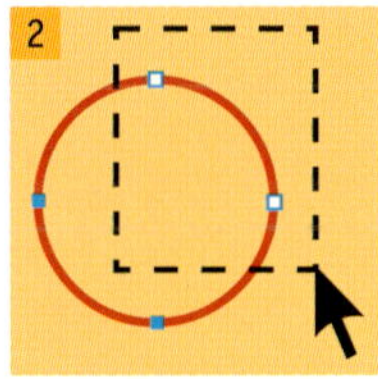
2

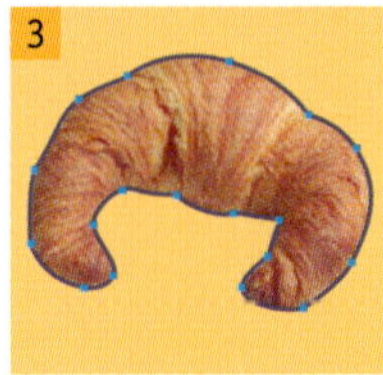
3

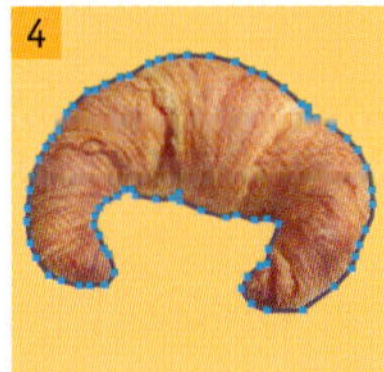
4

5

6

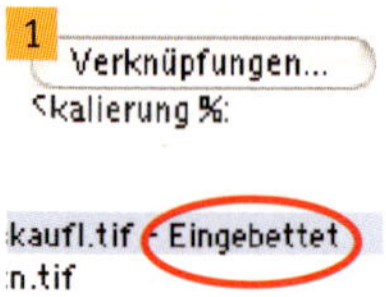

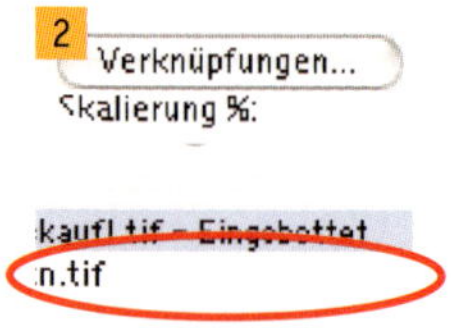

Leerstelle: Verknüpft

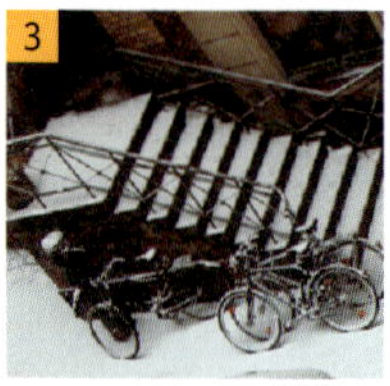

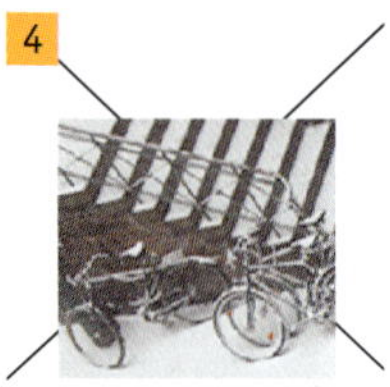

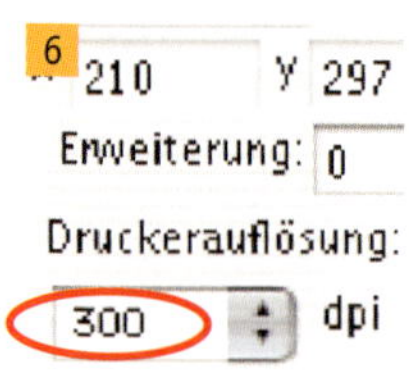

Importierte Bilder

Bei Bildimporten ist die Datenmenge der vollen Bildfläche zu verwalten. Dabei ist das Bild eingebettet (**1**) oder verknüpft (**2**), je nach Voreinstellung (*FreeHand MX > Einstellungen > Import > Bilder und EPS beim Importieren einbetten*), was sich im Verknüpfungsdialog des Bedienfeldes Objekt ändern lässt.

3–5 Wenn Sie nur einen Ausschnitt des Bildes einsetzen, sollten Sie es in der Bildbearbeitung beschneiden (zum Beispiel mit dem Freistellungs-Werkzeug des Programms Photoshop). – Gedrehte und skalierte Bilder erfordern ebenfalls viel Rechenleistung. Rotieren und skalieren Sie in der Bildbearbeitung und setzen Sie diese Kopie in FreeHand ein. So können Sie bei rechteckigen Bildausschnitten auf Maskierungen verzichten.

Pixelbilder in FreeHand skalieren

Die erforderliche Auflösung eines Bildes ergibt sich aus der Rasterweite des geplanten Drucks. Sie ändert sich jedoch bei Skalierungen in FreeHand. Deshalb sollten Sie Bilder in FreeHand nicht vergrößern – die Auflösung für den Druck könnte unzureichend ausfallen. – Verkleinerungen sind kein Problem, da sich die Bildpunkte verkleinern, die Auflösung erhöht sich.

Sollte es dennoch erforderlich sein, beachten Sie bitte Folgendes: Stellen Sie zunächst die Auflösung des Ausgabegerätes (Drucker, Belichter) im Dokumentinspektor ein (**6**). Dann skalieren Sie das Bild durch Ziehen am Eckanfasser bei gedrückter ⌥-Taste.

FreeHand skaliert das Bild in Abstufungen, die vorteilhaft für die Qualität der Ausgabe sind. Sie ergeben sich aus dem Verhältnis der Bildauflösung zur Ausgabeauflösung.

(Nach meiner Beobachtung liegt folgende Formel zugrunde:
Skalierungsstufe = Bildauflösung : Druckerauflösung)

Drehung

Auch Grafikobjekte können aufwendig sein. Dazu zwei Hinweise:

- Vermeiden Sie das Skalieren und Rotieren von Mustern, wenn Sie diese nicht in verschiedenen Lagen einsetzen. Erstellen Sie Muster in der benötigten Größe und Lage.
- Viel Rechenleistung erfordern Textrahmen, die aus ihrer waagerechten Lage gedreht wurden, und Text am Pfad (das können Sie an der Geschwindigkeit des Bildschirmaufbaus erkennen).

Schriften

Beim Einsatz von Schriften im Dokument sollten Sie ebenfalls an die spätere Ausgabe denken. Dazu einige Hinweise:

- Setzen Sie wenige Texteffekte ein. Sie benötigen viel Rechenleistung und bringen im Farbdruck kaum lösbare Probleme. Aus gestalterischer Sicht fällt der Verzicht auf diese Effekte ohnehin leicht, da sie die Lesbarkeit erheblich verringern.
- Setzen Sie wenige Schriftarten ein. Das gilt vor allem beim Druck von einem anderen Rechner (bei Filmbelichtungen außer Haus) und beim Export von EPS, da alle im Dokument/im EPS enthaltenen Schriften auf dem Ausgaberechner installiert sein müssen. – Jeder Schriftschnitt ist eine Datei!

In Pfade konvertieren

Die Lösung dieses Problems ist einfach, aber nicht perfekt: Wandeln Sie die Schriften in Zeichenwege. Der Befehl lautet *Text > In Pfade konvertieren*. Textobjekte sind nun Pfade; der Rechner und der Drucker benötigen die Fonts für die Ausgabe jetzt nicht mehr (**1/2**).

Die Konvertierung in Pfade ist mangelhaft. Das hat zwei Gründe:

- Änderungen oder Korrekturen im Text sind nicht mehr möglich. – Sie können Farben und Füllungen zuweisen – aber keine typografischen Attribute wie Schriftart und -schnitt.
- Bei der Konvertierung treten Ungenauigkeiten auf. Die Formen der entstehenden Pfade weichen etwas vom Original ab. Auch die Zeichenabstände werden ungenau umgesetzt. Während Änderungen der Buchstabenformen meist im Mikrobereich liegen, können die falschen Abstände oft als mangelhafte Satzqualität wahrgenommen werden. – Werfen Sie nach der Konvertierung einen kritischen Blick auf die Pfade. Mit der Schriftgröße wächst die Auffälligkeit der Unregelmäßigkeiten.

Die deaktivierte Option *Datei > Seite einrichten > PostScript-Optionen > Beliebig viele ladbare Zeichensätze* beschleunigt die Ausgabe deutlich, meist um ein Vielfaches. Der Rechner schickt die Zeichensätze dann nicht bei jedem Vorkommen auf der Seite erneut an das Ausgabegerät, sondern hält sie in seinem Arbeitsspeicher.
Diese Option benötigen Sie nur bei etwa einem Dutzend oder mehr Zeichensätzen pro Seite.

1

2

Speichern Sie eine Arbeitsversion Ihrer Datei, bevor Sie die Schriften in Pfade konvertieren. So können Sie später Textkorrekturen und typografische Änderungen vornehmen.

Falls Sie beim Konvertieren in Pfade eine Fehlermeldung bekommen, hat FreeHand keinen Zugriff auf den Druckerfont (PostScript-Zeichensatz). Er muss im Ordner/Verzeichnis der zugehörigen Bildschirmfonts liegen.

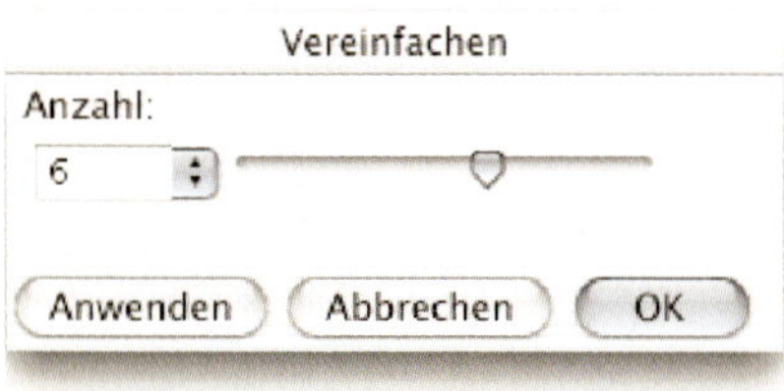

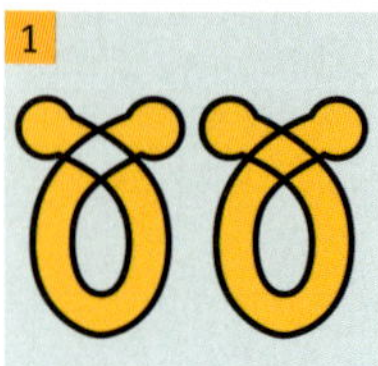

Symbol der Xtra-Funktion «Überlappung entfernen»

Stellen Sie die Auflösung für Rastereffekte bei der Arbeit auf 72 dpi (schneller Bildaufbau). Zum Ende der Arbeit wählen Sie den Wert des Ausgabegerätes (Datei > Dokumenteinstellungen > Auflösung für Rastereffekte).

Zeichenwege vereinfachen

- Reduzieren Sie nach Beendigung der grafischen Arbeiten die Pfade um nicht benötigte Ankerpunkte: *Xtras > Säubern > Vereinfachen*. Im Dialogfeld legen Sie den Grad der zulässigen Änderung fest (**1**). Ein geringer Wert löscht nur unnötige Punkte und lässt den Zeichenweg nahezu unverändert. Ein hoher Wert fasst benachbarte Punkte zusammen und ändert dadurch die Linienführung, was meist unerwünscht ist.
  Komplexe Pfade können Sie mit geringem Wert um nicht benötigte Punkte reduzieren, die bei Pfadoperationen wie Einheit und Zuschnitt entstanden und für die Form der Pfade nicht notwendig sind.
- Vereinfachen Sie Flächen: *Xtras > Säubern > Überlappung entfernen*. Dabei werden Verschlingungen und Überdeckungen (**2**) innerhalb eines Pfades durch einfachere Pfadführungen ersetzt, ohne die Form des Objektes zu ändern. (Für den linken Pfad ist die Option *Alternierende Füllung* des Bedienfeldes *Objekt* gewählt. Das Programm stellt den Überschneidungsbereich transparent.)
  Die Überlappungen sind entfernt (**3**). Das linke Objekt besteht nun aus drei verbundenen Pfaden, von denen die inneren Durchbrüche erzeugen; das rechte aus zwei.

Nicht benötigte Ebenen entfernen

Löschen Sie Ebenen, die in der finalen Version nicht erscheinen sollen. Werden sie später noch benötigt oder enthalten sie Varianten, schalten Sie die Ebenen unsichtbar und prüfen Sie in der Einstellung *Datei > Dokumenteinstellungen > Ausgabe-Optionen > Unsichtbare Ebenen einbeziehen*, ob unsichtbare Ebenen ausgegeben werden. – Unsichtbare Objekte werden bei der Ausgabe berechnet, kosten also Zeit.

Wenn Sie auf Varianten in einer Datei nicht verzichten möchten, sichern Sie sich eine Arbeitsdatei, bevor Sie löschen. Beim Export von EPS-Grafiken ohne FreeHand-Einbindung markieren Sie benötigte Objekte und wählen im *Exportieren*-Dialog *Nur ausgewählte Objekte*.

Dateien mit vielen Ebenen erzeugen nach meiner Erfahrung keine Druckfehler. Schlanke Dateien sind jedoch immer von Vorteil.

PostScript

PostScript ist eine Programmiersprache zur Beschreibung von Dokumentenseiten. Mit ihrer Hilfe werden Inhalte und deren Attribute an Ausgabegeräte übertragen. Dort werden sie berechnet; somit ist die Ausgabe grafischer Dateien möglich.
Nicht PostScript-fähige Drucker (zum Beispiel Tintenstrahldrucker) können diese Daten nicht interpretieren, verfügen meist jedoch über ähnliche Technologien. Die Druckersoftware auf dem Rechner interpretiert die Daten und sendet die Seite als fertiges Punktmuster (Raster-Image) ans Gerät – bunt und nicht farbtreu.
PostScript ist neben dem PDF-Format Industriestandard für Filmbelichtungen. Deshalb eignen sich nur PostScript-fähige Geräte (Laserdrucker) zur Kontrolle der Datei vor der Übergabe. Zur Prüfung korrekter Farbseparationen und Rastereinstellungen drucken Sie Farbauszüge. Diese werden wie belichtete Filme in Graustufen ausgegeben. Auf Farbe kann bei der Kontrolle leicht verzichtet werden, weil der Ausdruck auf Arbeitsplatzgeräten ohnehin nicht farbverbindlich ist.

FreeHand bietet Möglichkeiten zur Programmierung von Objekten in der PostScript-Sprache: Im Bedienfeld *Objekt* werden Linien und Füllungsart PostScript angeboten. In ein Textfeld können Sie den Programmcode eintragen. Nichtprogrammierer können hier zünftig PostScript-Fehler erzeugen.

PPD auswählen

Zur problemfreien Kommunikation mit Ausgabegeräten müssen Sie im *Auswahl-* und im *Drucken*-Dialog jeweils die richtige *PPD* wählen (*PostScript Printer Description*). Sie enthält die Spezifikationen Ihres Gerätes.

Raster-Image-Prozessoren (RIP) sind Teile der Ausgabegeräte zur Berechnung von Druckrastern. Sie wandeln die PostScript-Anweisungen jeweils einer Seite in ein Rasterbild um, das vom Druckwerk auf Papier oder Film übertragen wird.
RIPs findet man in Druckbetrieben meist als eigenständige Rechner vor Filmbelichtern. In Arbeitsplatzgeräten wie Laserdruckern sind sie eingebaut. Es gibt Softwarelösungen, die Geräte PostScript-fähig machen.

Checkliste Grafik

Diese Liste soll Ihnen helfen, FreeHand-Dateien abschließend zu optimieren. (Informationen zu Farben und Verläufen finden Sie im Kapitel Farbe für Print und Web.)

- Sichern Sie am Ende der grafischen Arbeit den aktuellen Zustand als **Archivdatei**, um bei Problemen darauf zurückgreifen zu können.
- Nach der Sicherung einer Archivdatei konvertieren Sie **Text in Pfade**. Wenn das wegen der Textmenge oder mangelhafter Qualität der Umrechnung nicht möglich ist, liefern Sie die eingesetzten Zeichensätze mit. Das gilt auch für exportierte EPS-Dateien.
- Vereinfachen Sie **komplexe Zeichenwege** mit Hilfe des Befehls *Xtras > Säubern > Vereinfachen*.
- Überprüfen Sie die **Ebenen**, löschen Sie nicht benötigte. Sind unsichtbare Ebenen zu drucken (*Datei > Dokumenteinstellungen > Ausgabe-Optionen > Unsichtbare Ebenen einbeziehen*)?
- Löschen Sie **leere Textrahmen**, die beim Klicken mit dem Textwerkzeug entstanden sein können: *Xtras > Löschen > Leere Textblöcke*.
- Löschen Sie **nichtdruckende Objekte**. Diese können abgedeckt sein oder außerhalb Ihres Seitenformats liegen. Weiterhin können beim Klicken mit gewähltem Zeichenwerkzeug einzelne Punkte entstanden sein. Es kann Objekte ohne zugewiesene Linie und Füllung geben. – Wählen Sie eine Ansichtsgröße, in der Sie alles überblicken. Stellen Sie die Vorschau-Ansicht ab (*Ansicht > Grobansicht*) oder rufen Sie den Befehl *Bearbeiten > Alles auswählen* auf, um unsichtbare Objekte auf der Seite zu erkennen.
- Entfernen Sie Überdeckungen innerhalb der Zeichenwege: *Xtras > Säubern > Überlappung entfernen*.
- Sind **Masken** ohne überflüssige Pfadpunkte angelegt?
- Sind die notwendigen **Überfüllungen** eingestellt?
- Überprüfen Sie den **Überstand** der Objekte, die bis zur Schnittkante des Papiers drucken (wie auf diesen Seiten oben und außen).
- Stellen Sie die korrekten Ausgabeoptionen ein (Menü *Datei*).

Checkliste Farben (Datei)

- Bringen Sie alle eingesetzten Farben in die Palette (*Xtras > Farben > Alle Farben definieren*).
- Entfernen Sie die nicht verwendeten aus der Palette (*Xtras > Löschen > Nicht verwendete Farben*).
- Überprüfen Sie nun die verbliebenen Farben, ob diese Ihrem geplanten Farbsystem entsprechen (Prozessfarben sind kursiv eingetragen, Volltonfarben gerade). Jede Volltonfarbe erzeugt einen Farbauszug!
- Haben Sie Objektmischungen eingesetzt, die einen glatten Verlauf ergeben sollen? Wie viele Stufen hat der Verlauf?
- Haben Sie drucktechnisch problematische Objekte eingesetzt (prozessfarbige Haarlinien und Texte, schmale Linien und kleinen Text auf Farbflächen)?
- Gibt es Elemente, denen eine spezielle Rastereinstellung zugewiesen werden soll?
- Sind Rastereffekte eingesetzt? Passen Sie deren Auflösung an den Drucker oder Filmbelichter an (*Datei > Dokumenteinstellungen > Auflösung für Rastereffekte*).

Checkliste Farben (Druckerei)

Besprechen Sie folgende Punkte mit Ihrer Druckerei, bevor Sie mit der Arbeit beginnen:

- Mit welchen Farben wird das Projekt gedruckt? Wie viele Druckfarben sind notwendig?
- Welche Rasterweite ist für den Druck vorgesehen?
- Wie weit müssen Objekte über den Dokumentenrand ragen, die von der Seitenkante angeschnitten werden?
- Sollen Schriften in Zeichenwege konvertiert werden?
- Welche Werte sollen die Überfüllungen haben? Werden sie in der Datei oder bei der Ausgabe mit spezieller Software eingestellt?

Für den Druck relevante Einstellungen müssen Sie in FreeHand vornehmen. Im Zielprogramm (Layout-Software) können Sie an EPS-Dateien keine Änderungen vornehmen, da es sich um ein «abgeschlossenes» Format handelt. Wenn Text enthalten ist (nicht in Pfade konvertiert), müssen die Zeichensätze auf dem Zielrechner installiert sein.

PostScript-Fehler

Da es sich um eine Programmiersprache handelt, ist die Interpretation der Fehlermeldungen oft nicht einfach. Hier finden Sie häufige Fehlermeldungen:

- **IOError**: Fehler bei der Datenübertragung vom Rechner zum Ausgabegerät.
  Hardwarefehler, meist ein Verbindungsproblem.
- **Invalidfont**: Schriften sind defekt (Druckerzeichensätze).
  Schriften von der Originaldiskette neu installieren.
- **Limitcheck**: Das Ausgabegerät kann die Datei in seinem Arbeitsspeicher nicht berechnen.
  Mehr Arbeitsspeicher installieren; Bildauflösung verringern; Anzahl der Punkte auf dem Zeichenweg reduzieren.
- **Syntaxerror**: PostScript-Code ist nicht interpretierbar.
  In den Dialogen *Apple* > *Auswahl* > *Erstellen* und *Drucken* > *Einrichten* die Wahl der PPD überprüfen.
- **Timeout**: Für das Ausgabegerät ist eine Zeitbegrenzung eingestellt. Erhält es angeforderte Daten nicht rechtzeitig, bricht es den Druckvorgang ab.
  Timeout auf 0 stellen (Dienstprogramm des Gerätes).
- **Offending command, undefined**: unbestimmt.
  Hier hilft nur Probieren, um die Ursache zu finden.
- **Vmerror**: Das Ausgabegerät kann die Datei in seinem Arbeitsspeicher nicht berechnen.
  Zusätzlichen Arbeitsspeicher im Drucker installieren; Anzahl der Schriften im Dokument reduzieren (in Zeichenwege verwandeln); Bildauflösung verringern oder Bildausschnitt in der Bildbearbeitung vornehmen; Anzahl der Punkte von Zeichenwegen reduzieren.
- Rasterweiten geringer als 20 lpi werden PostScript-Fehler auf Geräten bewirken, die mit PostScript Level 1 arbeiten.
- Häufige Ursachen für PostScript-Fehler sind Masken (Freistellungspfade mit vielen Ankerpunkten; ineinander verschachtelte Masken) und viele Schriftschnitte in einer Seite. – Zeichenwege mit vielen Punkten, wie sie beim automatischen Nachzeichnen entstehen, geben dem Ausgabegerät einiges zu rechnen.
- Grundlage einer fehlerfreien Arbeit ist die Wahl der passenden Druckerbeschreibung Ihres Gerätes (*Datei* > *Drucken* > *FreeHand* > *Einrichten* > *PPD*).

Web-Grafiken XI

Illustrationen für das Internet

Das kleine Einmaleins der Pixelformate und wie man sie nutzen kann

Grafikformate

Die Qual der Wahl, welches ist das richtige Format?

JPEG-Format, GIF-Format und PNG-Format

Vorteile und Nachteile. Wo liegen die Unterschiede der einzelnen Formate und welche Möglichkeiten bieten sie?

Nutzen und Erstellen von Alphakanälen

Was sind Alphakanäle und wofür können sie benutzt werden? Export mit der Zwischenablage: einfach oder gibt es Probleme?

Pixel (englisch = picture element): Ein Bild ist aus einer mehr oder weniger frei zu wählenden Anzahl von Pixeln zusammengesetzt, die immer quadratisch sind. Je mehr Pixel auf einer Fläche existieren, desto mehr Details können dargestellt werden.

*Das Bild **Standardschriften** zeigt eine eher langweilige Darstellung einer Internet-Standardschrift. Das Bild **Schriftgestaltung** dagegen ist typografisch recht anspruchsvoll gestaltet und wirkt auf den Betrachter sicher ansprechender. Standardschriften sind eher geeignet, grundsätzliche Informationen zu geben, wogegen gestaltete Schriften mehr für die angenehme Optik einer Seite sorgen.*

Illustrationen für das Internet

Im Großen und Ganzen stellt das Internet dem User Informationen in unterschiedlicher Weise bereit. Die Informationen können aus Texten, Bildern oder dem Zugriff auf Datenbanken bestehen, je nachdem, welcher Inhalt weitergegeben werden soll. Unterschiedliche Informationsstrukturen erfordern unterschiedliche Lösungsformen. Die Beschreibung der Informationen geschieht durch HTML-Codes. Diese Codes lassen jedoch nur spezielle Grafikinformationen zu. Damit wird es schwierig, die Vektoren von FreeHand zu nutzen, jedoch nicht unmöglich. Es greifen hier besondere Exportformate von FreeHand wie JPEG, GIF oder PNG, die es gestatten, Vektoren in Pixelinformationen umzurechnen. Erleichternd kommt hinzu, dass die Bildinformationen, die im Internet gegeben werden, nicht wie im Printbereich Anforderungen unterliegen, die von Druckmaschinen, deren Arbeitsweise und Genauigkeit von Auflösungen und Rastern bestimmt werden. Die Merkmale, die die Darstellung eines Bildes im Internet steuern, sind die Standardauflösung des Monitors von ca. 72 dpi und die Ausdehnung des Bildes, in Abhängigkeit davon jedoch auch die Ladezeit (Übertragung der Bildinformation vom Webserver auf den Monitor). Die einzelnen Grafikexportformate erfüllen diese Kriterien in unterschiedlicher Weise.

- Oberstes Bestreben sollte sein, den User nicht mit allzu langen Wartezeiten zu belästigen. Wird eine Seite im Internetbrowser aufgerufen, sollte nach möglichst kurzer Zeit auch die Bildinformation am Monitor zu sehen sein.

Standardschriften

Schriftgestaltung

8 Zeichen für den Dateinamen und 3 Zeichen für die Extension (Erweiterung, wie zum Beispiel JPG, GIF und PNG)

- Schriften können im Internet nur bedingt dargestellt werden. Die Browser können nur Standard-Internetschriften nutzen, die natürlich niemals ausreichen werden, eine gelungene Gestaltung vorzunehmen. Für ausgeklügelte und anspruchsvolle Schriften müssen Bilder erstellt werden, um sie darstellen zu können.
- Die einzelnen Dateiformate machen heutzutage kaum noch Probleme, wohl aber die Benennung der Dateien. Da man nicht davon ausgehen kann, dass der Server, auf dem die entsprechende Site installiert wird, konform mit der gewünschten Benennung läuft, sollte man sich unbedingt angewöhnen, die Dateien nach dem alten MS-DOS-Prinzip zu benennen: 8 Zeichen für den eigentlichen Namen der Datei, ohne Umlaute und nur erlaubte Zeichen, also keinen Punkt, Doppelpunkt usw., und 3 Zeichen für die Extension (Erweiterung), nach der die Klassifizierung des Formates vorgenommen wird.

Die am häufigsten benutzten Programme, um Internetseiten zu gestalten, sind *Macromedia Dreamweaver, Adobe GoLive* und *HomePage*. Dazu kommen noch Programme wie *Adobe ImageReady* für pixelorientierte Animationen und *Macromedia Flash MX* und für vektororientierte Animationen. Beim Austausch von Daten zu diesen Programmen wäre es praktisch, wenn man diese über die Zwischenablage exportieren könnte. Leider ist dies nicht so einfach möglich, da die Zwischenablage vektororientiert ist beziehungsweise mit *PICT-* oder *BMP-Formaten* arbeitet. Somit ist man in FreeHand auf die Exportformate *JPEG, GIF* und *PNG* angewiesen. Diese sind jedoch völlig ausreichend, um Pixelgrafiken für das Web zu generieren. Werden tatsächlich Vektoren genutzt, zum Beispiel für vektororientierte Animation, so muss mit dem Programm *Macromedia Flash MX* zusammengearbeitet werden. Hierbei sollte man die im Kapitel Flash-Animationen vorbereiten (S. 161) beschriebenen Voreinstellungen und Notwendigkeiten beachten beziehungsweise entsprechende Exportformate nutzen.

Grafikformate

1 An erster Stelle der Generierung von Exportformaten steht natürlich die Illustrationserstellung. An einfachen Beispielen soll die Erzeugung der *JPEG-, GIF-* und *PNG-Formate* deutlich gemacht werden (vorab jedoch einige notwendige Informationen).

2 Das Objekt wird markiert und anschließend der Exportbefehl unter *Ablage > Exportieren* (⇧ – ⌘ – *R*) ausgeführt.

3 Der Dialog, der erscheint, fragt in alter Manier nach dem Namen der Datei und dem Ort der Speicherung. Existiert für *Dreamweaver* schon eine *Siteverwaltung*, ist es vorteilhaft, wenn man die Datei gleich im entsprechenden Sideordner speichert, da *Dreamweaver* sonst beim Importieren des Bildes ein Duplikat in diesem Ordner erstellen möchte. Man erspart sich so lästige Dialoge und Aufräumarbeit.

Wichtig in diesem Dialog ist auch die Checkbox *Nur ausgewählte Objekte*.

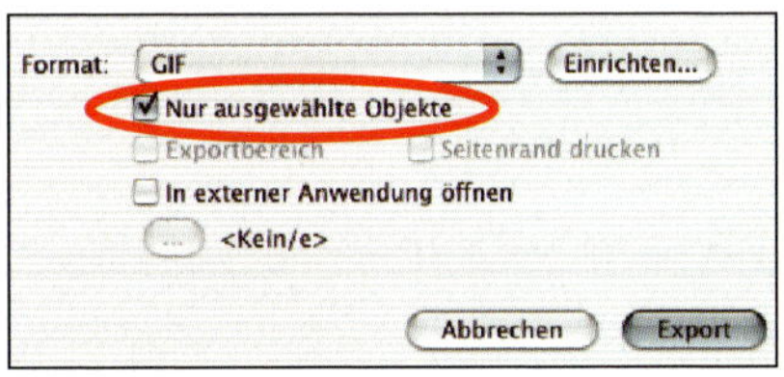

Hiermit wird nämlich nur die Auswahl gespeichert, was die Datenmenge auf der Festplatte stark reduziert und die Ladezeit der Dateien beschleunigt.

Anschließend ist noch die Wahl des Formates wichtig. *JPEG, GIF* und *PNG* stehen zur Auswahl. Für alle drei Formate müssen zusätzliche Einstellungen in den Optionen vorgenommen werden. Das geschieht mit der Schaltfläche *Einrichten* ... Hier wird in die jeweiligen Einstelldialoge verzweigt, wo zusätzliche Angaben zu machen sind, die später die Ladezeit des Bildes im Netz erheblich beschleunigen können. Durch Aktivieren der Option *In externer Anwendung öffnen* wird FreeHand MX veranlasst, nach dem Speichern die Dateibearbeitung von einem anderen Programm weiterführen zu lassen.

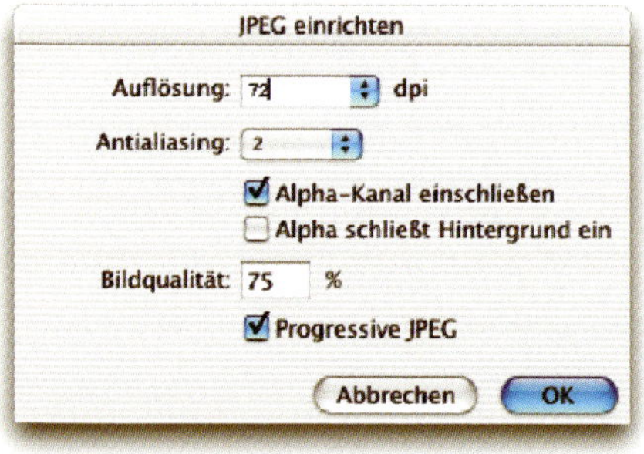

Progressives JPEG *und* ***Bildqualität*** *steuern die Darstellungsqualität des Bildes und die Schnelligkeit, mit der das Bild am Monitor dargestellt werden kann.*

Auflösung

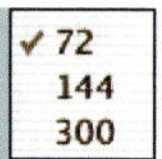

Antialiasing

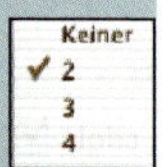

Hohe Einstellungen für ***Auflösung*** *und* ***Antialiasing*** *stellen hohe Anforderungen an den RAM-Bedarf von FreeHand. Hiermit wird die Aufrasterung der Vektoren in Bitmaps berechnet.*

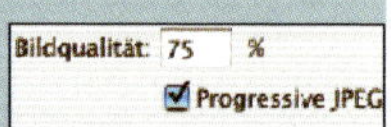

JPEG-Dateien (Joint Photographic Experts Group)

Wie zuvor schon angesprochen, spielen die Einstellungen in den Dialogen für das Erstellen von Pixeldaten eine große Rolle. Eine niedrige, aber möglicherweise ausreichende Auflösung ist genauso wichtig wie die Ausdehnung, um die Darstellung der Daten am Bildschirm zu beschleunigen und die Dateigröße gering zu halten.
Manche Monitore arbeiten heute schon mit einer Auflösung von 100 dpi, diese sollte hier das höchste der Gefühle sein. *Standardauflösung* ist allerdings immer noch 72 dpi. Jenseits der 100-dpi-Grenze ist die Qualitätsverbesserung am Bildschirm nicht sichtbar.

- Kleiner Tipp: Wenn Sie den Darstellungsmaßstab in FreeHand auf 100 % stellen, beträgt die sichtbare Auflösung der Objekte im aktuellen Arbeitsfenster 72 dpi.
Antialiasing ist eine wichtige Einstellung in Bezug auf Treppchenbildung. Werte von 2 bis 4 erreichen in der Darstellung der Bilder eine Glättung der Kanten. Wichtig ist das zum Beispiel bei Schriften. Allerdings ist von einem Wert oberhalb 2 abzuraten, da das gesamte Bild sonst zu weich erscheint.
- Ein Klick auf die Schaltfläche *Einrichten…* verzweigt in den Dialog *JPEG-Optionen*. Dieser Dialog gestattet es, das *JPEG* als *progressives JPEG* zu speichern. Diese Option erlaubt, im Internetbrowser ein Bild schon nach kurzer Zeit am Monitor darzustellen. Das bedeutet, dass schon nach ca. 15 % Ladezeit eine zwar qualitativ minderwertige, dafür aber vollständige Darstellung des *JPEG* am Monitor zu sehen ist. Mit fortschreitendem Laden der Seite wird dann eine hochwertigere Darstellung erzeugt (**1–3**).

1

2

3

- Die Option *Bildqualität* regelt die Höhe der Komprimierung beziehungsweise der Bildqualität. Höhere Wertangaben ergeben weniger komprimierte Bilddateien mit höherer Bildqualität und größerer Datenmenge. Niedrige Wertangaben ergeben höher komprimierte Bilder geringerer Qualität und niedriger Datenmenge.

GIF-Dateien (Graphics Interchange Format *GIF 89a*)

GIF-Dateien können ähnlich schnell im Internetbrowser dargestellt werden wie *JPEG-Dateien*, da sie ebenfalls stark komprimiert sind. Die Kompression basiert einerseits auf der Reduzierung der Farbtiefe auf höchstens 8 Bit, also höchstens 256 Farben (*indizierte Farben*), und andererseits auf einer sehr effektiven, verlustfreien Komprimierung der Daten. Die Reduzierung der Farbtiefe geschieht auf unterschiedliche Art und Weise.

Der Unterschied zum *JPEG* besteht unter anderem darin, dass für das *GIF* keine RGB-Farben genutzt werden können. Das GIF ist auf so genannte indizierte Farben angewiesen. Hierbei werden maximal 256 frei zu wählende Farben als Farbpalette definiert. Der Vorteil dieser Palette ist, dass die Dateigröße im Verhältnis zum RGB-Modus sehr niedrig ist, da eben nur reduzierte Farbinformationen existieren. Der Nachteil dieser Reduktion: Die Farbdarstellung wird massiv minimiert.

Ein weiterer Vorteil: Eine Farbe der Farbpalette kann als so genannte *transparente Austauschfarbe* angelegt werden. Das bedeutet, ähnlich wie beim Beschneidungspfad im Druckprozess erscheinen bestimmte Bereiche des Bildes im *Browser* vor einem Hintergrund transparent. In Programmen wie *Adobe Photoshop* oder *Macromedia Fireworks* können sogar mehrere Farben benutzt werden. Ratsam ist das jedoch nicht, da in Randbereichen einer Farbabgrenzung häufig Treppchen entstehen, die im *Browser* dann unschön aussehen.

Wahl des richtigen Farbkataloges

Wird in den *GIF*-Optionen die Schaltfläche *Mehr...* betätigt, stehen folgende Farbpaletten zur Verfügung, die alle den Farbraum auf maximal 8 Bit reduzieren. Alle haben auch ihre Berechtigung und werden kurz besprochen: *Genaue Palette*

Die Palette enthält Farben, die FreeHand MX aus den häufigsten in der ausgewählten Objektsituation enthaltenen Farben zusammenstellt. Hierbei ist keine korrekte Über-

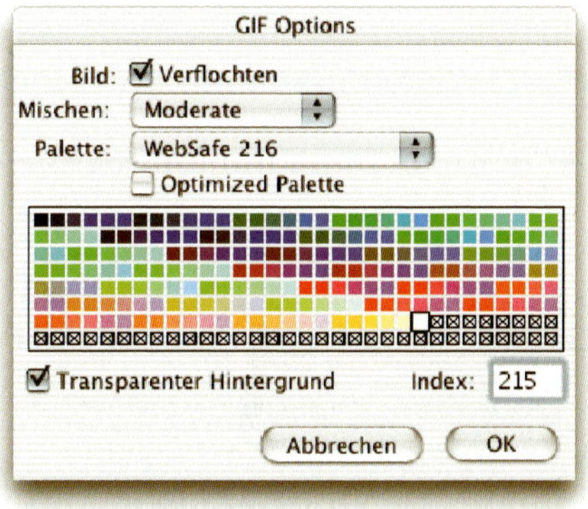

*Die Option **verflochten** arbeitet in ähnlicher Weise wie beim **progressiven JPEG**. Auch hier wird das **GIF** beim Laden erst in einer minderen (intermittierende Spektren)und anschließend in einer besseren Qualität dargestellt.*

*Die Optionen unter **Mischen** sorgen für etwas bessere Farbübergänge zwischen Farben, die nicht besonders gut in den gewählten Farbraum konvertiert werden können. Solche Farben werden dann durch Farbanhäufungen ähnlicher Farben simuliert.*

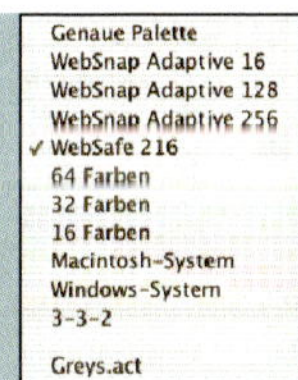

*Das **Optimieren** bewirkt, dass die entstehende GIF-Datei nur so viele Farben aus dem gewählten Katalog enthält, wie wirklich notwendig sind.*

Der Apple-Farbwähler

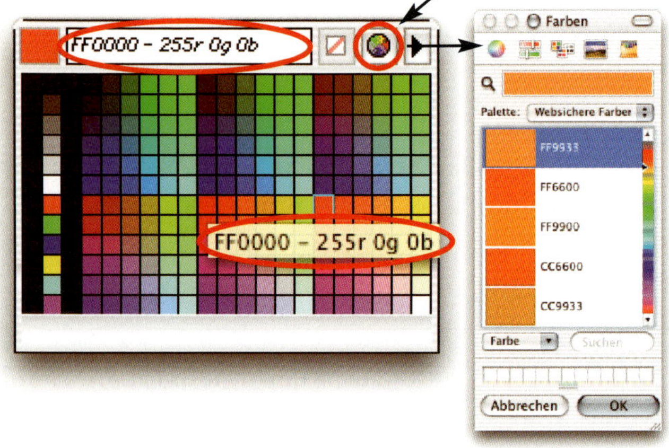

***WebSafe**-Farben sind Farben, die nach dem Hexadezimalsystem erstellt werden und aus einer sechsstelligen Zahlen-Buchstaben-Kombination bestehen. Diese **Codes** können auch in einer HTML-Datei eingegeben werden, zum Beispiel für die Gestaltung einer Hintergrundfarbe auf der Webseite. Die Farben werden rechnerunabhängig erzeugt bzw. dargestellt.*

*An den Schaltfeldern Web-safe 1 und Websafe 2 kann man ganz gut erkennen, dass das **GIF-Format** bei Farbabstufungen an seine Grenzen stößt. Hier werden Farben benötigt, die im (indizierten) 8-Bit-Farbbereich nicht vorkommen. Entweder man gibt sich hier mit den wenigen möglichen Farben zufrieden, oder man weicht auf das datenintensivere **JPEG-Format** aus. Bei fotorealistischen Bildern ist das unumgänglich.*

tragung der Farben zum Internet-Farbraum möglich, weshalb von dieser Einstellung abgeraten wird.

WebSafe 216

Es werden hierbei nur Farben benutzt, die *websafe* sind, also von jedem Browser und jedem System dargestellt werden können.

Die Transformation der Objektfarben in diesen Katalog ist allerdings sehr verlustreich. Darum bietet es sich an, in den *Farbfeldern* von FreeHand zuvor die entsprechende *Hexadezimalfarbe* auszuwählen. FreeHand kann bei eingeschalteten Werkzeugtipps den Code der *Hexadezimalfarbe* wie auch den *RGB-Farbwert* anzeigen. Alternativ kann man in den Farbfeldern den Schalter der Apple-Farbmischmethode auswählen, die ebenfalls *websicher Farben* zur Verfügung stellen. Hier werden die zu benutzenden Farben grundsätzlich *websafe* angemischt. Die Mischung erfolgt anhand von auswählbaren Farbfeldern, die über ein Farbspektrum an der Seite ausgewählt werden können. Zusätzlich kann hier aber die Eingabe auch im Hexadezimalcode vorgenommen werden. Dieser Code besteht aus einer sechsstelligen Folge von Zahlen und Buchstaben, die in gleicher Weise in den Quellcode einer HTML-Seite eingegeben werden kann.

WebSnap Adaptive 256, 128 oder 16

Die Farben der zu exportierenden Objekte werden in die nächste zur Verfügung stehende *WebSafe*-Farbe konvertiert. Es gibt hierbei keine von FreeHand MX berechnete Farbvorschau, wie es bei den anderen

Farbkonvertiermodellen der Fall ist. Die Umsetzung der Farbinformation ist häufig ungenauer.

Macintosh-System

Die auf dem Macintosh zur Verfügung stehenden Systemfarben können benutzt werden. Diese Palette ist nicht für das plattformübergreifende Arbeiten ausgelegt. Die Farben können jedoch gut in einem Macintosh-Intranet benutzt werden.

Windows-System

Alle auf Windows-Rechnern zur Verfügung stehenden Systemfarben können benutzt werden. Diese Palette ist nicht für das plattformübergreifende Arbeiten ausgelegt. Die Farben können jedoch gut in einem Windows-Intranet benutzt werden.

64, 32 und 16 Farben

Hier werden die Kataloge auf unterschiedliche Farbtiefeninformationen reduziert. Die Dateigröße kann hiermit zwar sehr effektiv reduziert werden, jedoch mit einem enormen Farbqualitätsverlust. Diese Farbpaletten reduzieren die Dateien auf sehr wenige Farben. Sollen zum Beispiel Logos mit wenigen Farben aufgerastert werden, sind diese Paletten bestens geeignet.

16 Farben

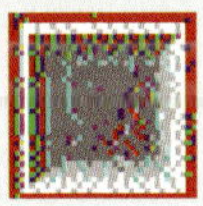

3-3-2 Farben

Es wird eine Farbpalette verwendet, die aus den ehemaligen Farben des *FreeHand GIF Importieren/Exportieren-Xtras* besteht.

32 Farben

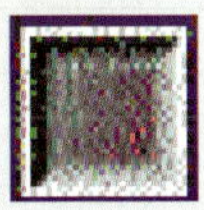

- Alle Paletten unterstützen die Möglichkeit, transparente Austauschfarben zu wählen. Die Transparenz wird im Dialog durch Ankreuzen der Option *Transparenter Hintergrund* und durch die Wahl der Indexfarbe bestimmt. Die Indexfarbe kann durch Eingabe einer *Indexzahl* gewählt werden, wobei sich die Größe der Zahl nach dem ausgewählten Farbkatalog richtet, der den Wert von 255 nicht überschreiten darf. Diese Farbe kann auch mit der Maus im Katalog gezeigt werden.
- Die Option *Mischen* sorgt bei Bildern, die aus vielen unterschiedlichen Farben bestehen, für ein so genanntes *Dithering*; d. h., dass Verlaufssituationen, die aus Farben bestehen, die in der ausgewählten Palette nicht enthal-

Macintosh

Windows

64 Farben

32 Farben

16 Farben

3-3-2

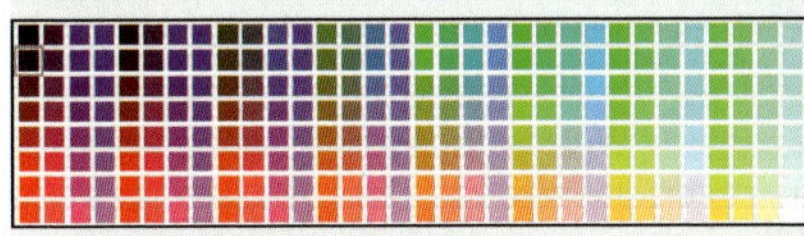

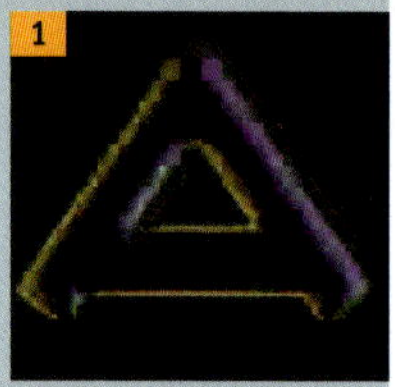

Das Beispiel zeigt eine aus dem Internet geladene Bilddatei, die Interlaced GIF benutzt.
*Die obere (**1**) stellt dabei die noch nicht vollständige Ansicht des Bildes dar.*
*Die untere (**2**) zeigt die vollständig geladene Version.*
Interlaced-GIF-Bilder werden zeilenweise in zwei oder mehreren Durchgängen aufgebaut, je nach Größe der Datei.

ten sind, durch zufällige Anhäufungen von Farbpunkten ähnlicher Farben simuliert werden, die Bestandteil des Farbkataloges sind. Hiermit kann eine recht genaue Wiedergabe der Farbsituation erzeugt werden.

- Durch Einschalten der Checkbox *Verflochten* wird das GIF zu einem so genannten Interlaced GIF gemacht. Im Normalfall wird man bei einem GIF ähnlich lange warten, bis es geladen ist, wie beim JPEG. Die Option *Verflochten* (interlaced) bewirkt einen zeilenweisen Aufbau von oben nach unten in ansteigender Qualität. Auch hier gibt es also mehrere Durchgänge, die das Bild qualitativ vervollständigen. Ein Interlaced GIF und ein progressives JPEG besitzen somit ähnliche Funktionsweisen. Der Betrachter bekommt sehr schnell eine Vorstellung von dem, was ihn erwarten wird bzw. worauf er wartet.

PNG-Dateien (Portable Network Graphic)

Das *PNG-Format* komprimiert ebenso wie das *GIF-Format* verlustfrei, unterstützt aber – wie das *JPEG-Format* – 16,7 Millionen Farben bzw. bis zu 64 Bit. Die Fähigkeit, entsprechende Farben zuzulassen, erfolgt über die Wahl der Bit-Tiefe. 24 Bit ermöglichen RGB-Farbtiefe. Sollen Alphakanäle mitgespeichert werden, dann muss die Option *32-* oder *64-Bit mit Alpha* ausgewählt werden. Alphakanäle werden im nachfolgenden Kapitel beschrieben.

- Die Option *Zeilensprungverfahren PNG* veranlasst dieses Format, sich ebenso zu verhalten wie *progressives JPEG* oder *Interlaced GIF* (verflochtenes GIF). Mehr dazu in den Kapiteln JPEG- oder GIF-Dateien (S. 152 f.).

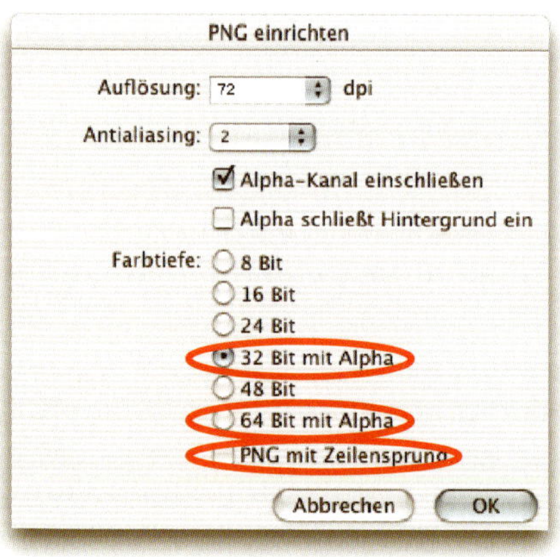

Ebenso wie *GIF* und *JPEG* ist es plattformunabhängig. Auch das *PNG* unterstützt *transparente Hintergrundfarben*. Es ist enorm leistungsstark und prädestiniert für das Internet. Der Nachteil des Formates ist jedoch, dass es immer noch nicht als Standard für das Internet angesehen wird, da es recht groß und unhandlich wird. Zudem unterstützen immer noch nicht alle Browser das Format vollständig (nähere Informationen zum PNG-Format finden Sie auf unterschiedlichen Internetseiten, zum Beispiel unter *www.boutell.com/boutell/png*).

Fazit: Die zurzeit führenden Browser können das PNG-Format noch nicht oder nicht vollständig unterstützen. Zudem ist der Speicherbedarf des Formates höher als beim JPEG oder GIF, was den Einsatz im Internet noch nicht ratsam erscheinen lässt.

Nutzen und Erstellen von Alphakanälen

Alphakanäle sind Ebenen einer Grafik, die definieren, welche Bereiche transparent sein sollen und welche nicht. In Bildbearbeitungsprogrammen können diese Alphakanäle auch als Auswahlbereiche bzw. Pfade (Beschneidungspfade) genutzt werden. Voraussetzung hierfür ist, dass die Grafik mit mindestens *32-Bit* gespeichert wird. Das einzige Internet- bzw. multimediarelevante Format, das diesen Modus unterstützt, ist das Format *PNG*. Grafiken, die im *GIF-Format* abgespeichert werden, können diese Farbflächen zum Definieren transparenter Bereiche benutzen. Es ist wichtig, dass für die entsprechende Fläche ein reines *RGB-Schwarz* benutzt wird.

*Ein reines **RGB-Schwarz** wird aus den Bestandteilen **R**ot = 0, **G**rün = 0 und **B**lau = 0 gebildet.*

Am Beispiel einer Buttonerzeugung sollen Transparenz und Alphakanäle verdeutlicht werden.

Erstellen Sie am besten unter Zuhilfenahme des Xtras *Prägen* (*Fenster > Symbolleisten > Xtra-Funktionen > Prägen* oder *Xtras > Erstellen > Prägen*) einen einfachen Button. Sie können hierzu auch die neuen Effekte von FreeHand MX nutzen, die im Bedienfeld *Objekt* zur Verfügung stehen. In den nebenstehenden Beispielen (**Effekt 1**) wurden die Effekte *Glühen* und *innerer Schatten* (*Senkprägung*) benutzt. Oder Sie benutzen aus dem Bedienfeld *Stile* die *Button Styles* (**Bandet**). Wie auch immer, gehen Sie folgendermaßen vor:

1 Nutzen Sie zum Beispiel Grundformen von FreeHand MX wie Oval, Rechteck oder Polygon (Polygon oder Stern; **1**), um die Grundform des Buttons zu erzeugen.

2 Füllen Sie diese Form mit einer Farbe oder einem Verlauf (**2**). Klonen Sie die Form, damit sie später als Schnittweg benutzt werden kann. Manche *Prägen*-Optionen erstellen nämlich sehr grobe Buttonformen.

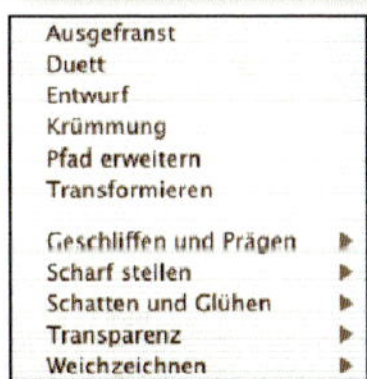

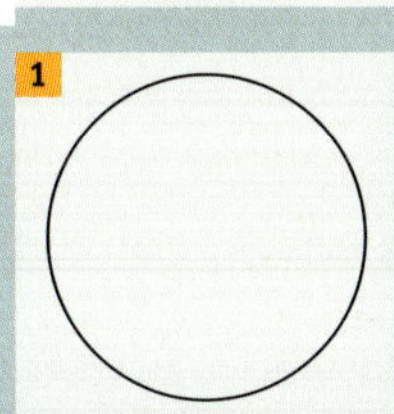

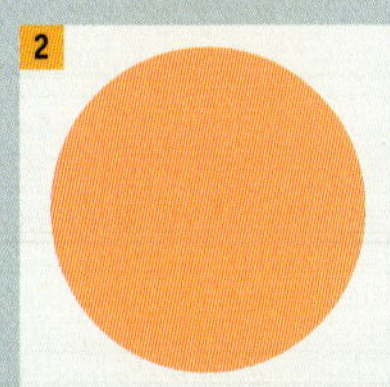

*Im Pop-up-Menü **Variieren** stehen die Optionen **Kontrast** und **Farbe** zur Verfügung. Kontrast erzeugt im Schattenbereich Abstufungen zu Schwarz und im Helligkeitsbereich Abstufungen zu Weiß. Die Option Farbe kann für diese beiden Kriterien jeweils eigene Farben wählen. Die Einstelloption **Winkel** steuert die Richtung der Abstufung, und **Tiefe** stellt die Härte des Kontrastes ein. Die Schaltfläche **Übertragen** schafft die Möglichkeit der Voransicht des Effekts.*

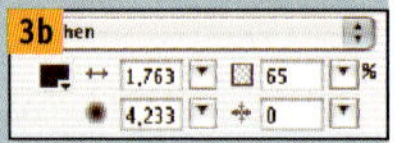

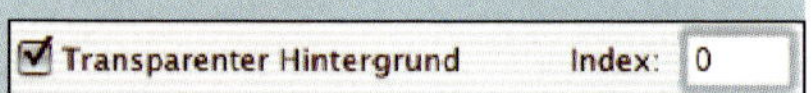

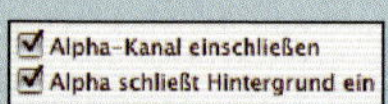

Um beim Export in das GIF-Format eine transparente Austauschfarbe nutzen zu können, ist es unbedingt notwendig, dass beide Alphakanal-Optionen eingeschaltet werden. Zusätzlich muss als Farbe für die Hintergrundfläche entweder ein reines RGB-Schwarz eingestellt werden, oder es wird eine transparente Fläche benutzt.

3 Wählen Sie nun im Dialog *Prägen* die bevorzugte Buttonform aus, nutzen Sie die *Effekte* oder wählen Sie einen *Button Styles* aus dem Bedienfeld *Stile*. Die Optionen für *Tiefe* und *Winkel* beim Prägen verleihen dem Objekt mehr oder weniger Plastizität. Auch die Effekte lassen sich nach Ihren Vorstellungen einstellen (**3b**).

4a Nachdem die Entscheidung für eine der angebotenen Buttonformen und eine entsprechende Einstellung getroffen wurden, muss mit *OK* bestätigt werden.

4b Der Button muss hier, wie schon erwähnt, mit der zuvor geklonten Form maskiert werden; d. h., der Klon wird als Einfügepfad benutzt.

5 Nachdem der Button fertig gestellt ist, wird er auf einer schwarzen Fläche (r0 g0 b0) platziert, die später den Bereich der Transparenz definiert (**5/6**).

6 Markieren Sie jetzt Button ohne Hintergrundfläche und führen Sie den Export als GIF aus. Die Optionen *Alpha-Kanal einbeziehen* und *Alpha bezieht Hintergrund ein* sowie *Transparenter Hintergrund* müssen eingeschaltet sein. Haben Sie die schwarze Hintergrundfläche mitmarkiert, wird sich ein Rahmen im Browser zeigen.

7 Das *GIF* kann nun im Internetbrowser ohne Hintergrundfarbe betrachtet werden. Um zu überprüfen, dass Ihnen bei der Erstellung des *GIF* kein Fehler unterlaufen ist, können Sie es direkt im Browser öffnen (zum Beispiel in Safari [**7/8**] oder dem Internet-Explorer [**9/10**]). Was man bei den Farbbeispielen **8** und **10** sehr schön sehen kann, ist, dass die FreeHand-MX-*Effekte* und *-Stile* zu viele Tonstufen aufweisen und so nicht hundertprozentig dargestellt werden können.

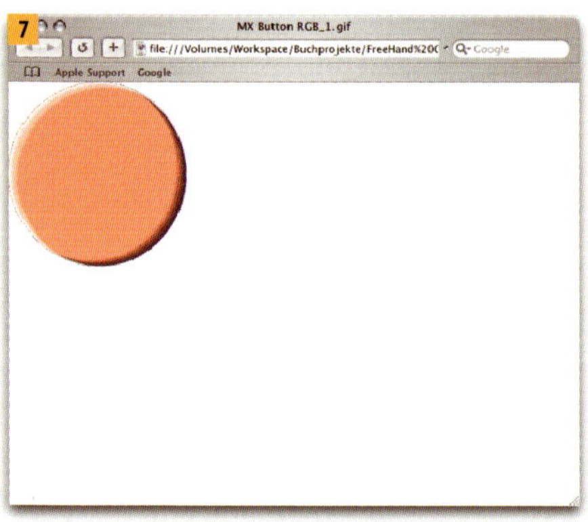

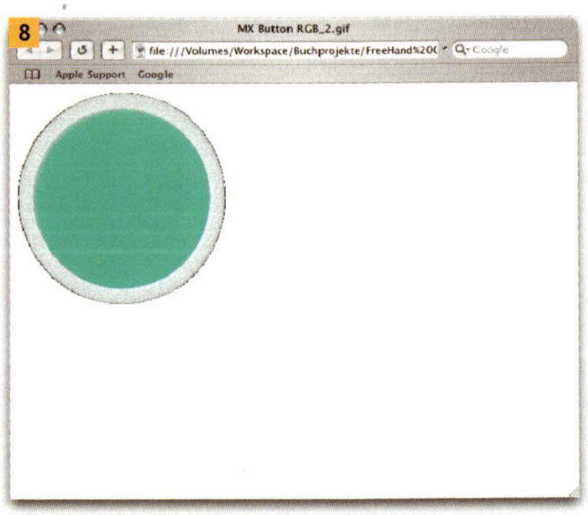

9

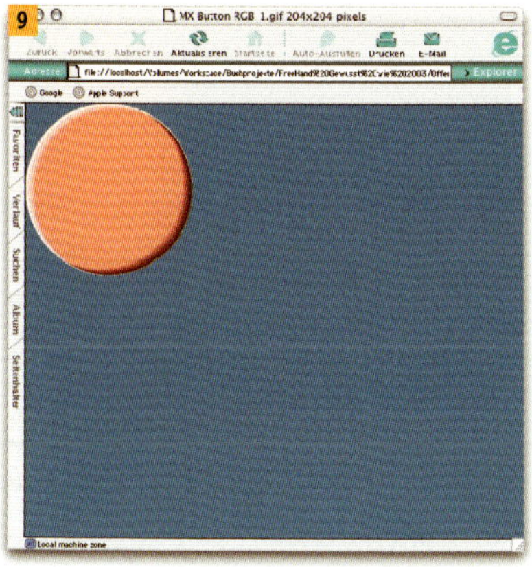

10

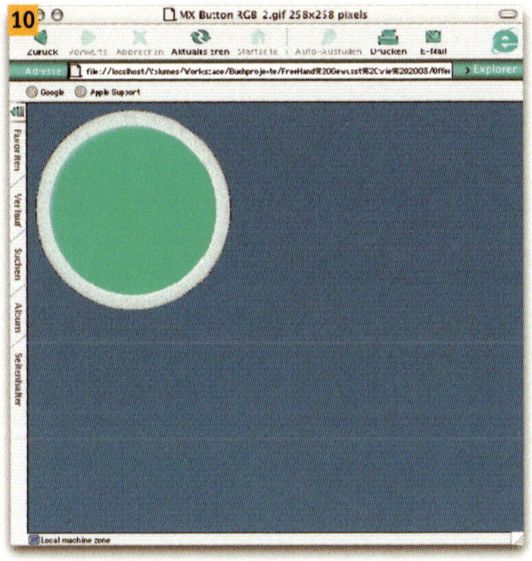

- Sie können die Bilddaten auch in eine HTML-Programmierung (zum Beispiel in Dreamweaver) als Image Source (zum Beispiel <*img src* = *alpha.gif*>) einfügen. In Dreamweaver geschieht das per Befehl *Einfügen > Bild*. Die in Dreamweaver erstellte Situation kann dann ebenfalls im Browser geladen werden.
- Die Farbigkeit der Buttons lässt sich jederzeit in FreeHand verändert, zum Beispiel wenn Variationen eines Buttons benötigt werden. Typisches Anwendungsgebiet hierfür ist Roll over oder Mause over, JavaScript-Funktionen. Sie bewirken, dass beim Überfahren einer Schaltfläche mit der Maus im Webbrowser eine zum Beispiel anders gefärbte Variation dieser Fläche erscheint. Das lässt eine Webpage witzig und frisch erscheinen, was eventuell durch höhere Besucherzahlen belohnt wird.

Export aus der Zwischenablage

Wie schon am Anfang erwähnt, ist der Export von FreeHand heraus nach Dreamweaver nicht möglich, da das eine Programm Vektoren verarbeitet und das andere Pixel. Die Zwischenablage kann nur über den Umweg Photoshop genutzt werden. Aus Photoshop heraus können diverse Speicherformate erstellt werden. Auch GIF- und JPEG-Formate sind hier effektiver speicherbar. Trotzdem bietet FreeHand mit seinen Funktionen wunderbare Möglichkeiten für das Internet, die im nächsten Kapitel, in dem es um Flashanimationen geht, weiter beschrieben werden.

Als HTML-Information speichern

Weitaus wichtiger als das Exportieren von Daten über die Zwischenablage, was eben leider nur mit Vektordaten funktioniert, ist das Abspeichern der FreeHand-Daten als HTML-Information. Der Befehl hierfür heißt *Als HTML veröffentlichen* und befindet sich im Menü *Ablage*. FreeHand erzeugt hier nach mehreren Abfragen einen Sammelordner, in dem alle auf der FreeHand-Seite oder im -Dokument enthaltenen Daten entweder als Flash (*.swf>Shockwave Flash*) oder als JPEG- bzw. GIF-Daten abgelegt werden. Nach Auswahl des Befehls öffnet sich vorerst der Dialog für die *HTML-Ausgabe*.

Wichtig ist hier, dass man den Dialog nicht einfach über die Schaltfläche *Als HTML-Datei sichern* verlässt, sondern zuvor einige notwendige Optionen (*Einrichten*) einrichtet:

Dokumentstammverzeichnis

Mit der Schaltfläche *Durchsuchen* kann ein beliebiges Dokumentverzeichnis bestimmt werden, in dem die Daten gesammelt werden sollen.

Layout

Die Einstellung *Positionieren mit Ebenen* erlaubt es, dass die Objekte im Dokument auf einzelne Ebenen gelegt werden. **Achtung:** Ältere Browser verstehen Ebenen nicht.

Diese Option ist, falls nicht auf ältere Browser Rücksicht genommen werden muss, auf jeden Fall der Einstellung *Positionieren mit Tabellen* vorzuziehen.

Kodierung

Hiermit wird die Schriftartkodierung bestimmt. Für Englisch und die meisten westeuropäischen Sprachen ist *Western (Latin 1)* auszuwählen

Export-Standards

Diese Einstellung bestimmt wie die einzelnen Objekte definiert werden sollen. FreeHand-Objekte und -Bilder können hier in das *SWF-* (Flash), *PNG-*, *JPEG-* oder *GIF-Format* konvertiert werden.

Diese Einstellungen lassen sich dann mit dem *Plus*-Button speichern.

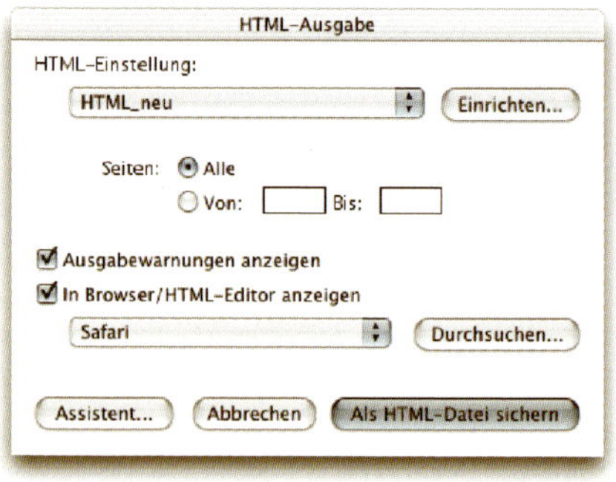

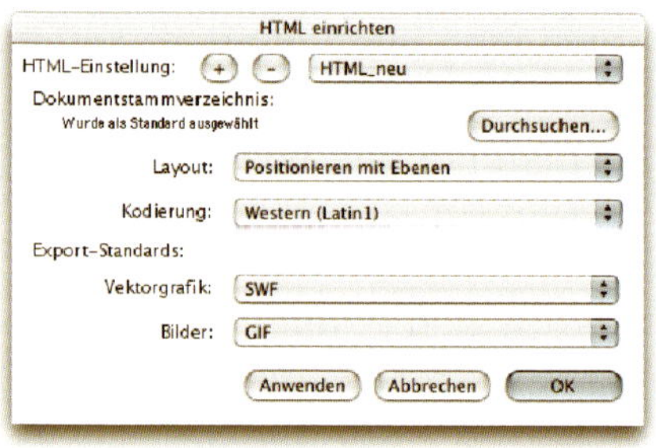

Die HTML-Dokumente lassen sich sowohl in Internetbrowser wie ***Safari, Opera, Mozilla*** *oder* ***Internet Explorer*** *und* ***Netscape Navigator*** *laden oder in Programmen wie* ***Macromedia Dreamweaver*** *und* ***Adobe Golive*** *öffnen. Die einzelnen konvertierten Bilddaten stehen nun ebenfalls für jegliche internetorientierte Weiterverarbeitunq zur Verfügung.*

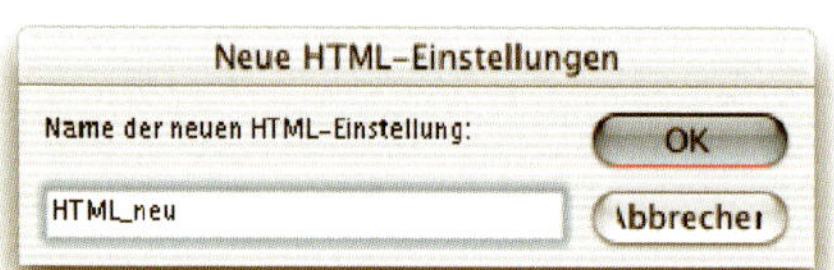

Die Animationsfabrik XII

Flash-Animationen vorbereiten

- Voreinstellungen
- Für Ebenen freigeben
- Animationsoptionen

Ebenen- oder Seitenanimation?

- Ebenen animieren
- Interaktive Elemente

SWF ist die Dateierweiterung für Shockwave Flash, das Standardanimationsformat von Macromedia.
Auf der Homepage von Macromedia (http://www.macromedia.com/support/shockwave) kann das notwendige Plug-in zum Betrachten von Flashanimationen im Webbrowser heruntergeladen werden. Der Vorgang dauert zirka 10 bis 15 Minuten, je nach Geschwindigkeit des Modems, das benutzt wird. Die Installation wird weitgehend erklärt. Sie besteht zum einen aus einer Installation auf dem Rechner und zum anderen einer Installation, die über das Web abläuft.

Flash-Animationen vorbereiten

Seit der Version 7 unterstützt FreeHand das Exportieren von Grafiken in das Flashformat. Es können einfache Animationen mit interaktiven Elementen erstellt werden, deren Grundlage Objekte einer *Seite* oder *Ebene* sind. Diese Objekte können sowohl Vektoren aus FreeHand sein als auch Symbole aus den Symbolbibliotheken, die meist als SWF-Daten definiert sind. Somit bietet diese Schnittstelle für jedermann die Möglichkeit, das große Illustrationspotenzial von FreeHand zu nutzen, um einfache Flashanimationen zu erstellen. Sollen die Animationen in Flash weiterverarbeitet werden, so unterstützt *Flash MX* sowohl den Import von in FreeHand erstellten Flashfilmen als auch die Nutzung der FreeHand-Zwischenablage.

In FreeHand MX lassen sich übrigens auch Flashobjekte und -filme importieren. Wählen Sie dazu *Datei > Importieren*. Wählen Sie eine SWF-Animation aus und platzieren Sie sie anschließend mit dem Importcursor auf der Seitenfläche. Das Programm *Macromedia Flash MX* stellt übrigens einige Sample-Filme im Ordner *Macromedia Flash MX > Samples > SWF* zur Verfügung, zum Beispiel auch die nebenstehende Uhr. Wurde sie importiert, zeigt sie nach Ausführen des Befehls *Fenster > Film > Test* die aktuelle Systemzeit an (**1**). Wird die Uhr hingegen aus Flash über die Zwischenablage importiert, bekommt man zwar die Objekte geliefert, die Uhr ist jedoch nicht lauffähig. Auch die Struktur der Objekte wird mit dem eigentlichen Flashfilm nicht mehr viel zu tun haben (**2**). Die so importierten *Movieclips*, so bezeichnet FreeHand diese

1

2

Flashfilme, können als Grundlage oder Beiwerk für in FreeHand herzustellende Animationen benutzt werden.

- Bei einigen SWF-Dateien lassen sich auch die einzelnen Sequenzen der Filme ansteuern, um sie auszudrucken. Bei den meisten ist das nicht möglich, weil sie entweder zu komplex im Aufbau sind oder in Flash Ressourcen verwendet wurden, die FreeHand nicht interpretieren kann. Bei einigen Filmen kann es vorkommen, dass sich FreeHand bei dem Versuch verabschiedet und abstürzt. Trotzdem hier kurz der Weg, denn bei FreeHand-eigenen Flashfilmen funktioniert es. Nachdem die SWF-Datei importiert wurde, kann im Bedienfeld *Objekt* unter *Momentaufnahme* gezielt eine Sequenz angegeben werden. Entweder per Regler oder durch Eingabe einer Zahl und anschließende Bestätigung durch die Eingabetaste (⏎). Wird das Häkchen bei *Momentaufnahme* entfernt (**1**), ist keine Ansicht des Films mehr zu sehen. Es wird dann nur noch ein Platzhalter mit Flashlogo gezeigt.

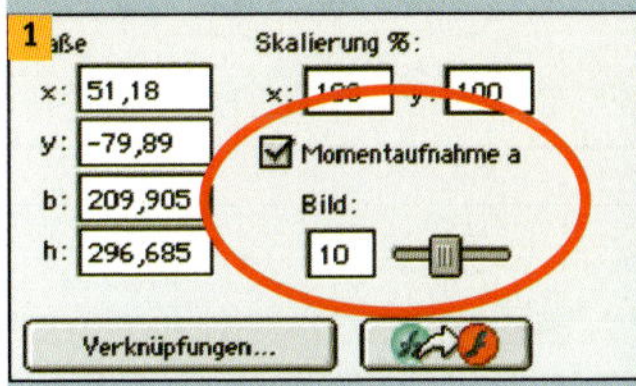

Voreinstellungen

Sollen in FreeHand Illustrationen oder Illustrationsteile für das *Macromedia-Flash-Format (SWF)* freigegeben werden, ist es notwendig, einige grundsätzliche Voreinstellungen vorzunehmen. Die Einstellungen sind erforderlich, wenn die Zwischenablage als Transportmittel benutzt werden soll.

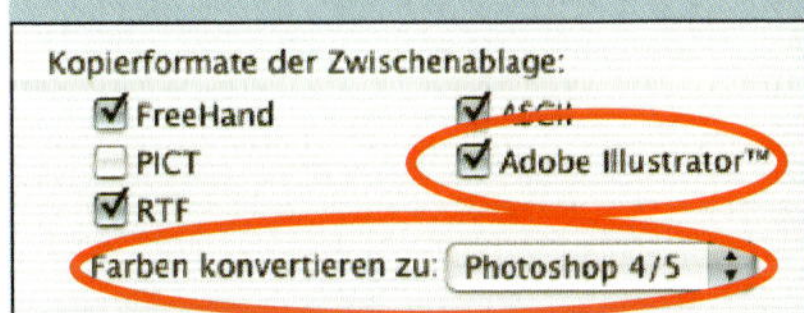

- Es müssen unter *Bearbeiten > Voreinstellungen > Kategorie: Exportieren > Kopierformate der Zwischenablage* entsprechende Maßnahmen vorgenommen werden. Achten Sie auf jeden Fall darauf, dass die Option *Adobe Illustrator* aktiviert ist. Diese Option ist nämlich dafür verantwortlich, dass der Export überhaupt durchgeführt wird.

Alle Vorgaben mit Ausnahme der Photoshop-Konvertierung sind zulässig. Wird die Option *Farben konvertieren zu*: *Photoshop 4/5* eingestellt, kann es in *Flash MX* zur Fehlermeldung kommen, wenn aus älteren FreeHand-Versionen heraus exportiert wird (vor allem der Export mittels der *Spezial-Kopieren*-Funktion bereitet noch das eine oder andere Problem). Objekte verlieren ihre Farbinformationen bzw. werden nicht importiert. Unproblematische Einstellungen sind *CMYK*, *RGB* und *CMYK und RGB*. *CMYK* ist allerdings nicht ratsam, da im Internet

Die in FreeHand MX erzeugten und in die Zwischenablage kopierten Objekte werden in Flash MX automatisch auf der aktuellen Ebene platziert. Die Objekte können hier jederzeit mit den Mitteln des Programms verändert werden.
*Werden aus FreeHand Objekte als Pixelgrafik exportiert, wie im Kapitel **Web-Grafiken** bereits beschrieben, können sie in Flash als Pixelinformation genutzt werden.*

1

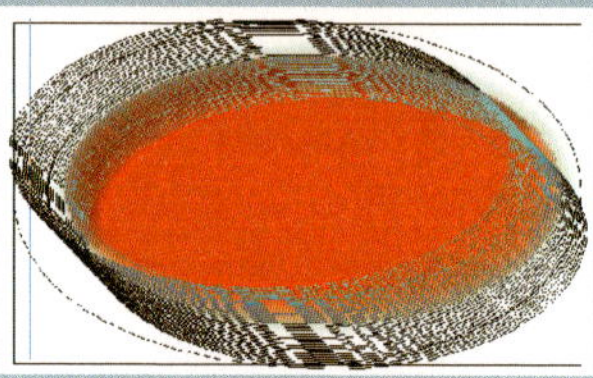

2

3

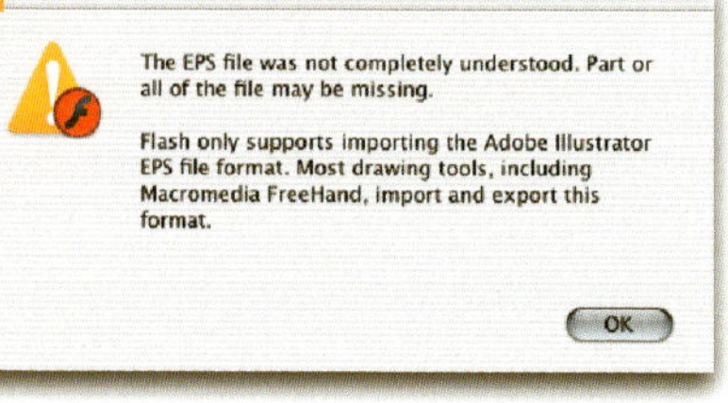

CMYK-Prozessfarben nicht zulässig sind und hier immer eine Konvertierung stattfindet. Es kann durchaus zu starken Farbverfälschungen kommen.
Dass alle Vektoren von FreeHand exportiert werden, kann in Flash sehr schön beobachtet werden. Wird das Objekt nämlich in *Flash MX* verschoben, entsteht eine reduzierte Grobansicht, die sämtliche Linien sichtbar macht (**1**). Es sind dann wirklich alle Vektoren zu erkennen, auch die, die in FreeHand durch *Einfügepfade* maskiert wurden. Das zweite Bild links (**2**) zeigt das Objekt nach dem Export von FreeHand im Programm *Flash MX*. Es gibt mittlerweile keine Probleme mehr bei der Farbumsetzung, egal ob die Option *CMYK*, *RGB* oder *Photoshop 4/5* eingestellt wurde. Es erscheinen nur noch Fehlermeldungen, wenn einzelne EPS-Exportformate des Befehls *Kopieren Spezial* von FreeHand aus dem Menü *Bearbeiten > Speziell* ausgewählt werden (**3**). Diese Funktionsweise ist aber für den Austausch zwischen FreeHand und Flash nicht üblich.
Es sind zudem einige, in den Exporteinstellungen vorzunehmende Optionen für das Erstellen von Flashfilmen wichtig bzw. notwendig. Nachfolgend werden deshalb die Dialogfelder *Für Ebenen freigeben* und der Dialog zum Einstellen der Flash-Animationen vorgestellt (*Fenster > Film > Einstellen*). Der Dialog *Einstellen* ist identisch zu den Einstelloptionen des Exportmoduls *Macromedia Flash (SWF)*.

Für Ebenen freigeben

Sollen in FreeHand Objektstrukturen für eine Animation benutzt werden, wird das Xtra *Für Ebenen freigeben* eine unschätzbare Hilfe darstellen. Es sind in dem Dialogfeld des Xtras jedoch einige wichtige Einstellungen vorzunehmen.

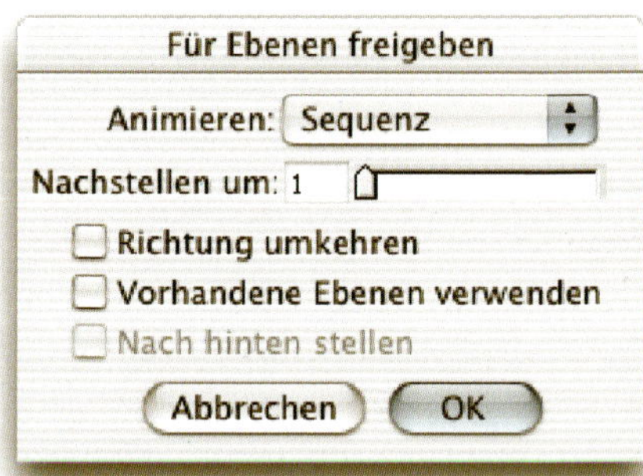

- Die Einstellung *Sequenz* gibt die Objekte an die einzelnen Ebenen frei.
- *Kompilieren* erstellt Stapeleffekte. Aufeinander folgende Objekte werden auf aufeinander folgende Ebenen verteilt.
- Die Optionen *Ablegen* und *Nachstellen* verteilen, nach wenig durchsichtigen Algorithmen, Objekte auf neu erstellte Ebenen.
- Mit *Richtung umkehren* wird die Ebenenerstellungsrichtung verdreht.
- *Vorhandene Ebenen verwenden* lässt zu, dass die freizugebenden Objekte auf bereits existierende Ebenen verteilt werden. Deaktiviert man die Option, werden für alle Einzelobjekte neue Ebenen erzeugt (diese Option ist vorzuziehen).
- Wurde *Vorhandene Ebenen verwenden* aktiviert, lässt sich auch die Option *Nach hinten stellen* aktivieren. Sie bewirkt, dass die zu erstellenden Ebenen am Ende der Ebenenhierarchie platziert werden.

Animationsoptionen

Die anschließend beschriebenen Optionen sind notwendig, da nur mit ihnen die Vorhersehbarkeit der Flash-Animationen kalkulierbar wird. Diese Optionen sollten vor dem Export im *Einstellen*-Dialog aus dem Menü *Fenster> Film* vorgenommen werden. Hier kann man nämlich die Lauffähigkeit des Films testen, ohne eine Datei zu erstellen. Die gleichen Angaben können jedoch auch in den Exporteinstellungen des *Macromedia-Flash-(SWF-)*Moduls gemacht werden.

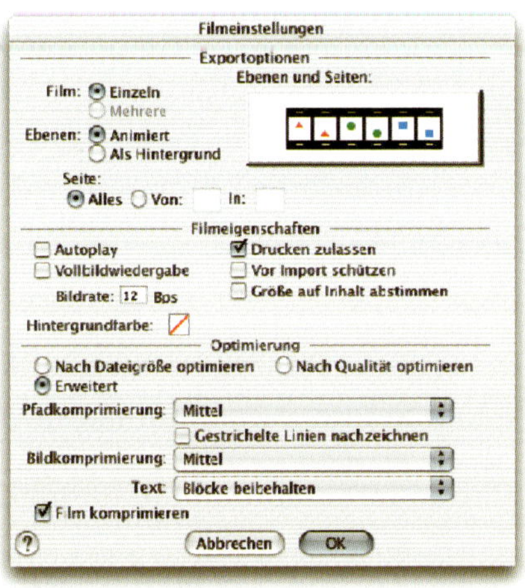

Ebenen und Seiten

- Wird in der *Rubrik Film* die Option *Einzeln* ausgewählt (Standard), werden alle Seiten des FreeHand-Dokumentes in einen Film zusammengefasst. Wird die Einstellung *Mehrere* ausgewählt (nur auswählbar, wenn das Dokument mehrere Seiten umfasst), wird für jede Seite ein einzelner Film erzeugt.
- Die Einstellung in der *Rubrik Ebenen* entscheidet darüber, ob die einzelnen Ebenen einer (jeder) Seite animiert werden sollen oder ob sie in einem einzelnen Frame (Bild) als Hintergrund benutzt werden.
- Eine Seitenangabe ist nur dann notwendig, wenn im FreeHand-Dokument mehrere Seiten erstellt wurden und

man nur die Ebenenelemente einer Seite animieren möchte. Dann können mit der Einstellung *Seiten > Alles* alle Seiten im Dokument animiert werden oder eine bestimmte Auswahl von Seiten mit *Von – Bis*.

Achtung: Werden ganze Seiten animiert, werden die Animationen immer in der Größe des Seitenformates erzeugt. Aus diesem Grund sollten die Seiten nicht zu groß sein. Je größer die Seite, desto länger die Ladezeit später im Webbrowser. Außerdem werden Flash-Animationen im Allgemeinen nicht monitorfüllend erstellt.

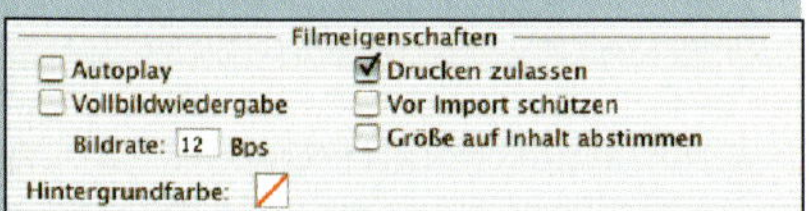

Filmeigenschaften

- *Autoplay* definiert, ob der Film nach dem Starten des Flashplayers automatisch ablaufen soll oder nicht. Standardmäßig ist die Option deaktiviert.
- Mit der Option *Vollbildwiedergabe* wird nach dem Starten des Players das Playerfenster auf die gesamte Größe des Monitors ausgedehnt. Mit der Escape-Taste kommen Sie in den normalen Fenstermodus zurück.
  Achtung: Die Autoplay-Funktion verhindert das Zurückschalten.
- Mit der Option *Bildrate* steuern Sie den Ablauf der Framefolge, also die Geschwindigkeit, in der die einzelnen Frames gezeigt werden. Die Einheit ist Bps (Bilder pro Sekunde). Bei einem Wert von 12 Bps erhält man eine einigermaßen zügig ablaufende Animation.

- Die *Hintergrundfarbe* des Filmfensters kann durch einen Klick auf die Fläche neben der Option *Hintergrundfarbe* eingestellt werden. Es öffnet sich dann das Dialogfeld der *Color Cubes*.
- Soll ein Ausdruck der Animation aus einem Flash Player ab der Version 4.0 verhindert werden, sollte die Option *Drucken zulassen* deaktiviert werden.
- Ähnliches wie für das Drucken gilt auch für den Import von Flash-Animationen. Soll ein Import der Animation verhindert werden, ist die Option *Vor Import schützen* zu deaktivieren.
- *Größe auf Inhalt abstimmen* definiert, ob die Größe der FreeHand-Seite die Größe der späteren Flash-Bühne bestimmen soll oder die Ausdehnung der Animation. Soll

die Ausdehnung der Animation die Größe des Abspielfensters bestimmen, muss die Option aktiviert werden.

Optimieren

Die folgenden Einstellungen lassen sich nur vornehmen, wenn die Option *Erweitert* aktiviert wurde. Wurde stattdessen *Nach Dateigröße optimieren* oder *Nach Qualität optimieren* aktiviert, sind die weiteren Einstellmöglichkeiten inaktiv.

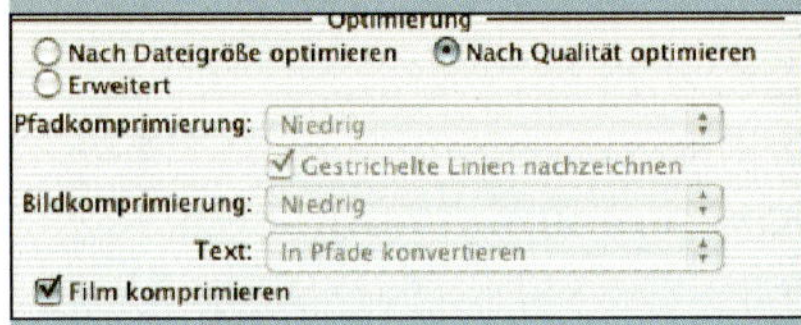

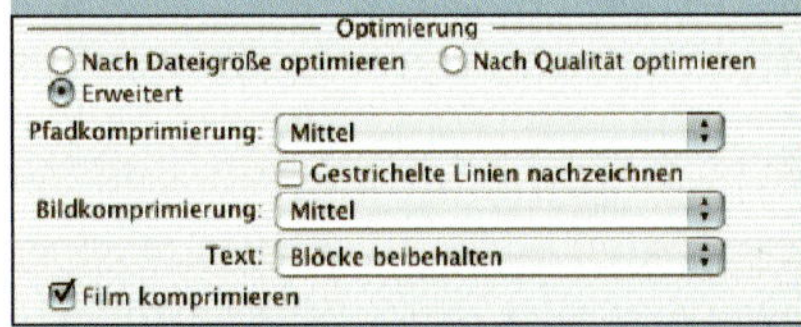

- Im Pop-up-Menü *Pfadkomprimierung* wird die Qualität der grafischen Umsetzung eingestellt, d. h. die Genauigkeit, mit der FreeHand die Pfade in Flash-Pfade konvertiert. Eine größere Genauigkeit führt zu mehr Pfadpunkten und eine geringere zu weniger. Die Einstelloptionen reichen von *Keine*, das ist die beste Qualität, bis *Maximal*, die niedrigste Qualitätsstufe.

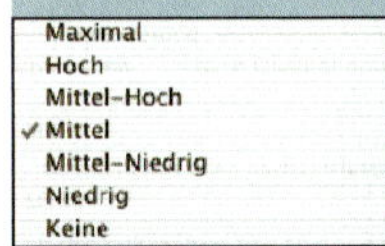

- Wird die Option *Gestrichelte Linien* aktiviert, wird jeder Strich einer gestrichelten Linie in ein eigenes Objekt konvertiert, was die Ladezeit des Flashfilms erhöht.
- Bitmap-Grafiken werden beim Exportieren in das JPEG-Format konvertiert. Die Qualität dieser JPEG-Daten ist stark von der Komprimierung abhängig, somit ist auch unter *Bildkomprimierung* eine entsprechende Kompressionseinstellung notwendig. Die Einstellmöglichkeiten reichen auch hier von *Keine*, die beste Qualität, bis *Maximal*, die niedrigste Qualitätsstufe.
- Im Pop-up-Menü *Text* stellt die Option *Blöcke beibehalten* sicher, dass der Text zum Beispiel als editierbarer, jederzeit veränderbarer Text im Flash-Frame exportiert wird. Dadurch wird eine spätere Weiterverarbeitung in Flash MX sichergestellt. Die Option *In Pfade konvertieren* erstellt ähnlich wie der gleichnamige FreeHand-Befehl *Pfade* auf Grundlage der Textinformation. Die Editierbarkeit geht dabei verloren. *Keine* ignoriert Textinformationen, d. h., Textcontainer werden nicht mit abgespeichert.

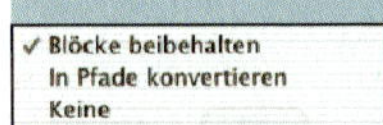

Ebenen- oder Seitenanimation?

Zur Erstellung von Animationen sollte man sich nun entscheiden, welchen Weg man gehen möchte. Wie schon zuvor erwähnt, bietet FreeHand die Möglichkeit, Ebenen oder Seiten zu animieren.

- Die Seitenanimation bietet sich an, um komplexe in FreeHand erstellte Illustrationen, die die ganzen Seiten füllen, in *Flash MX* nutzen zu können. Beispiel: Männchen geht über Hügel, landein und landaus, bis es ans Meer kommt, oder Ähnliches, wobei im Hintergrund diverse Illustrationen existieren und möglicherweise auch animiert werden (hiermit können sehr schön Bewegungsfolgen vor Hintergründen erzeugt werden).
- Ebenenanimation ist eher dann zu nutzen, wenn im Voraus einfache Animationen vorbereitet wurden wie zum Beispiel Grundform-Animation. Beispiel: Ein Ball hüpft von einer Seite zur anderen. Diese Animationsart sollte jedoch auf jeden Fall später in Flash MX vervollständigt bzw. verfeinert werden.
- Die aus FreeHand exportierten *Flash-SWF-Files* können direkt im Browser geladen werden, sofern dieser mit dem Plug-in *Shockwave Flash* ausgerüstet ist. Ist das nicht der Fall, bietet FreeHand eine eigene, bei der Programminstallation wahrscheinlich mitinstallierte Lösung an, den *Flash Player*. Die zurzeit aktuelle Version ist der *Flash Player 6*, der zum Produktumfang von FreeHand gehört. In näherer Zukunft wird dieser aber wahrscheinlich durch eine aktuellere Version ersetzt werden. Das Exportmodul *Flash (SWF)* kann einen beliebig farbigen Hintergrund erstellen (siehe auch Seite 166). In Flash MX kann dieser jedoch jederzeit umdefiniert werden werden.

Ebenen animieren

Das Beispiel schildert die Erstellung und Weiterverarbeitung eines einfachen Free-Hand-Pfades (Kreis), der durch Maskieren anschließend zu einem recht komplexen Pfad erweitert und zur Grundlage der Flash-Animation wird. Die Genauigkeit bei der Pfaderstellung und -platzierung ist hier von entscheidender Bedeutung. Ein ungenauer Drehwinkel würde den entstehenden Ball genauso unschön aussehen lassen wie eine ungenaue Platzierung der Kreissegmente. Somit sollte bei beiden Komponenten auf Genauigkeit geachtet werden.

Das Wichtigste beim Erstellen von Animationsebenen ist die Vorarbeit. Je genauer die Objekte in FreeHand erstellt werden, desto besser sieht hinterher die Animation aus. Am Beispiel mit dem Ball soll erläutert werden, wie der Erstellungsablauf bei solch einer Animation ist.

1 Der Ball wird als Kreis erstellt. Es ist sinnvoll, wenn Sie den Nullpunkt der Seite zuvor an der Stelle platzieren, an der der Kreis mit seinem Mittelpunkt erzeugt werden soll (**1**). Klonen Sie ihn auch gleich und legen Sie ihn auf eine unsichtbare Ebene. Sie werden den Klon später noch brauchen.

2 Der Kreis muss nun dupliziert und so verschoben werden, dass die Kreislinie den Originalkreis sowohl auf dessen Außenlinie als auch in dessen Mittelpunkt schneidet (**2**). Je genauer Sie arbeiten, desto besser wird hinterher das Ergebnis sein.

3 Der duplizierte Kreis muss von Ihnen an zwei Stellen mit dem Befehl *Teilen* (*Ändern > Teilen*) ⇧-⌘-*J* aufgetrennt werden – ein wenig außerhalb und zusätzlich im Mittelpunkt des Originals. Um an die einzelnen Teilungspunkte heranzukommen, muss der Kreis allerdings zuvor mit dem Befehl *Gruppierung aufheben* (⇧-⌘-*G*) in einen normalen Pfad konvertiert werden. Es entstehen zwei Kreissegmente. Das größere Segment wird gelöscht (**3a/3b**).

4 Nun müssen Sie überlegen, wie viel Segmente später existieren sollen. Beim Ballbeispiel sind es 12 Segmente. Für das von Ihnen erstellte Segment bedeutet das einen Drehwinkel von 30°.

5 Das Einzelsegment wird nun geklont und um den im Mittelpunkt des Kreises existierenden Nullpunkt gedreht (**4**).

6 Den Klon und das Originalsegment müssen Sie nun mit dem Befehl *Ändern > Verbinden* (⌘-*J*) zu einem Pfad vereinigen. Anschließend kann der Pfad im Bedienfeld *Objekt* (⌘-*I*) geschlossen und mit einer Füllung versehen werden (**5**). Die entstandene Fläche wird nun mittels *Power Duplicate* mehrmals um den Mittelpunkt des Originalkreises (0/0) gedreht und anschließend gruppiert (**6**).

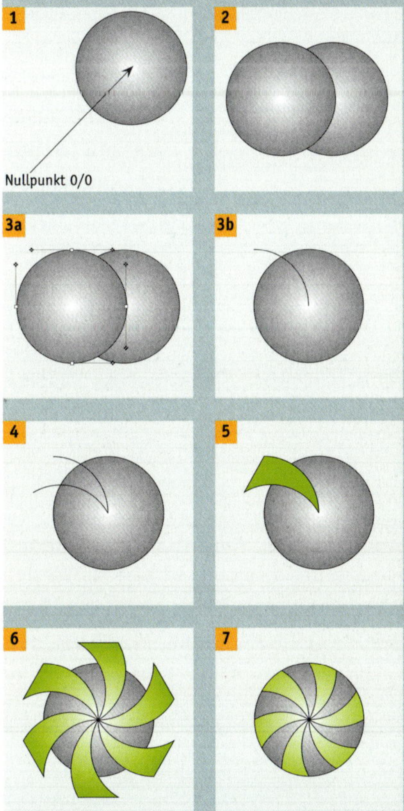

7 Die Gruppe sollte nun von Ihnen ausgeschnitten werden und durch den Originalkreis mit dem Befehl *Bearbeiten > Innen einsetzen* maskiert werden (vorherige Seite **7**).
8 Zum Schluss wird die Gruppe auf einer neuen Ebene abgelegt. Stellen Sie die Ebene vorerst auf unsichtbar.

So, jetzt fängt die eigentliche Arbeit an

Der ab Punkt 9 beschriebene Weg ist notwendig. FreeHand kann zwar schon länger nicht nur einfache Pfadstrukturen mischen, sondern auch komplexere zusammengesetzte, es hapert jedoch mit Objekten, die Inhalte aufweisen.

9 Leider kann FreeHand nicht mit Objekten Mischungen erstellen, die gruppiert sind oder Verbindungen darstellen. Eine Mischung ist aber notwendig, um auf einfache Weise eine Menge neuer Ebenen zu erstellen. Ebenen sind Grundlage der Ebenenanimation. Somit müssen Sie zu einem kleinen Trick greifen. Nutzen Sie den immer noch auf einer unsichtbaren Ebene liegenden Klon des Originalkreises. Schalten Sie die Ebene auf sichtbar. Klonen Sie den Kreis. Der eine Kreis muss nun an der linken unteren Ecke des Blattes platziert werden und der andere an der rechten unteren (**8**).
10 Beide Kreise werden ausgewählt und mit dem Befehl *Ändern > Zusammenfassen > Mischen* zu einer Mischung verbunden (**9**).
11 Jetzt wird ein beliebig geformter Pfad erstellt, an dem die Mischung entlanglaufen kann. Mischung und Pfad werden zusammen ausgewählt, und anschließend wird der Befehl *Ändern > Zusammenfassen > Mischung mit Pfad verbinden* ausgeführt. Der Pfad sollte von Ihnen im Bedienfeld *Objekt* mit der Option *Pfad einblenden* auf sichtbar gestellt werden (**10a/10b**).
12 Nun wird das *Xtra > Für Ebenen freigeben* ausgeführt. Hierauf entstehen so viel neue Ebenen mit dem Namen *Neue Ebene «Zahl»*, wie zuvor Mischungsstufen existierten. Die Animation beginnt später an dem Element, das auf der untersten Ebene liegt. Unsichtbare Ebenen werden bei der Erstellung der Animationssequenz nicht berücksichtigt.
13 Die auf den neuen Ebenen liegenden Kreise müssen nun gelöscht werden. Die auf unsichtbar gestellte Ebene mit dem fertigen Ball wird wieder einge-

8

9

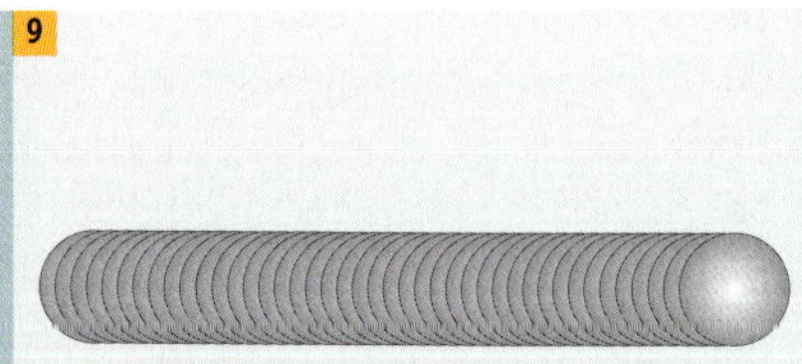

10a

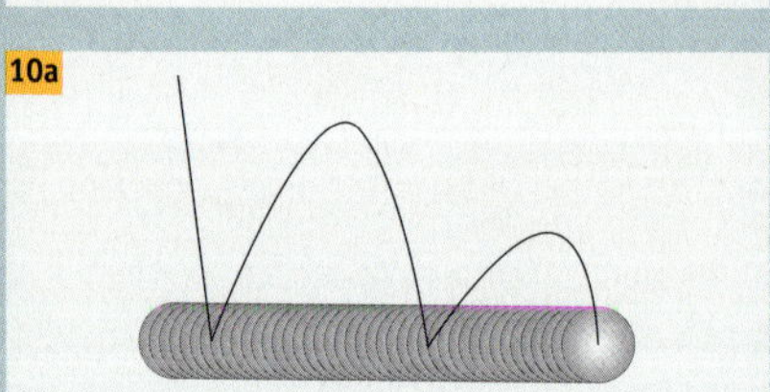

10b

schaltet. Markieren Sie den Ball und setzen Sie ihn auf die unterste der neuen Ebenen (wahrscheinlich *Neue Ebene 1*) an die Stelle, an der der Freiformpfad beginnt.

14 Klonen Sie den Ball und versetzen Sie ihn in Richtung des Freiformpfades. Ordnen Sie ihn der nächsthöheren Ebene zu.

11

Wiederholen Sie den Vorgang mit allen anderen Kreisen auf den verschiedenen Ebenen (11)

15 Löschen Sie alle Ebenen, die mit der Animation nichts zu tun haben, inklusive des eingeblendeten Pfades.

16 Wählen Sie nun aus dem Menü *Fenster* den Befehl *Film > Test* oder, um zuvor Einstellungen vorzunehmen, *Film > Einstellungen*. Wurde *Test* ausgewählt, wird FreeHand nach einiger Zeit ein Vorschaufenster öffnen, in dem der Flashfilm gestartet werden kann. Hier können Sie mit der Schaltfläche *Einstellungen* auch Ihre zuvor gemachten Parameter ändern. Läuft der Film nach Ihrer Zufriedenheit ab, können Sie direkt aus dem Vorschaufenster heraus mit der Schaltfläche Exportieren den Film auf einem Datenträger speichern. Sie werden nur beim ersten Export nach einem Namen gefragt. Wird der Export wiederholt, wird die bereits existierende SWF-Datei ohne Abfrage überschrieben.

17 Führen Sie nun den Befehl *Datei > Exportieren* (⇧ - ⌘ - *R*) aus. Das von Ihnen zu nutzende Exportformat ist das *Format SWF-Flash*. Im Exportdialog muss die Schaltfläche *Einrichten* betätigt werden, um weitere Einstellungen vorzunehmen. Wurden die Parameter bereits vorher im Dialogfeld *Einrichten* unter *Fenster > Film > Einrichten* korrigiert, ist das nicht mehr notwendig.

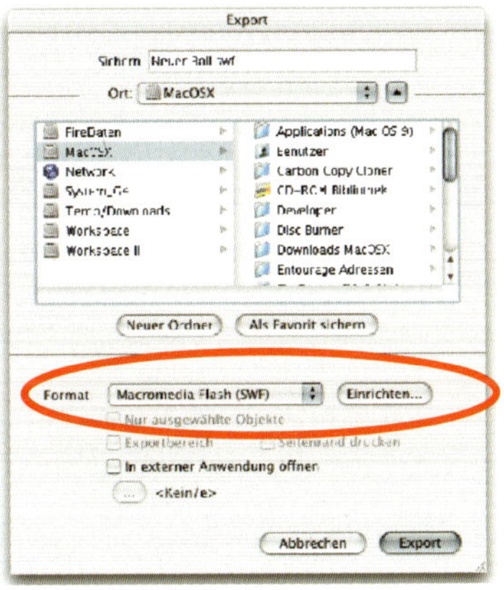

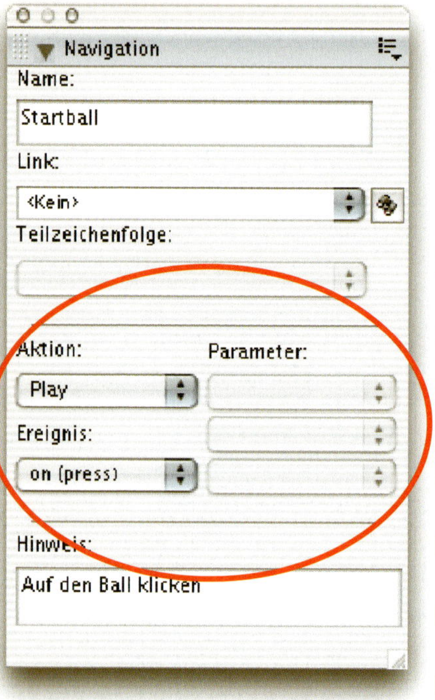

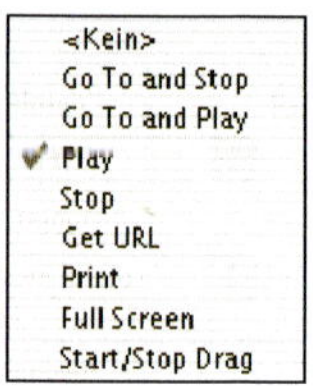

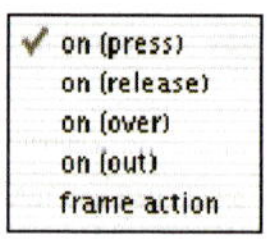

1

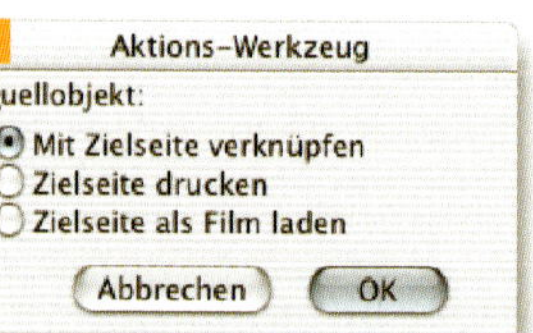

2

Interaktive Elemente erzeugen

Seit FreeHand 10 können in Animationen mittels des Bedienfeldes *Navigation* auch interaktive Elemente eingebaut werden. Zur Verfügung stehen hier im Pop-up-Menü die Aktionen *Go To and Stop*, *Go To and Play*, *Play*, *Stop*, *Get URL*, *Print*, *Full Screen* und *Start/Stop Drag*.

- *Go To and Stop* springt zu einem Frame bzw. einer Szene und unterbricht die Wiedergabe.
- *Go To and Play* springt zu einem Frame bzw. einer Szene und setzt die Wiedergabe fort.
- *Get URL* ruft die im Textfeld *Verknüpfung* des Bedienfelds *Navigation* aufgeführte URL ab.
- Die Aktionen *Play* und *Stop* starten bzw. stoppen die Filmwiedergabe.
- *Print* gibt an, welche Frames in einem Film der Benutzer direkt über den Flash Player ausdrucken kann.
- *Full Screen* zeigt den Film im Flash Player im Vollbildmodus und nicht im Normalmodus an.
- *Start/Stop Drag* zieht einen bestimmten Filmclip bei Eintreten eines festgelegten Ereignisses. Das Ziehverhalten wird gestoppt, wenn eine entgegengesetzte Aktion durchgeführt wird. Wenn Sie beispielsweise *on (press)* als Abspielen-Ereignis festlegen, weist das Programm automatisch *on (release)* als Stoppen-Ereignis zu.
- Im Pop-up-Menü *Ereignis* geben Sie an, bei welcher Maus- bzw. Tastaturaktion die gewählte *Aktion* ablaufen soll.
- Den *Go-To*-Aktionen sind zusätzlich weitere *Parameter* zuzuweisen, wie zum Beispiel vorheriger Frame (oder so). Die *Go-To*-Aktionen lassen sich auch mit dem neuen *Aktions-Werkzeug* (▣) zuweisen. Hierzu ist jedoch erforderlich, dass es zuvor eingestellt wird. Ein Doppelklick auf dieses Werkzeug in der *Werkzeugleiste* öffnet den entsprechenden Dialog (**1**).
  Mit dem *Aktions-Werkzeug* kann man zum Beispiel von einem Objekt zu einer Webseite springen. So können Sie beispielsweise einem pfeilförmigen Objekt eine Aktion zuweisen, bei der beim Klicken auf das Objekt die nächste Seite einer Präsentation angezeigt wird.
- Wenn einem Objekt eine *Aktion* zugewiesen wurde, wird in der unteren rechten Ecke seiner Begrenzungsbox ein Aktionssymbol angezeigt (**2**).

PDF-Dokumente erzeugen XIII

Warum eigentlich PDF und was ist das?

PDF im Druck-, Screen- und Multimediabereich

Der Umgang mit eingebetteten Schriften und Bildern

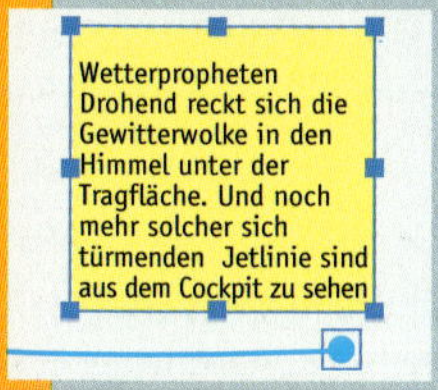

PDF-Dateien importieren

Worauf zu achten ist und was passieren kann

PDF-Dateien exportieren

FreeHand MX Export versus Adobe Acrobat Distiller

Warum eigentlich PDF und was ist das?

Anfang der 90er Jahre entwickelte die Firma Adobe System Inc. ein Dateiformat, das sich anschickte, den Druck- und Screenbereich zu revolutionieren: das *PDF-Format*, das *Portable Document Format*. *PDF* ist ein offenes, plattformunabhängiges Dateiformat, das das in ihm enthaltene, aus beliebigen Anwendungen stammende Dokument unabhängig von der auf dem Rechner installierten Software, Hardware und dem Betriebssystem darstellen und reproduzieren kann.
PDF basiert auf der Seitenbeschreibungssprache *PostScript* und schafft, dieser ähnlich, ein Abbild der ursprünglichen Anwenderdatei, egal ob es zuvor im Programm *Macromedia FreeHand*, *Adobe Photoshop* oder *QuarkXPress* erzeugt wurde. Das *PDF-Format* ist unabhängig von Farbtiefe und Auflösung und ermöglicht somit eine exakte, farbechte Wiedergabe auf nahezu allen Druckern und im Internet.
Zu Anfang wurde dem *PDF-Format* im Screenbereich noch keine besonders große Bedeutung beigemessen. *Adobe* hatte sein Augenmerk auf den Druckbereich gerichtet, da sich in einem *PDF-Dokument* alle zum Druck notwendigen Daten unterbringen lassen und sich Dateigrößen erzielen ließen, die sich in ertragbaren Grenzen bewegten. Durch interne Kompressionsalgorithmen ist es dem *PDF-Format* möglich, die Dateigrößen gegenüber den Originaldaten beziehungsweise den PostScript-Daten deutlich zu reduzieren. Dadurch wird ein späterer Datentransport beschleunigt, und lange Wartezeiten bei der Übertragung werden vermieden.

PDF als Austauschformat

Der Screenbereich gewinnt zunehmend an Bedeutung, da viele Anbieter im Internet und auf CD-Veröffentlichungen ihre Informationen durch diesen Dateityp an den Mann/die Frau bringen wollen. Grund für diesen Datenboom ist einerseits die relativ einfache Erzeugung und andererseits die geringe Datenmenge des Formates. Anbieter und Hersteller neigen immer mehr dazu, ihre Manuals, Preislisten und Veröffentlichungen im PDF-Format zur Verfügung zu stellen, da das Internet und natürlich auch die Verbreitung der CD einen schier unerschöpflichen Datenpool darstellen. Wie schon erwähnt, ist das *PDF-Format* plattformunabhängig, und so kann jeder, der einen Computer und vielleicht ein Modem, einen ISDN- oder DSL-Anschluss besitzt, auf diese Informationen zugreifen und sie nutzen.

PDF im Printbereich

Druckbetriebe und Betriebe der Druckvorstufe gingen mehr und mehr den Weg des plattformunabhängigen Datenaustausches.
Diese Betriebe waren meist abhängig von *PostScript-Dateien*, in denen die Informationen eines Dokumentes im *PostScript-Code* in einer Textdatei beschrie-

ben wurden, oder offenen Programmdateien. Die offenen Dateien haben jedoch den Nachteil, dass zu den eigentlich zu belichtenden Dateien weitere Dateien, zum Beispiel Bilder oder Grafiken, mitgeliefert werden müssen. Die im offenen Dokument verwendeten Bilder und Schriften werden in die Dokumente nämlich nicht eingebunden.

Mit anderen Worten: *PostScript-Dateien* (Druckdateien) beinhalten zwar alle für die Belichtung und den späteren Druck notwendigen Daten, haben aber im Allgemeinen einen extremen Speicherplatzbedarf. Bei offenen Dateien hat man meist einen Rattenschwanz von Zusatzdateien, die wiederum auch sehr viel Speicherplatz beanspruchen. *PDF* bietet die Möglichkeit, alle druckrelevanten Daten platzsparend (komprimiert) in einer Datei zusammenzufassen, wobei die Kompression auf *ZIP*- und *LZW-Komprimierung* basiert. Ein kleines Problem entsteht hier nach wie vor durch die Schriften. Lizenzbestimmungen verhindern bei vielen Schriften das freie Publizieren, mit Ausnahme einiger weniger dürfen Schriften nicht oder nur mit Genehmigung der entsprechenden Hersteller in *PDF-Dokumente* eingebettet werden.

Das Einbetten einer Schrift in *PDF-Dokumente* ohne ausdrückliche Genehmigung des entsprechenden Herstellers ist eine Verletzung der Copyright-Bestimmungen, kann gerichtlich verfolgt und mit Geldstrafen geahndet werden. Folgende Schriftenhersteller erlauben ein legales Einbetten von Schriften:

*Die **LZW-Komprimierung** ist ein verlustfreies Kompressionsverfahren, das nach den Entwicklern **L**emple, **Z**if und **W**elch benannt wurde.*

Adobe Systems: alle Schriften
Adobe: jede Originalschrift
Adobe Type Library: alle Schriften
Linotype-Hell AG: alle Schriften
AGFA-Gevaert: alle Schriften
Alle Schriften aus dem Besitz der *Fundicion Tipografica Neufville*
Monotype Typography Ltd.
Alle *PrePRESS*-Schriften oder durch *PrePRESS* erworbenen Schriften aus der *Varityper Bibliothek*. Die Besitzer dieser Schriften dürfen sie zum Lesen oder Darstellen in PDF-Dateien einbetten.
Schriften der *Bitstream Typeface Library* dürfen zum Publizieren auf elektronischem Wege in PDF-

***Achtung!** Lizenzbestimmungen verhindern oft das Einbetten von Schriften in PDF-Dokumenten. Vor der Veröffentlichung auf jeden Fall Informationen über die benutzten Schriften einholen.*

Dokumente eingebettet werden, wenn die Empfänger sie nur lesen und ausdrucken wollen. Sie dürfen nicht in die PDF-Dokumente eingebettet werden, wenn es dem Empfänger später möglich ist, sie zu extrahieren oder freien Zugriff auf die Schriften zur weiteren Nutzung zu erlangen. Dies erfordert, dass Besitzer von Bitstreamschriften diese als Untergruppen einbetten oder den späteren Ausdruck unterbinden, sodass die Schriftinformation nicht aus dem Dokument entfernt werden kann. *Public-Domain-Schriften*, eigene Schriften, Schriften, die firmenintern erzeugt wurden, oder Schriften, die mit ausdrücklicher Genehmigung der entsprechenden Hersteller eingebettet werden dürfen, können im Web und in PDF-Dokumenten zur Veröffentlichung genutzt werden.

- *Weitere Informationen müssen bei entsprechenden Herstellern oder direkt bei Adobe Systems eingeholt werden.*

Hypertext-Links sind ähnlich den Verknüpfungen (Windows) oder den Alias-Dateien (Macintosh) auf Betriebssystemebene: Sie verweisen auf Seiten, Textpassagen im gleichen Dokument oder mit dem aktuellen Dokument verknüpfte Dokumente. Per Klick gelangt man an die entsprechend verlinkte Stelle. Hypertext-Links sind meist farblich oder anderweitig hervorgehoben.

PDF-Dokumente bieten gegenüber *PostScript-* und *offenen Dateien* den Vorteil, dass Sie jederzeit, zum Beispiel kurz vor Druckbeginn, mit einem entsprechenden *PDF-Werkzeug* letzte Änderungen einbringen können. Mit *Adobe Acrobat Exchange* und dem Plug-in *Touch Up* kann zum Beispiel eine Rechtschreibprüfung oder Änderung/Anpassung von *Hypertext-Links* in letzter Minute vorgenommen werden.
In *PostScript-Dateien* konnten spätere Korrekturen nicht oder nur schwer durchgeführt werden. Wurde erst einmal eine *PostScript-* oder *Druckdatei* erzeugt (dieser Vorgang wird unter *PDF im Printbereich* beschrieben), konnten darin enthaltene Fehler nicht ermittelt werden, beziehungsweise man wurde erst auf sie aufmerksam, wenn die Datei im weiterverarbeitenden Betrieb eine *PostScript-Fehlermeldung* erzeugte.

Weiterverarbeitung und Aufbereitung von PDF-Dateien

Adobe hat mit der Programmierung des *PDF-Codes* auch eine Programmsammlung zur Verfügung gestellt, die es ermöglicht, *PDF-Dateien* jederzeit zu betrachten, zu erzeugen und zu verändern. Die einzelnen Programme werden anschließend nach ihren Aufgabengebieten geordnet vorgestellt.
Prinzipiell kann man die Programmsammlung in drei Gruppen unterteilen:

- Betrachten und Interagieren in *PDF-Dokumenten*
  - *Acrobat Reader*
  - *Acrobat Exchange*
  - *Acrobat Player*

- Generieren und Umwandeln von Daten in *PDF-Dokumente*
  Acrobat Exchange + Capture + PlugIns
  Acrobat Capture
  PDF-Writer
  Acrobat Distiller

- Erzeugen von Indexeinträgen, die zum Navigieren in *PDF-Dokumenten* verwendet werden

FreeHand MX kann mit seinem *PDF-Import/Export-Xtra* nun auch eingeschränkte interaktive *PDF-Dokumente* generieren. Somit können komplexe Illustrationen einer breiten Masse von Internet- und Multimedia-Usern zur Verfügung gestellt werden.
Das Betriebssystem Mac OS X stellt im Druckendialog ebenfalls eine zu FreeHand gleichwertige Option zum Speichern von PDF-Dokumenten zur Verfügung.
Die *PDF-Import/Export-Xtras* (Plug-ins) werden standardmäßig mit FreeHand MX installiert und befinden sich dann im *FreeHand Programmpaket* (Programmordner). Die Einzelteile eines Programmpaketes sind unter Mac OS X für den User im Normalfall nicht einzusehen. Mit speziellen Programmen könnte man den Einzelkomponenten auf die Spur kommen. Es nützt jedoch niemandem etwas, da die Programmpaketstruktur nur schwer aufzubrechen ist.

PDF-Dateien importieren

Wählen Sie zum Importieren unter *Ablage > Importieren* den Importbefehl aus, öffnet sich der Importdialog, und Sie können das *PDF-Dokument* auswählen, das Sie in Ihr FreeHand-Dokument einfügen wollen. Die Anwendung unterscheidet sich vorerst nicht von anderen Importen. Das Xtra *PDF-Importieren* unterstützt kein automatisches Ersetzen der Schriftarten, wie zum Beispiel der *Adobe Acrobat Reader*. FreeHand öffnet bei Bedarf, falls die erforderlichen Schriftarten in Ihrem System nicht installiert sind, das Dialogfeld *Schriftarten ersetzen*, in dem die Ersatzschriften ausgewählt werden können. Sollte in Ihrem System ein Schriftverwaltungsprogramm wie *Extensis Suitcase 10* installiert sein, ist es möglich, darüber ein automatisches Öffnen der entsprechenden Schriften zu erreichen.

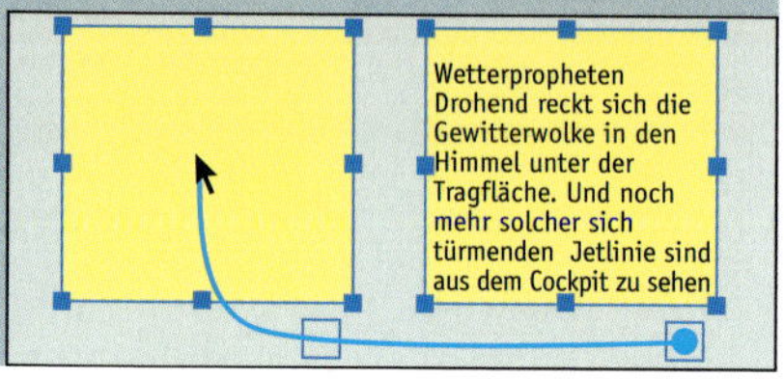

Das Ergebnis des Importes ist jedoch häufig eine Ansammlung von einzelnen Textzeilen, die anschließend zwar sofort bearbeitbar sind, aber erst zusammengeführt werden müssen.

- Da die Texte kurioserweise in einzelne Zeilen zerlegt werden, wird das anschließende Zusammenfügen der Zeilen zu gesamten Textcontainern sehr mühsam. Trotzdem ist dies häufig notwendig. Holen Sie dafür aus dem Textüberlaufsymbol eine Linie heraus und ziehen Sie sie bei gedrückter Maustaste auf den zu verknüpfenden Textcontainer.

Als Alternative lassen sich manche PDF-Dokumente von FreeHand öffnen. Das Ergebnis ist nicht grundlegend anders, es werden allerdings statt der einzelnen Seiten des PDF-Dokumentes einzelne FreeHand-Seiten angelegt.

- Werden PDF-Dokumente importiert, werden nicht automatisch für alle im PDF-Dokument enthaltenen Seiten neue Seiten angelegt, sondern die Objekte werden nur aufeinander folgend platziert.
- Bilder werden im FreeHand-Dokument eingebettet, was die Dokumentgröße möglicherweise sprunghaft in die Höhe schnellen lässt. Sie lassen sich jedoch anschließend aus dem Dokument herausziehen, sodass sie danach als Extra-Dateien auf dem Speichermedium zu finden sind. Gehen Sie dazu in das Bedienfeld *Objekt* und betätigen Sie die Schaltfläche *Verknüpfungen*.

Existieren in einem PDF-Dokument *PostScript-Linien* oder *-Füllungen*, die zuvor im Originalprogramm zugewiesen wurden, werden diese in TIFFs umgesetzt.

Der Dialog (**1**) zeigt für die im Dokument enthaltenen Bilddateien jeweils *Nicht zutreffend – Eingebettet* an. Mit anderen Worten: Die Bilddaten haben ihren Namen verloren. Diese Information wird auch bestätigt, wenn man sich eine Information (**2**) *über…* die Bilddatei geben lassen möchte. Das *Hyperlink-Info* Fenster gibt Positions-, Änderungs-, Dateiformat- und Größeninformationen.

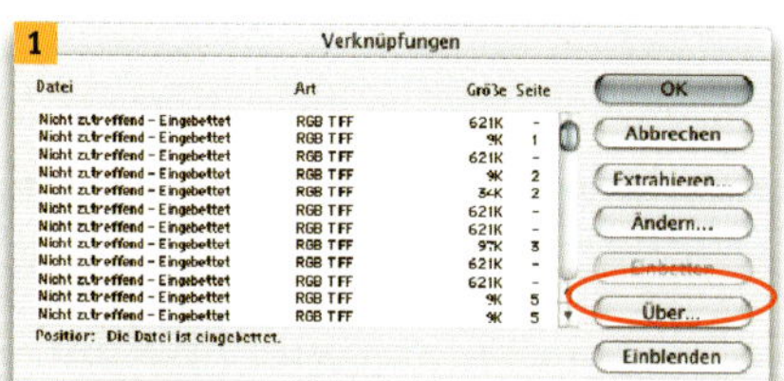

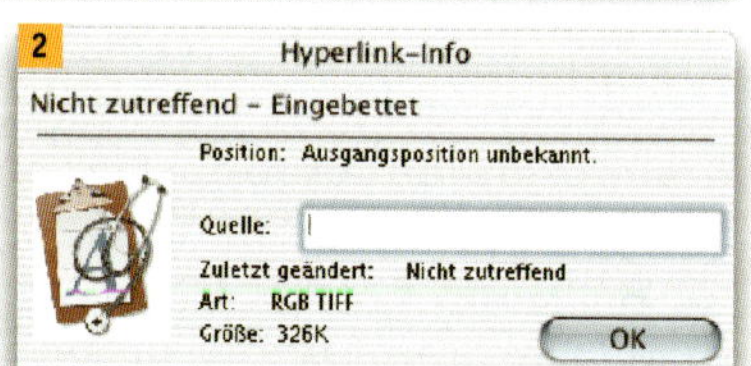

Die zweite Variante, *PDF-Dokumente* in FreeHand zu nutzen, ist das direkte Öffnen. Der Vorteil besteht darin, dass bei diesem Vorgang pro PDF-Seite jeweils eine FreeHand-Seite angelegt wird. In der weiteren Funktionsweise entspricht das Öffnen vollständig dem Importieren. Auch das Verhalten in Bezug auf Bilder und Schriften ist identisch.

Worauf zu achten ist

- Möchten Sie im Anschluss an den Import einzelne Seiten aufrufen, um seitenbezogene Änderungen vornehmen zu können, sollten Sie das PDF-Dokument nicht importieren, sondern öffnen. Ziehen Sie anschließend die Bilddaten aus dem Dokument heraus, um die Dateigröße des Dokumentes nicht allzu stark ansteigen zu lassen.
- Wenn in dem Dokument ehemals PostScript-Füllungen existierten, haben Sie voraussichtlich mit einer Menge TIFFs zu rechnen, die zu allem Überfluss auch noch maskiert sind (**a**/**b**). Auch Füllungen, wie die Linsenfüllung, oder die neuen Effekte aus FreeHand MX werden mit Sicherheit in den PDF-Dateien nicht als solche übernommen (**c**/**d**).
- Bilder werden wahrscheinlich nicht in hochauflösender Qualität vorliegen, da das sicherlich nicht im Interesse des Erzeugers liegt. Niedrig aufgelöste Bilddaten eignen sich nun mal nicht zum Publizieren auf Druckmedien. Möglicherweise existieren auch unsichtbare Wasserzeichen, die das Publizieren über das Internet unmöglich machen beziehungsweise zumindest erschweren.
- Möchten Sie möglicherweise auf Basis des PDF-Dokumentes eine neue Illustration oder Publikation erstellen, holen Sie sich die Genehmigung des Verlegers ein, oder besorgen Sie sich die Lizenz für die Originalbilder.
- Überlegen Sie sich im Vorhinein, mit welchen Schriften Sie die fehlenden ersetzen möchten. Sie erwarten sonst möglicherweise heftige Überraschungen, da der Text natürlich mit anderen als den Originalschriften anders umbrechen wird. Auch hier gilt, soll eine Illustration oder Publikation veröffentlicht werden, müssen die Schriften gekauft, die Erlaubnis eingeholt und die Copyrightbestimmungen beachtet werden.
- PDF-Dateien können auch mit einem Schutz versehen werden. Der Import solcher Dateien ist nicht möglich.

PDF-Dateien exportieren

Das Exportieren von FreeHand-Dokumenten in das PDF-Format ist nicht ganz so einfach wie der Import. Zuvor sollte man sich um die im Abschnitt PDF im Printbereich beschriebenen Einschränkungen in Bezug auf die Lizenzie-

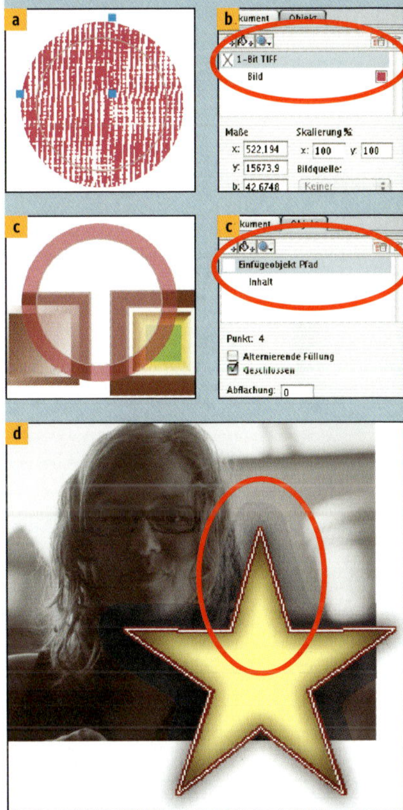

Der PDF-Export aus FreeHand kann leider nach wie vor als nicht besonders gut bewertet werden. Der Standard, den FreeHand hier benutzt, basiert auf dem PDF-Standard 1.1. Die Standards PDF/X, PDF/X1a oder PDF/X3 werden nicht unterstützt. Sollen PDF-Dokumente mittels FreeHand MX erstellt werden, so können sie bestenfalls zur Archivierung oder Internetpublizierung benutzt werden. Eine Qualität, wie sie Druckbetriebe fordern, lässt sich mit FreeHand MX leider nicht erzeugen.

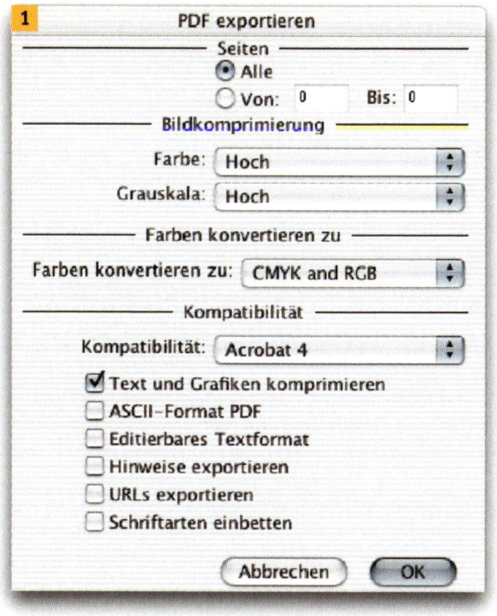

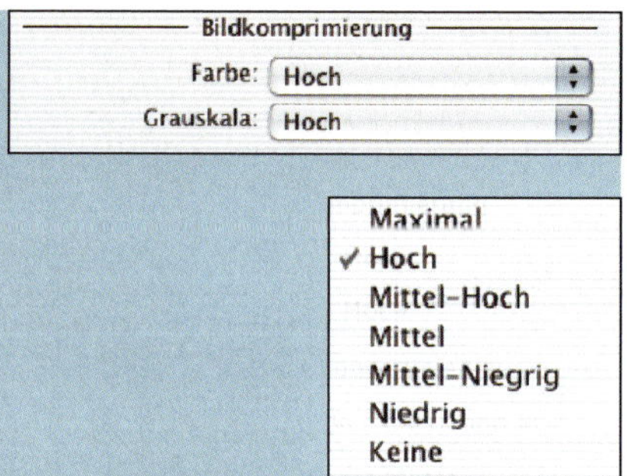

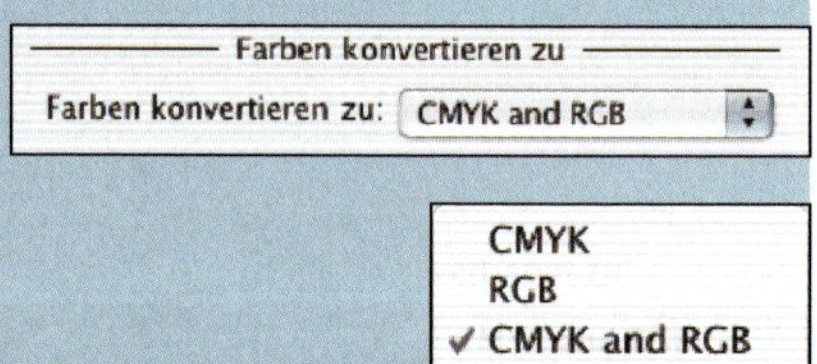

rungen beziehungsweise Nutzungsrechte für Bilder und Schriften kümmern. Anschließend muss überlegt werden, welche Seiten exportiert werden sollen. Danach kann über *Ablage > Exportieren* der Export in das *PDF-Format* eingeleitet werden.

Sie sollten unbedingt die Schaltfläche *Einrichten* betätigen, um im nebenstehenden Dialog weitere Einstellungen treffen zu können (**1**).

- Die Einstellung *Seiten* gibt an, ob alle oder nur bestimmte Seiten (*Von–Bis*) exportiert werden sollen.
- Mit der Option *Bildkomprimierung* werden Bilder wie *JPEG-Bilddaten* komprimiert. Über die entsprechenden Kompressionseinstellungen wird reguliert, wie stark der Speicherbedarf der PDF-Datei sein soll. Es sind hier Einstellungen von *Keine* bis *Maximal* möglich, wobei keine Komprimierung die beste Qualität erzeugt und *Maximal* die schlechteste. Eine akzeptable Zwischenlösung ist *Mittel*. Leider geht eine zu hohe Kompression grundsätzlich zulasten der Bildqualitäten, da FreeHand MX eine JPEG-Kompression zum Komprimieren benutzt. Die JPEG-Kompression ist grundsätzlich verlustreich.
  Der Bereich *Farbe* steuert die Qualität von Farbbildern. *Grauskala* wendet das zuvor erklärte Kompressionsverfahren auf Graustufenbilder an.
- Die Option *Farben konvertieren* steuert das Umsetzen der im Dokument enthaltenen Farben in entsprechende Farbmodi. Zur Verfügung stehen hier *CMYK*, *RGB* und *CMYK and RGB*. Achtung: Vorseparierte DCS-Daten lassen sich in PDF-Dokumenten nicht nutzen.

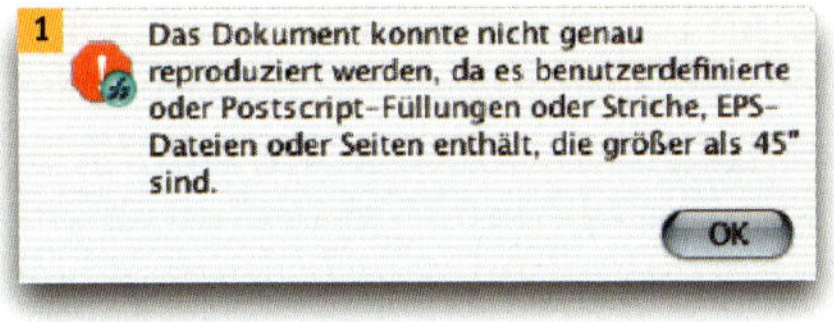

- Wird versucht, Flächen oder Linien eine *PostScript-Füllung* oder *PostScript-Linie* zuzuweisen, also neben eigenen programmierten Füllungen und Linien zum Beispiel *benutzerdefinierte* und *Texturfüllungen/-linien*, wird bei der PDF-Erstellung eine Fehlermeldung erscheinen (**1**). Das Ergebnis der PDF-Datei ist leider überhaupt nicht akzeptabel (**2**).
- Texteffekte können ebenfalls nicht in ein PDF-Dokument übernommen werden. Der entsprechende Effekt wird schlicht und einfach vergessen; d. h., der Text wird zwar wiedergegeben, aber ohne Effekt (**2**).
- EPS-Dateien werden leider (oder zum Glück) nur in der Bildschirmdarstellung, also mit 72 dpi exportiert.

  Die Schuld dafür ist nicht in der eigentlichen PDF-Programmierung zu suchen, sondern eher bei FreeHand selbst beziehungsweise beim PDF-Xtra. Denn das PDF produzierende Programm *Adobe Acrobat Distiller*, das auf Basis von Druckdateien exzellente PDF-Dokumente erzeugt (**3**), kann all diese Informationen, mit Ausnahme der neuen FreeHand-MX-Effekte (Transparenz ist mit PostScript nicht möglich), ohne Probleme umsetzen. Ausgabegeräte wie Belichter oder digitale Druckmaschinen, die mit PostScript Level 3 arbeiten, lassen sich hiermit direkt ansteuern.

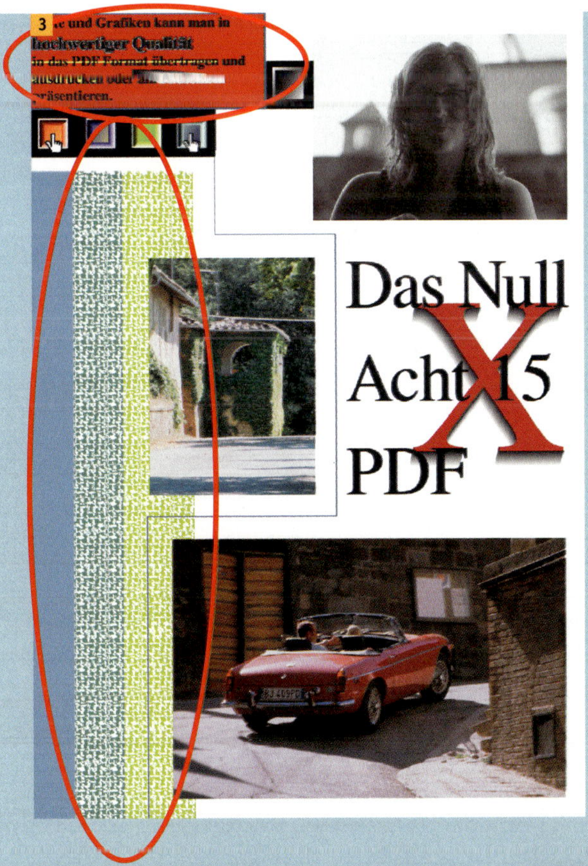

Wurde unter Mac OS X Adobe Acrobat 6 installiert, kann auf den Drucker Adobe PDF zugegriffen werden, der es einem ermöglicht, hochwertige PDF-Dateien zu erstellen. Die Betriebssysteme stellen im Allgemeinen auch die Möglichkeit zur Verfügung, PDF-Dateien zu generieren, doch ist die Qualität für die Druckvorstufe nicht ausreichend. Zumal mancher Effekt und manche Struktur dabei auf der Strecke bleiben.

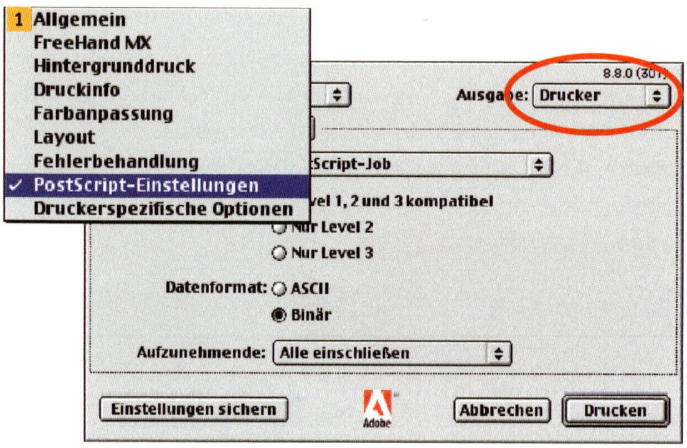

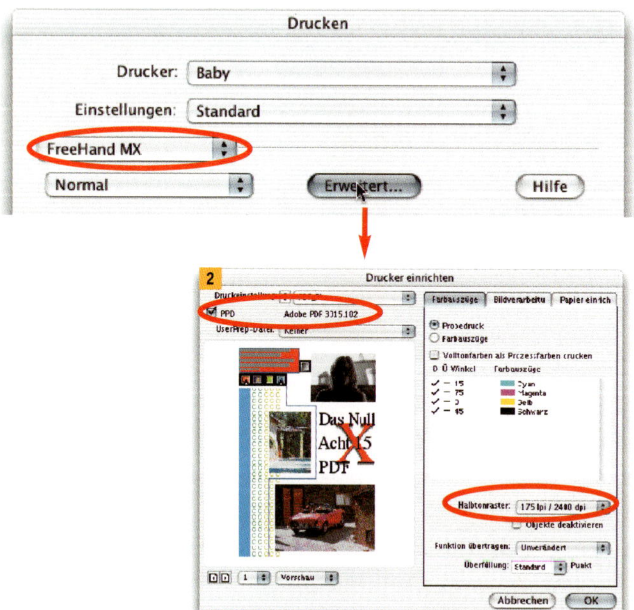

Um eine Druckdatei zu erstellen, müssen Sie Ihr FreeHand-Dokument über einen PostScript-Druckertreiber drucken (*Ablage > Drucken/Seite einrichten*). Achtung, besorgen Sie sich nach Möglichkeit den aktuellen PostScript-Druckertreiber von Adobe. Adobe stellt unter www.adobe.de eine Supportseite zur Verfügung, wo man im Downloadbereich den aktuellen Treiber herunterladen kann. Man muss sich zwar registrieren (Achtung Kennwort gut merken), das ist aber normalerweise ohne zusätzliche Verpflichtungen möglich (man muss nichts kaufen).

Zuvor sollten Sie jedoch alle druckrelevanten Einstellungen in der Datei vorgenommen haben. Zum Beispiel sollten alle Farben in CMYK-Prozessfarben umgewandelt worden sein. Auch Bilder sollten in 4c-Versionen vorliegen.

Mac OS 9: Im *Drucken*-Dialog müssen Sie unter *Allgemein > Ausgabe* nicht *Drucker* auswählen, sondern Datei (**1**). Im Bereich *PostScript-Einstellungen* sollte als Datenformat *ASCII* eingestellt und nach Möglichkeit unter *Aufzunehmende* (Schriften) *Alle einschließen* ausgewählt werden (**1**).

Im FreeHand-MX-Druckbereich sollten zusätzliche Einstellungen vorgenommen werden, wie zum Beispiel die Wahl der richtigen Druckerbeschreibungsdatei (PPD = **P**ostScript **P**rinter **D**escription) (**2**). Steht die Druckerbeschreibungsdatei für den *Acrobat Distiller* zur Verfügung, so ist diese allen anderen vorzuziehen, da sie druckerunabhängige Beschreibungen enthält und somit auch höhere

Ausgabeauflösungen zur Verfügung stellt. Auf der gegenüberliegenden Seite ist im *Drucken*-Dialog die aktuelle Acrobat-PDF-Beschreibung mit der Versionsnummer 3015.102 zu sehen, die bei der Installation des Adobe Acrobat 6.0 automatisch installiert wird (**2**).
Nun können Sie den Druckbefehl ausführen, der nun nicht mehr *Drucken* heißt, sondern *Sichern*. Im folgenden Dialog werden Sie nach dem Ort und Namen der Speicherung gefragt. Hierbei wird automatisch die Dateinamenerweiterung .ps vergeben. Es entsteht nun auf der Festplatte eine Druckdatei, die dann jedoch mit dem Programm Acrobat Distiller in eine korrekte PDF-Datei umgewandelt werden kann (**3**).

Mac OS X: Hier verhält es sich ganz ähnlich zu Mac OS 9. Mac OS X bietet jedoch auch eine Möglichkeit, direkt PDF-Dateien zu erzeugen. Allerdings ist die Qualität mit der von FreeHand zu vergleichen. Hierzu muss im *Drucken*-Dialog im Bereich *Ausgabeoptionen* die Option *Als Datei sichern* und im nebenstehenden Pop-up-Menü das Format PDF ausgewählt werden (**3**).
Das entstandene PDF-Dokument ist anschließend natürlich sofort in jedem Programm nutzbar, das den PDF-Import unterstützt. Ist für den Web-Browser das Plug-in PDF-Viewer installiert, kann die Datei auch im Browser betrachtet werden. Ist das Plug-in nicht installiert, sind die Browser im Allgemeinen so eingerichtet, dass die PDF-Dokumente auf der Festplatte gesichert werden, um sie anschließend im Acrobat Reader betrachten und drucken zu können. Wurde unter Mac OS X das Programm Adobe Acrobat 6 installiert, wird direkt Acrobat 6 gestartet.

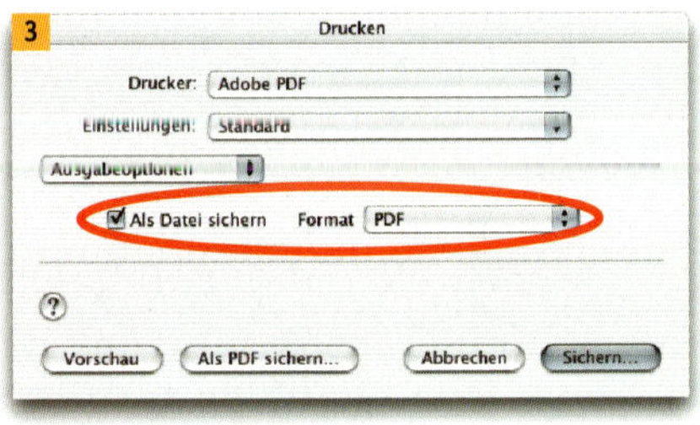

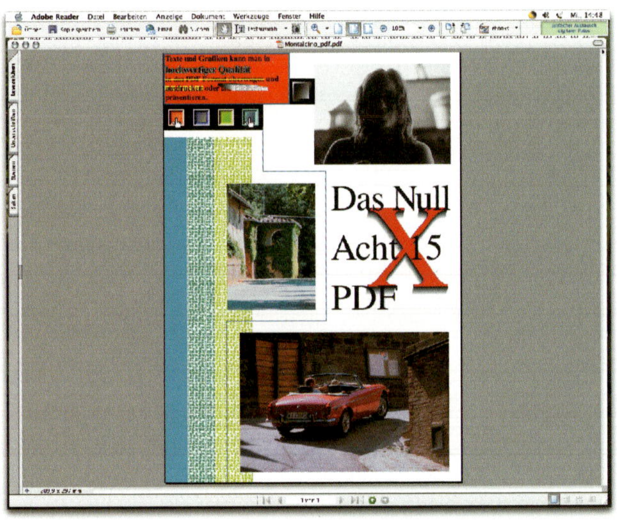

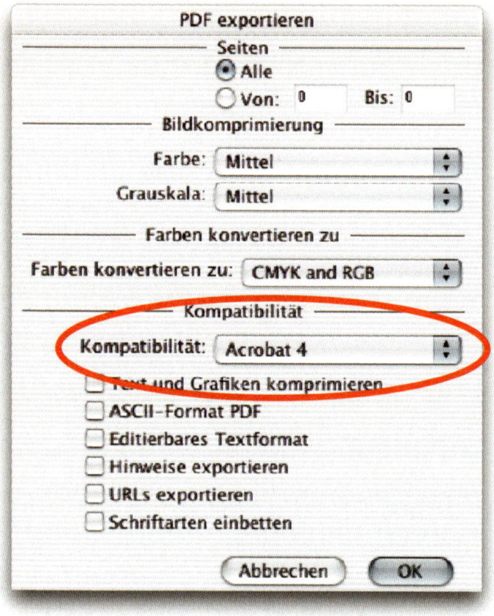

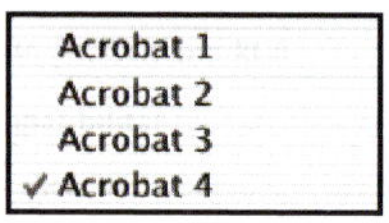

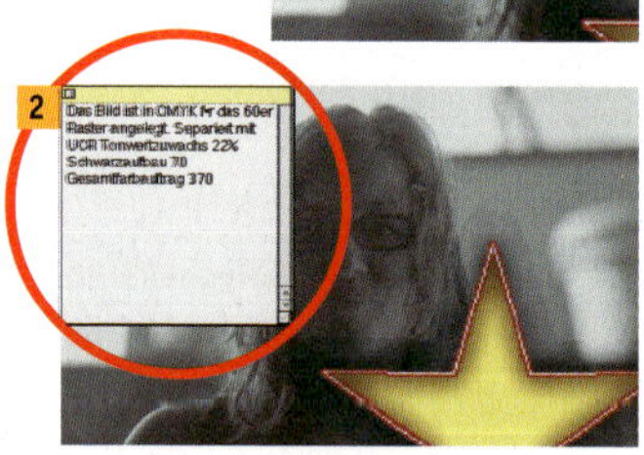

Weitere Exporteinstellungen

- Der Acrobat Reader wird zwar als Freeware unter die Leute gebracht und ist heutzutage auf nahezu jeder in den Handel gebrachten CD zu finden, doch gibt es immer noch genügend User, die mit älteren Acrobat-Reader-Versionen arbeiten. Um Problemen entgegenzuwirken und das Öffnen von PDF-Dokumenten mit älteren Reader-Versionen unproblematisch zu gestalten, bietet FreeHand mit der Option *Kompatibilität* die Möglichkeit an, niedere Dokumentversionen zu exportieren. Möglich sind *Acrobat 1, Acrobat 2, Acrobat 3* und *Acrobat 4*.
- Die Option *Text und Grafiken komprimieren* hat nichts mit der zuvor erklärten Bildkompression zu tun, die darauf abzielt, die Datenmenge von Pixelbildern nach dem JPEG-Kompressionsverfahren zu reduzieren. Durch diese Option werden in FreeHand erstellte Texte und Vektorgrafiken eher Platz sparend optimiert beschrieben. Diese Kompressionsart wird erst ab der Version Acrobat 3 vollständig unterstützt. Acrobat 2 unterstützt nur Textkompression und Acrobat 1 nur ASCII-PDF.
- Sollen die zu erzeugenden PDF-Dokumente auch in älteren Betriebssystemen nutzbar sein, so sollte die Option *ASCII-Format PDF* eingeschaltet werden. Ist diese Option aktiviert, werden die PDF-Dokumente im 7-Bit-Format abgespeichert statt wie normal im 8-Bit-Format.
- Die Option *Editierbares Textformat* sollte standardmäßig deaktiviert sein, da die PDF-Dokumente sonst unverhältnismäßig groß werden. Der Erfolg dieser Option ist jedoch, dass zum Beispiel beim Import der Dokumente keine einzelnen Textcontainer entstehen, sodass das Zusammenfügen entfällt.
- Mit *Hinweise exportieren* werden die im Bedienfeld *Navigation* eingegebenen Objekt-Hinweise in das PDF-Format übernommen. Sie erscheinen nach dem Öffnen des PDF-Dokumentes mittels Adobe Acrobat als kleines Seitensymbol am Objekt (**1**). Ein Doppelklick auf dieses Symbol öffnet den Hinweis (**2**).
- *URLs exportieren* wird die im Bedienfeld *Navigation* eingegebenen Verknüpfungen (Links) in das PDF-Format übernehmen. Die Objekte, die mit einem Link versehen wurden, werden im PDF-Dokument interaktiv (**3**).

- Die Option *Schriftarten einbetten* ist möglicherweise eine der wichtigsten Optionen, denn sie bewirkt, dass die PDF-Dokumente auch auf anderen Rechnern und anderen Rechnersystemen geöffnet und ausgedruckt werden können, selbst wenn die im Dokument verwendeten Schriften nicht installiert sind.

Was passieren kann

- Die Umsetzung von CMYK-Bildern ins PDF-Format ist abhängig von den in FreeHand eingestellten Ausgabe-Optionen. Die PDF-Erzeugung aus Adobe Acrobat Distiller und anschließende Darstellung ist im Großen und Ganzen druck- beziehungsweise monitorverbindlicher, vorausgesetzt, der Monitor ist einigermaßen farbgenau. Achtung, die Darstellung könnte trotzdem nicht dem Erwarteten entsprechen.
- Wird ein plattformübergreifendes Arbeiten angestrebt, sollte auf jeden Fall die Option *ASCII-PDF* eingeschaltet werden. Sonst werden die PDF-Dokumente auf anderen Rechnersystemen möglicherweise nicht oder nur eingeschränkt nutzbar sein.
- Soll das Dokument eine weit gefächerte Verbreitung finden, sollte die *Kompatibilität* möglichst auf Acrobat 3 eingestellt werden, wenn auch einige Effekte verloren gehen.
- Um eine möglichst genaue Wiedergabe der Dokumentinformation zu gewährleisten, sollte das Erzeugen von Druckdateien in Betracht gezogen werden. Hierfür ist es jedoch notwendig, das Programm Acrobat Distiller zu erwerben. Ansonsten werden einige Füllungen, Linien und Texteffekte nicht darstellbar sein.
- Achten Sie bei der Erstellung der Druckdatei auf die Wahl der richtigen Druckerbeschreibungsdatei (PPD). Wird eine falsche Druckerbeschreibungsdatei ausgewählt beziehungs-

weise keine, wird es voraussichtlich zu Farbverfälschungen kommen. Im schlimmsten Fall wird nur eine Graustufendarstellung erzeugt (**vorherige Seite**). Also, im Zweifelsfall eventuell eine Generic-Farbdruckerbeschreibung wählen oder eine bekannte Farbdruckerbeschreibung.

Welche Vorteile bietet das PDF-Format?

Die Vorteile des PDF-Formates liegen eigentlich auf der Hand. Illustrationen können für jedermann schnell verbreitet werden, im Internet und auch im herkömmlichen Druckbereich. Die kleinen Unzulänglichkeiten sind mit einiger Vorsicht schon bei der Erstellung zu vermeiden, und somit kann man im Rahmen seiner Möglichkeiten für die Verbreitung seiner Ideen sorgen.

Viele größere Druckbetriebe haben ihren Workflow mittlerweile komplett auf PDF umgestellt. Gerade Druckbetriebe, die digitalen Offset nutzen, arbeiten mit PDF. Aus offenen Dateien wird nur noch in Ausnahmefällen belichtet. Mit Hilfe des Adobe-Acrobat-Distillers lassen sich auch entsprechend hochwertige PDF-Dateien erzeugen. Bei der Herstellung der PDF-Dateien können einem die Druckereien häufig helfend zur Seite stehen. Eine kurze Anfrage bei der Druckerei kann hier sicherlich sehr klärend wirken. Eine recht gute Internetseite mit hilfreichen Informationen findet man unter www.laser-line.de. Die Berliner Firma Laserline arbeitet schon seit langem im digitalen Offsetbereich und hat hier eine Menge Erfahrung.

Voreinstellungen ersparen Mühe und Ärger

Konfigurieren Sie Ihre Standards

Alle Markierungen werden beim Betätigen der Tabulator-Taste aufgehoben.

Voreingestellte Grafikattribute

Objekte entstehen gemäß den Voreinstellungen des Programms. Bei Grafikobjekten sind Linien, Füllungen und Effekte, bei Texten die Typografie auf diese Weise vorbestimmt. Es ist sinnvoll, sich zu Beginn der Arbeit grafische Standards zu definieren.

Wenn Sie Attribute wählen, während kein Objekt markiert ist, werden Einstellungen als Vorgaben eingerichtet. Heben Sie also alle Markierungen zunächst auf.

Die nun verfügbaren Einstellungen in Bedienfeldern und Fenstern können Sie vorgeben; nicht verfügbare sind abgedimmt. Stellen Sie Ihre bevorzugte Schriftart, -größe und Ausrichtung ein. In dieser Formatierung werden neue Texte erscheinen.

Für das Zeichnen mit Pfaden haben sich schwarze Haarlinien ohne Füllung bewährt. Beim Nachzeichnen von Graustufen-Vorlagen bieten rote Linien besseren Kontrast. Arbeiten Sie mit flächigen Objekten, sind zunächst farbige Füllungen vorteilhaft (weiße Füllungen auf weißem Grund sind nicht erkennbar).

Voreinstellungen ändern sich oft versehentlich: Wenn es bei der Einstellung von Objektattributen nicht mit der Markierung geklappt hat, haben Sie die Vorgaben geändert.

Tastenkürzel nutzen

Im Arbeitsablauf kommen oft Befehlsfolgen vor, die sich mit dem Befehl *Duplizieren* nicht automatisieren lassen. In diesen Fällen helfen bequeme Tastenkürzel zur virtuosen Anwendung.

Legen Sie die Befehlsfolge auf benachbarte Funktionstasten (*Bearbeiten > Einstellungen für Tastaturkurzbefehl*).

Falls Ihnen die Übersicht fehlt, wählen Sie *Bearbeiten > Einstellungen für Tastaturkurzbefehle*. Dort finden Sie eine *Drucken*-Funktion.

Standard-Dokumente nutzen

FreeHand greift bei der Anlage neuer Dokumente auf ein Muster zu und kopiert es. Sie können beliebige Muster für verschiedene Standardanwendungen anlegen. In den Voreinstellungen ist festgelegt, welches Muster herangezogen werden soll.

Legen Sie ein neues Dokument an und wählen Sie die Eigenschaften, die zukünftige Dokumente mitbringen sollen:

- Voreinstellungen für Grafikattribute und Typografie
- Programmkonfiguration
- Lineale zeigen oder nicht
- Symbolleisten zeigen oder nicht
- Einstellungen im *Ansicht*-Menü (Seitengroße, Vorschau, Positionierhilfen)
- Definieren Sie einen Mindestvorrat an Farben, auf den Sie ständig zugreifen möchten
- Arrangieren Sie Ihre Paletten und Bedienfelder auf dem Monitor
- Legen Sie Seitengröße und Maßeinheit fest
- Wählen Sie *Papierformat* und *Drucker* im Dialog *Datei > Seite einrichten*

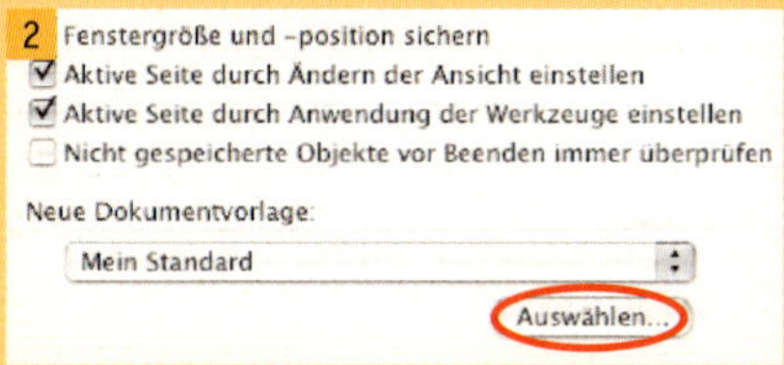

1 Sichern Sie das Dokument im FreeHand-Programmordner/-verzeichnis im Format FreeHand-*Vorlage* (Windows-Namenserweiterung .ft11). Markieren Sie dabei den Namen und kopieren Sie ihn in die Zwischenablage.

2 Nun teilen Sie dem Programm mit, welches Vorgabedokument für neue Dateien kopiert werden soll. Dazu wählen Sie in den Einstellungen die Kategorie *Dokument* und fügen den Namen in das Feld *Neue Dokumentenvorlage* ein. (Den Namen des neuen Dokumentes können Sie auch hineinschreiben. Dabei darf jedoch kein Fehler unterlaufen, weil FreeHand das Vorgabedokument sonst nicht findet.)

Sie können mehrere Standards im Programmordner ablegen. Teilen Sie dem Programm in der Vorgabe mit, welche Datei ab nun die Vorgabe für neue Dokumente ist. Bei Mustern gleicher Größe (zum Beispiel DIN A4) können Sie mit Standard-Dokumenten arbeiten, die mehrere Master-Seiten in der Bibliothek enthalten.

Programmeinstellungen

Dies sind einige Empfehlungen zu Punkten, die in der täglichen Arbeit ärgern können. – Sie erreichen die Dialoge mit dem Befehl FreeHand MX > *Voreinstellungen*.

Kategorie Allgemein:

- *Markierungsabstand* legt fest, wie genau Sie ein Objekt mit der Cursorspitze treffen müssen, damit es sich «angesprochen» fühlt (ein probater Wert beträgt 3 bis 5 Bildschirmpixel).

- *Ausrichtungsabstand* regelt die Reichweite der Positionierungshilfen Punkt, Hilfslinie und Raster (also die Stärke der Anziehung; normales Arbeiten ebenfalls mit 3 bis 5 Pixeln).

- *Ebenen-Info speichern*: Aus Bindungen gelöste Objekte wechseln auf andere Ebenen (die ausgeblendet sein können: Objekte scheinen zu verschwinden); die Zwischenablage wird nicht auf der markierten Ebene eingefügt, sondern in die Ursprungsebene. Diese Option ist besser abzuwählen.

Kategorie Objekt:

- *Getrennte Pfade verbinden* sollten Sie aktivieren, sonst müssen die Endpunkte zu verbindender Pfade deckungsgleich sein.

- *Pfadoperationen heben Originalpfade auf:* Die Fälle duplizierter Originalpfade sind seltener, also wählen.

- *Pfade durch Ziehen mit Wahltaste kopieren:* Wenn die Wahltaste für die Pfadbearbeitung benötigt wird, wählen Sie diese Option ab und nutzen bei Bedarf den Befehl *Klonen*.

Kategorie Neuaufbau:

- *Texteffekte anzeigen:* Hier können Sie die Darstellung von Texteffekten zugunsten eines schnelleren Bildaufbaus unterdrücken.

- *Überdruckende Objekte anzeigen:* Überdruckend gestellte Linien und Füllungen werden mit einem Muster aus O-Symbolen dargestellt (siehe Kapitel Farbe für Print und Web).